童大焕 著

穷思维 富思维

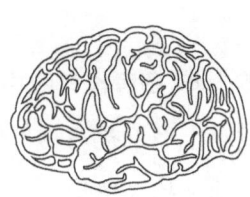

东方出版社

目录

引言　独立产权房是普罗大众抵御通胀的唯一利器　001
　　理解不了中国房地产就理解不了中国　001
　　房价下跌对七成以上国民没好处　005
　　十年楼市经验谈　011
　　附：我的"即时判断力"——微博精选　013

第一章　调控十年　高房价打败中国　029
　　货币超发自上而下拉高物价房价　029
　　地价自下而上抬高房价　033
　　土地财政和投资型政府真相　035
　　现有土地和政府发展模式下拆迁难题无解　037
　　土地储备与货币超发互相作用　039
　　土地集体所有和小产权房为什么不敢放开　040
　　过于天真的张五常　042
　　楼市调控代价：经济硬着陆和风险后延　043
　　越调控，中国经济对房地产依赖越深　051
　　"缩工保价"同样刺激房价上涨　053
　　本轮楼市调控已近尾声并且正在回调　055
　　穷思维　富思维Ⅰ　057

第二章　人聚财聚　人散财散　060
　　全民炒房根在利出一孔　060
　　中国房价总体上只能上不能下　064

钱追人还是人追钱
　　——"鬼城"永远是"鬼城"　069
财富只有服务他人才能保值增值
　　——鄂尔多斯之困　074

第三章　你不能不知道的房地产真相　076

今之国人非为房子而活，乃为自由而活　076
房地产的支柱产业地位难以动摇　080
商品房是保障房的奶妈　084
房地产是不是实体经济？　089
房地产是实体经济的带头大哥　091
日本楼市泡沫经验和哈里森模型适用于今日中国吗？　094
未来20年户均五套房？　097

第四章　调控是为穷人说话替富人办事　099

楼市喧嚣里沉默的大多数　099
"代表公众"的自我加冕与话语迷幻　102
信息选择中的"臆想昏厥症"　103
年轻知识分子已是"现实威胁"？　106
同归于尽还是绝地求生？　109
穷思维　富思维Ⅱ　113

第五章　警惕保障房大跃进　116

保障房大跃进宣告破产　116
保障房抬高了穷人的生活成本　124
市场选择比政府保障更廉价公正　125
保障房固化贫穷的坚硬逻辑　127
政府建保障房不妨学腾讯　131
50岁以下想住保障房是可耻的　132

中国式保障房只会推高商品房价　137

第六章　稀里糊涂房产税　139
房产税不是压垮房价的救命稻草　139
征收房产税南辕北辙　141
匆忙上阵的房产税全身是病　144
房产税，听说你要来，房价又涨了　146
物业税或可以"小产权房"做试点　148
税收是公民与国家的契约，不是任何政策的工具　149

第七章　告别楼市乌托邦强制　153
楼市当告别乌托邦强制　153
就这样走向奴役之路　155
自由比福利重要十倍　157
回到基本的政治和经济常识　160
告别语言腐败　164
现实主义在朝，理想主义在野　167
活在真实中的三个行为准则　171

第八章　奢侈品是人类文明第四极　174
财富仓库对社会稳定极其重要　174
财富仓库缺乏加剧财富和精英外流　179
豪宅是人类最大奢侈品市场　181
奢侈品与文明政治　187
"最大奢侈品市场"是中国难得的历史机遇　190
奢侈品能否引领中国转型　192
奢侈品这样成为社会稳定剂　196
中国奢侈品的女权回归　198
从LOGO招摇到低调华丽　199

茅台酒值多少钱？ 201
奢侈品的本质是"富人代管" 204
穷思维　富思维Ⅲ 205

第九章　经济大趋势 208

钱往高处走 208
借贷消费不是洪水猛兽 209
人口增幅持续下跌　房价止涨别太奢望 211
粗鄙文化造就贫穷的富饶 213
为增长而增长的时代该结束了 216
告别投资依赖，才有民富国强 218
附：2010～2012年初房地产和经济政策及其影响 222

第十章　购房经典案例 228

经典成功案例一：恭喜你抄到最底了！ 228
经典成功案例二：8个月实现两倍回报 234
经典成功案例三：向前看机会永在 235
经典不成功案例：100万没了，80万又没了 236

附：大焕语录 238

后记　近距离观察乌托邦 248

引言
独立产权房是普罗大众抵御通胀的唯一利器

理解不了中国房地产就理解不了中国

2011年，全国5000万股民人均亏损4万元。同年全年CPI上涨5.4%，一年定期存款利率为3.5%，百姓实际存款利息收益为-1.9%。年底全国居民存款余额达35.2万亿元，一年存款财富缩水达6600多亿元，相当于人均财富缩水500余元。

实际上，中国内地老百姓连年亏损的远不止股票和存款，因为CPI没算房价上涨部分。仅以2011年为例，即使在可谓"空前绝后"的史上最严厉房地产调控政策下，全国平均房价仍然"逆势上涨"6.9%。股市亏损、存款负收益加上房价上涨6.9%，百姓的损失又会是多少？

多年来，笔者一直强调，一套能够与银行建立直接联系的独立产权房是中国老百姓抵御通胀的唯一利器。并不厌其烦、子规啼血般地呼吁老百姓应顺势而为及时入市，不要对政策调控尤其是房价大跌抱有过于天真的幻想。但世间事总是如此吊诡：真理如此稀少，但总是供过于求。

中国内地的房地产是个集万千爱恨于一身的超级矛盾体。自从1998年中国内地城市住房私有化以来，中国的房地产承载了巨大的光荣与梦想，也承受着无穷的误解与漫骂。很多经济评论者把房地产排除在"实体经济"之外，认为一个不注重实体经济的国家和民族是没有希望的。最新的一个比较尖锐的观点是叶楚华先生在《中国，已经失去成为发达国家的机会》一文中所表述的，房地产让中国彻底失去了成为发达国家的机会：

> 近十年来，本应是中国开创国际品牌，取得各种技术创新的十年，但是房地产毁掉了这一切。既然把钱投到房子里就能简单地、安全地获得暴利，哪个企业家还有心思去搞技术创新，搞世界品牌。没有技术创新、没有世界品牌，你就成为不了发达国家。日本和亚洲四小龙也都是从廉价劳动产业起家的，但它们成为发达国家的惊人一跃却是靠技术创新和打造世界性品牌而完成的。30年了，中国还是一片空白。中国，已经失去了成为发达国家的最佳机会，从现在算起再过十年，如果中国仍然无法取得突破，那么中国人世世代代都将作为欧美人的劳奴，尤其是作为美国人的劳奴而存在，永无翻身之日。

也可算是危言耸听之一种了。如果我们认真检视新中国成立以来的60多年，会发现前30年甚至前40年全体中国人都还在为基本的温饱奔波忙碌，如果要说有什么技术创新，也就是在国防科技领域，比如"两弹一星"，其他基本上是一片空白。前30年甚至更长时间，我们终生为之奋斗的只是"衣食"二字；后30年，我们则开始大踏步地向"住行"两个领域迈进。人类的一切生产生活，不都是为了更好地满足人们的物质和精神需求吗？从简单的衣食到更为丰富多彩的住行，难道不也是巨大的进步？房地产如果不是实体经济，那汽车是实体经济吗？今天我们不把房地产当实体经济，与计划经济年代"只筑坡不筑窝"、只顾生产不管生活、不以满足个体的需求与自由为目的、只把人作为工具的落后观念有本质区别吗？从极大地满足中国人的衣食需求，到极大地满足中国人的住行需求，然后再来满足其他方面的物质和精神需求，这是中国绕不过去的必经之路。饭要一口一口地吃，路要一步一步地走。比如今日中国卖得最好的高端抽油烟机，不是洋品牌，而是浙江的方太。如果没有房地产业的发展，高端厨电及与此相关的各项发明专利、技术创新会有市场空间吗？

诚如FT中文网2011年6月2日《中国房地产：泡沫要破裂了吗？》一文中所说："在1998年中国政府决定将大部分城市存量住宅产权私有化之前，大多数中国人甚至都没有想过有一天能拥有自己的房子。分析师们指出，中国房地产是目前保持全球整体经济健康最重要的一个因素。瑞银（UBS）经济学家乔纳森·安德森表示：'房地产和住房建设主导着中国内地的增长模式。它们是决定大宗商品需求的最重要因素，是中国外部盈余最大的非主流推动力，而且事实上是真正理解家庭资产负债表、储蓄和投资的关键因素之一。从宏观角度看，如果你不理解中国房地产，你大概就不会理解中国。如果你在追踪这些大宗商品和行业（比如金属、水泥、铁矿石、煤炭、汽车零部件、建筑设备、发电机械等），你最好能对中国内地的房地产市场做出正确的判断。'"

如果你不深刻理解中国的房地产，你也就无法深刻理解中国；如果你不了解房地产，你大概也无法知道今天的中国到底有多少乌托邦思潮在涌动，甚至时不时地通过行政强制的方式在实践着。

在对待房地产问题上，我们的傲慢与偏见是否走得太远了？乃至于我们总是试图以各种方式来打压房地产，房地产的市场化之路不是越走越平坦无阻，而是越来越崎岖、呈现越来越向非市场道路逆转的态势（虽然原来也并非完全市场化，特别是土地没有市场化）。只有我们理解房地产，告别对房地产的傲慢与偏见，才能以更加平和的心态来对待房地产出现的一切问题，才能以更加理性、更符合市场规律的方式来切实满足人们日益增长的房地产需求。

今日中国房地产领域的诸多问题，并不一定都是房地产自身的问题，而是中国诸多历史问题和现实问题的总集合、总爆发，房地产只不过是大家的一个安全的出气口。板子都打在房地产上，结果只能是既害了房地产又害了中国经济。

任志强说，中国犯了一个最大的错误，就是在"第二次世界大战"之后的前30年，或者说新中国成立之后的前30年，浪费了一个低成本、高速城市化的过程。亚洲四小龙也好，四小虎也好，它们恰恰是在"第二次世界大战"之后，充分利用了30年低成本阶段，迅速完成了城市化率

60%~70%的过程。我们在大食堂阶段，不但没有加强城市建设，反而把农村的房子砍掉了300多万，都盖厨房和大食堂了，不准家里有小食堂。那时候的城市化，就是恨不得把小学生都推到农村去，认为农村人没有知识。然后又是"三线"，把所有人哄到山沟里去。到了"文化大革命"，又把所有知识青年哄到农村去。所以到了1978年改革开放之前，我们城市人均居住面积只有3.6平方米，比建国之初城市人均居住面积4.7平方米还少。

假如我们前30年没有浪费，那时候土地、劳动力、建材都非常便宜，那么城市化率就比现在高很多倍了。没有房地产支撑，高城市化率是不可能实现的。

今天中国的房地产成为中国经济的支柱产业，甚至成为"保持全球整体经济健康最重要的一个因素"，是时代发展的必然阶段，也是无法跨越的必由之路。史无前例的城市化浪潮、城市住房换代升级、外向型经济和投资型政府推动的几乎身不由己的货币增发及独生子女政策导致的老年人口也"随子而迁"向中心城市集中、住房按揭信用消费、投资渠道狭窄等，都是助长房价的因素。理解这一切，才能正确对待这一切。

今天，我们特别要警惕围绕在房地产周围的民粹情绪，他们把房价下调当做社会公正的唯一目标，而不想顾及更底层民众的下岗失业、整个金融和经济体系的安全等问题。可以说，围绕房地产，已经聚积起了具有强大舆论影响力的"民粹集中营"，他们随时有可能将中国带入乌托邦陷阱中不能自拔。复杂的经济和社会，都有它自身的逻辑和规律。摘一段汪丁丁2011年11月4日发在网易上的博文《市场，价格，理性控制的根本谬误》："讲课和读年轻朋友的文章，感受到强烈的反市场倾向。宏观调控以来中国政策的一系列失败，似乎还不足以说服这些朋友反思我们和我们政策制定者的狂妄的致命弱点。这一事实本身就表明，要让公众（我从不预期那些被官僚政治弱化为'脑残'的政策制定者）懂得'复杂现象'的一般原理，多么艰难。"

愿望与现实是两回事。如果自认为理想高尚愿望美好就可以无视规律和规则，那就陷入了危险的乌托邦强制，一定会种下龙种收获跳蚤。一个只讲意图不循规律、只有手段不问责任伦理的民族，奴役和贫穷就是唯一的归宿。同样，一个只讲意图伦理不讲责任伦理的时代和民族，启蒙将是一场比二万五千里长征还难的长征。

这么多年，至少在房地产领域，那些表面上替穷人说话的唱空派，一个个都让穷人越来越赶不上时代；相反，那些被现实砸鞋和网上扔砖的"楼市春天派"，谁听他们谁就赶上了时代。所以千万要擦亮眼睛，并不是谁替你说话谁就真能造福于你。

房价下跌对七成以上国民没好处

北师大房地产研究中心主任、博士生导师董藩教授的两则微博，像他的"没有4000万不要来见我"一样引起轩然大波。他于2011年11月7日、8日在个人新浪微博上称："房价下跌谁高兴谁倒霉？高兴：没房的家庭，约占家庭数的4%～6%；未婚但考虑买房的人，约占城市人口10%。倒霉：占86%的有房家庭（财产缩水）、地方政府（财政收入下降）、银行（信贷收入下降）、财税部门（难收税费）、产业链上就业者（下岗失业），及不觉得受损但会遭遇稳定威胁的更高两大主体，你懂的。""现在全国86%以上家庭拥有私房（不很精确，因为每年总有私房被拆，又有很多买了新房，此数字总体呈上升趋势），2亿多流动人口按照我们国家的管理体制都是农民，不是市民，在农村基本都有房子，不在谈论之列，城市流动人口基本在老家也都有房子。"

任志强也加入了争论的行列，他在新浪微博上写道："看了许多评论，大多数人不了解中国城镇的住房现状。城镇住房私有化率中不包括农村住房。总理报告数为87.4%，指个人产权的住房。每年会有拆除和新增。因此董藩教授用了约86%的数。但住房私有中包括个人拥有的第二套和多代人居住一套的现象。其中商品房约35%，房改房约40%，余者为原有私房和保障房等。另有7%左右的为原有公房和城镇区划改变时的农村转为城镇的房屋。可以说绝大多数中国家庭都有住房。是否有房不论城乡，都为有房户。但住房条件差和多代同住的家庭比例超过40%，大量农村有房户家庭分户向城镇转移，新婚家庭分户等形成巨大住房需求。每年城镇新增家庭约1100~1300万户。全国现有城镇住房约190亿平方米，包括非成套住房，约合2.4亿套（含非成套折算）。约2.4亿户、6.7亿多人。私有化率中拥有第二套住房家庭的比例约12.5%。约2400万套。用于出租的约62%，偶尔居住的约30%，其他有用于营业、办公、仓库等用途和空置的。城镇空置住房的约占其中的3%左右。"

根据任志强的"精算数据"，加上现有农村住房高达1/3空置的事实，再根据第六次人口普查的结论，可以大致推算出中国到底多少人还有住房需求（不考虑投资部分）。

根据2010年第六次全国人口普查结果，当前中国内地31个省、自治区、直辖市的人口中，居住地与户籍登记所在的乡镇街道不一致且离开户口登记地半年以上的人口为261 386 075人，其中市辖区内人户分离的人口为39 959 423人，非市辖区内人户分离的人口为221 426 652人。

2.2亿跨区域流动的人口中包括大量进城农民，加上城市原有超过40%"住房条件差和多代同住的家庭"，在"小富进城，大富进京（一线大城市）"的过程中，有一半以上大学毕业生都进入北京、上海、广州、深圳4座大城市，还不包含杭州等一线和二线城市。即使是已经在城市拥有产权房的人，如果想要改善居住条件，也是低价时置换比较好。因此基本可以判定，会有一半以上的家庭和人口希望房价下跌并且保持在他们能够承受得起的较低价位。

但是理想和现实永远有一个遥远的距离。即使现有房价全部跌一半（那时中国的金融乃至经济早已彻底崩溃并且永远一蹶不振），现有那一半以上希望房价下跌、希望自己买得起房的人当中，也未必有1/3买得起，而其中一部分人，甚至已经因为失业连生计都无着落了。

腾讯财经发起了一个关于"房价下跌你会高兴吗？"的投票，截至本书完稿时，表示高兴的有106 382人，占投票总数的89.55%；不高兴的9 497人，占7.99%；既喜且忧的2 604人，占2.19%；选择"其他"的317人，占0.27%。

当然，这个调查只具有观赏和吸引眼球的价值。因为最关注房价的，是二三十岁处在高度流动状态的年轻人,腾讯的用户更是年轻人居多,他们的投票不具有足够的代表性。但也不排除另一类人群,他们也是有房族,但出于投资需要,希望房价下跌然后趁机抄底。因此,投票在这里是不可靠的,任志强的分析比较靠谱。

综上可知,即使说今日中国有一半以上的人口有住房需求(其中包含2.2亿流动人口,占总人口的15.7%);以及任志强所说"超过40%住房条件差和多代同住的家庭",但是,人的一生中绝大部分需求是无法满足的。同样的,在有住房需求的人当中,到底多少人能够真正实现其需求,什么样的价位是他们能够承受得起的合理价位,可能是一个连上帝也说不清楚的问题。2010年以来的"史上最严厉调控",一些郊区房价已经"腰斩",比如北京通州京贸国际城由最高时25800元每平方米,降到了起价13400元,虽然在降价第一周就收获了"售房冠军"称号,卖了74套,均价14300多元,但也不是一抢而空,因为它们放量超过300多套。其原因有两种:一种是经济基础决定,买不起的还是买不起;另一种是社会心理决定:看到开始跌了,等着继续跌——这类人本身是有购买力的,只不过是在等待时机罢了。当然,一旦错过时机,他们会成为抱怨的主流人群。因为追跌往往追不上,谁也不知道跌了以后还会不会再跌;追涨就比较好把握,因为都怕再涨。事实上是下跌的时候往往有更充分的选择余地,但多数人把握不住,往往要等再上涨时才能下手。于是,绝大多数选择都不是最佳选择。

一路分析下来,我们可以基本假定,房价的下跌只对有需求中的1/3甚至更少的人有好处,他们是下跌到一定程度后拥有实际购买力并且真正会出手的人。这部分人,不会超过全国总人口的1/3,而且随着买房的人越来越多,这个比例还会不断下降。那么,为了少数人的利益而让大多数人作出牺牲,究竟值不值?合理不合理?正义不正义?

一种非常流行的谬论认为,以自住为目的购置房产,房价涨跌与我无关!不得不说,很多人穷,说到底是观念穷、思维落后。真正的财富是一种思维方式,而不是其他。持这种思维者不明白,现代风险社会同时又是以金融为基础的信用社会,一套产权完整、支配自由、随时可以和银行完成抵押贷款交易、价格稳步上涨的独立产权房，事实上是一张最好的人生保险单！

一套价格稳步上涨的独立产权房，不管你自住与否，不管它在什么地方，它都可以成为你向人生、健康和事业冲锋的堡垒：你可以用它抵押贷款，用于创业、孩子教育、治疗疾病甚至养老。现代风险社会，如果粮油、蔬菜及各种生活用品以及医疗、教育等各项成本都在不断上升，唯独作为老百姓一生最大财富的房子却不断贬值，实际上将使每一个房屋所有人都失去了风险社会的对冲工具！

瑞士信贷董事、总经理兼亚洲区首席经济师陶冬在《去杠杆下的中国》（载《新财富》杂志）一文中写道："在过去的十年中，中国经济经历了共和国历史上最为壮观的增杠杆运动。2001年M2供应总量为13.8万亿元，10年后为72.6万亿元。2001年的M2/GDP比率为140%，在世界范围内偏高但尚未算出格。至2010年，这个比率飙升到184%，远远超过世界的平均水平，比第二高的日本高出约30个百分点。而且，这里的M2数字还不包括隐性的、表外的信贷扩张。这种信用扩张速度，不仅在中国是前所未有的，在世界现代史上也是绝无仅有的。"在这种情况下，中国什么都涨价，如果唯独让房价不涨甚至下跌，可能吗？换句话说，这叫大盗不盗：真正的大盗通过通货膨胀洗劫了老百姓的购买力，而不是房地产洗劫了老百姓。在这种情况下，及时拥有一套独立产权房（而不是等着降价），作为通货膨胀的对冲工具，应当成为老百姓基本的"自卫"能力。

港中大教授、教育部长江学者何佳也认为：有人说"以自住为目的的购买者，房价不管涨还是跌，对他们来说有何差异？何须对冲？"如此谈论这个问题的人很多，但是并不正确。很多人一生的积蓄就是供了一个房子。但是一旦某个地区房价大跌，例如底特律，一个中产阶级人士立刻就变成穷人。这种风险是需要对冲的。房价的下跌还会导致传给下代的资产减值、减少消费等等。哈佛大学教授巴罗据此在1974年提出了李嘉图等价假说。他认为：如代际利他（即父母关心下一代的财富）存在，政府发行债券或增加税收，对经济的运行影响是一样的。同样可以说明，只要代际利他存在，无论你是否全额现金购买房子，无论你是自住还是投资，房价的变化都会影响你。中国人是最关心下一代的，子子孙孙不可能永远住在同一个房子里。房子的资产属性是去不掉的。

很多人只看到住房的居住属性，没看到它的资产属性；只看到它"不动"的一面，没看到它"动"的一面（即人不断地在变换住所）；只看到"自己"这一面，没看到"代际传承"这一面。所以不乏一叶障目、占小便宜吃大亏者。

以下是笔者集十多年中国城市化和房地产研究及实战经验，得出的关于房地产的一些基本态度和看法：

第一，今天中国的房价高不高、合理不合理？我的回答是房价太高且和普罗大众的收入相比严重不合理。但我认为今天中国几乎所有物价，除了被严厉打压的粮食价格之外都高得离谱，都严重不合理。而房价没有最高只有更高。该不该这么高、合理不合理是价值判断，会不会更高是事实判断，会不会更高取决于背后一系列的逻辑和规律，不以个人和任何机构的意志为转移。道德不能取代事实和真理。

第二，在今天的中国，除了被人为原因死死压住的农产品价格，几乎所有物价都高得不合理，但背后的逻辑却在支持其继续走高。花别人的钱办别人的事既不讲效率也不讲节约、少数人得利多数人可能受害的投资型政府不改，老百姓在劫难逃。这就是我的事实判断。投资型政府是怎么回事？简单说就是把投资逐利当成第一目标，在此目标下，花别人的钱办自己的事最大手大脚，于是各种不必要的质次价高甚至竣工之日就是停产之时的腐败型投资像癌症一样扩散，不可遏制。这样，财富一定会迅速向官商集中。同时，高税收和货币超发导致的通货膨胀一定会不断压缩老百姓的购买力，市场上除了被死压的农产品，其余产品价格都会远超百姓承受力。在这种情况下，高房价不是我们反对就成的，要从根子上反对和解决投资型政府问题，才能药到病除。

第三，包括不少经济学者都天真地认为，是房地产绑架了中国民营实体经济，把房地产打下去就可以挽救中国的实体经济。但恰恰是各种形式的垄断绑架了中国经济也绑架了房地产。今日中国经济的根本矛盾，是垄断和反垄断的矛盾，是投资型政府和自由市场的矛盾。而房地产，则是被绑架得最深重的一个行业。简单说来，是地方没有定税权力，没有发债权力，也没有反垄断的权力，于是在招商引资的竞争过程中，唯一的出路就是竞相压低自己辖区的土地价格，甚至不惜倒贴（如建好厂房的"交钥匙工程"）。众所周知，这些土地征地时是要按市场价来给补偿的。最终，大量的征地成本就被迫压在了少量的商品房身上！如果没有商品房对工业的补贴和国家的退税补贴，今天中国社会大量的外向型企业都是属于产能严重过剩，等待他们的只有亏本和破产倒闭一途。少量商品房除了补贴工业用房，还要补贴绿地、交通、保障房等基础设施用地和经费。

第四，投资型政府使各地方政府都储备了大量从农民、市民手中征过来的土地，而土地储备资金（亦即征地费用）都来自银行。这便是14万亿元地方债（FT曾有一篇文章说这个数字达到20万亿元）的由来。大家都知道而且赞成，农民、市民在政府征地时尽量要高一点价格。但是，如果房市不利，房价不涨或房地产交易停滞导致土地卖不出去，地方政府将还不起债，中国金融危机必将导致中国整体经济危机。

第五，正是这一系列经济规律和逻辑支撑，使房价物价不断走高。如果断然让房屋交易停滞或房价大跌，那就是中国经济硬着陆，是整个社会都无法承受之重。

第六，笔者多年来孜孜以求地研究房价走势及其背后的逻辑、规律，苦口婆心地写书、甚至不惜冒着巨大的风险劝有需求、有能力（或者踮起脚尖往上够一够就能够得着）的亲友及时入市，是因为在投资型政府还没有彻底改革的前提下，房价物价以高于收入增长的速度持续走高，是任何人都无法改变的现实。而独立产权房，是在通胀时代，普通老百姓唯一能够用来抵御通胀的对冲工具。知我者谓我心忧，不知我者说我是房地产商的托儿。

第七，即使彻底改革了投资型政府，经济的规律和逻辑因此发生了某种程度的改变，最终使房价物价趋于合理，也只是让收入涨幅超房价物价涨幅的软着陆形式，而不是让房价物价跌下来或停止不动等待收入上涨的经济硬着陆形式。

第八，复杂的经济和社会，都有它自身的逻辑和规律。不要以为谁喊一嗓子，房价就会掉下来，或者我喊一嗓子房价就会涨上去。不要接受任何高看和抬举，我们都没那么大本事，温总理也没有。

第九，愿望与现实是两回事。如果大家一起高喊愿望就能成就事业，世界早就大同了。但是，如果自认为理想高尚愿望美好就可以无视规律和规则，毫无顾忌地强制这强制那，那就陷入了危险的乌托邦强制。

第十，杨海鹏曾经引述汪丁丁的微博：从目前趋势看，（中国社会）向下走的可能性比向上走的可能性大得多。政府的威权与民粹主义倾向二者合流。民粹主义来自底层，它是恨富人"为富不仁"；"威权主义"来自上层，他们"狂妄的理性"总想"设计"中国社会，利用来自底层的民粹主义反西方或反世界主流。合流之后，成了左右中国政治的最危险潮流。因此，如果决策者的致命自负和民粹的结合以及投资型政府的问题没有得到真正解决，2020中国将变得很穷。

关于我对房地产、城市化和中国宏观经济等问题的系统性专题研究，《买房的革命》和《世纪大迁徙——决定中国命运的大城市化》、《2020我们会不会变得更穷》三本书里有详细论述。有兴趣的，不妨找来一读。有疑问有困惑甚至有质疑的，欢迎一一指出来，一同商榷、探讨。

十年楼市经验谈

1. 通胀时代，时间是最大的成本。我发现很多等保障性住房的人，最终往往会以比若干年前市场还高的价格，买到比若干年前更偏更远的房子，而且质量更低劣。富人思维是求人不如求己，穷人思维是万事皆盼救世主，想捡小便宜，只等到花儿也谢了财富也飞了。

2. 舍不得孩子套不着狼，舍不得利息买不到房。富人思维是即使再有钱也要贷款买房，首付越低越好，年限越长越好；穷人思维是即使再没钱也要东拼西凑自己尽量多地凑到房款，以便少贷款少交银行利息，结果，不仅自己不能以最小力量通过银行杠杆撬动最大资产，而且穷亲戚穷朋友的钱也变成了死钱，拖着整个亲友群体一起受穷。

3. 战略上城市包围农村，战术上农村包围城市。买得起大城市不买小城市，买得起中心城区不买郊区。宁要中心城区一小房，不要远郊区域一大房。关注总资产多少，不要过多关注房屋大小。在大城市中心城区哪怕拥有一套小房子，退休后卖了到全国各地都如入无人之境。这就是"战略上城市包围农村"。如何理解"战术上农村包围城市"？就是手中不要放太多闲钱，钱多了放在手里只会贬值，及时入市买房方为上上策。如果手里钱不多，买不起大的买小的，买不起城中心的买郊区的，买不起一二线城市就买三四五六七八线城市的。若干年后房价都上涨了，再卖掉小城市的、城郊的，改买大城市的、城中心的。这就是农村包围城市。否则，如果一味等自己攒够钱想一步到位，会让你一步赶不上步步赶不上，对多数人来说，房价上涨的速度远超过收入上涨的速度。

4. 抛弃买房就是自住的老观念老传统。你买的房子给别人住，别人买的房子给你住。有何不可？房子是不动产，人是自由流动的产物。在这个城市化急剧发展、人口急剧流动的当代社会，多少人能够在自己的房子里住一辈子？

5. 对于有思想力和行动力的人来说，任何时候都是机会：高位时可以适当清仓换取更大价值的资产，低位时可以卖旧买新卖小买大卖郊区买城区，对于缺乏思想力和行动力的人来说，任何时候都不是机会：高时嫌太高，低时怕再低。思路决定出路，贫富皆由思想决定。

6. 中国当下的实有城市化率不足三成（官方统计数据为 2011 年超过五成，但它把 2.3 亿农民工也算进去了。统计城镇居民收入时只算户籍人口，而且不算民营企业等中低收入群体，统计城镇人口时则把农民工也算在内，这就是中国统计学里的数字魔方），要达到70%以上的世界平均终极城市化率至少还有20年，且由于政府的城市化政策一直是错误的（不自量力地人为压制大城市化而人为推广小城镇化），这个过程可能还会更漫长。因此，中国的房地产业在度过过去10年黄金期以后，未来至少还有20年黄金时期或者白银时期。

7. 也不要以为房地产遍地黄金随手可捡，至少有些房产已经过剩或即将过剩：旅游房产、商业房产、远郊不配套区域房产、一些人口正在衰减或产业正在空心化的小城镇房产。

8. 任何人都没有能力改变高房价，个人只有顺时应变、转变观念才能战胜高房价。

9. 当下中国高房价的重要支撑：史无前例的城市化运动；投资型政府导致的通货膨胀；金融革命和超前消费；被激活的全民住房梦；房地产的金融化。没有一个因素是可以人为压制的。

10. 信用消费时代，人可以提前安排自己一生的收入，安排多少，跟自己的预期有关，跟具体的收入并不一定重合。这是人类最为奇迹的发明。在这样的信用消费时代，只会勤劳致富实现财富线性增长还远远不够，不会理财，即使读到博士也可能受穷。在勤劳致富的同时善于投资理财，通过信用金融制度和交易致富实现财富非线性增长的人，才能真正成为思想和物质财富上的富翁。这其中最大的理财工具是房产。房产等固定资产具有自动复利功能，是其他股票、票据、银行存款等金融理财产品所不具备的。通过按揭和抵押，它还具有"多重复利"的功能，只看你会不会用。

11. 大城市房价由外来人口决定，小城镇房价由返乡人口决定。在人口大流动背景下，刻板的"房价收入比"没有任何指导意义。

附：我的"即时判断力"——微博精选

2012年1月7日

【**2011值得骄傲的五件事**】1. 任职单位所负责的版块有了新的起色，

一出生即风华正茂；2. 出版《世纪大迁徙——决定中国命运的大城市化》，代表我对中国城市化问题的全面思考，中国的环境问题求解、大学生职业区域方向、30年间的财富空间大流向等，在此皆可以寻迹；3. 完成《2020我们会不会变得更穷》，一本可以让读者全面透彻读懂中国经济的书，马上就要问世；4. 因《世纪大迁徙》一书问世，获得国内某高校兼职教授教职，讲一年选修课；5. 对楼市调控坚定不移的事实判断战胜了调控本身。

2012年1月8日

【他们即将创造史无前例的中国经济奇迹】他们说房地产不是实体经济，因此要挤压它发展实体经济。我智商低理解不了。衣食住行，其他三样都是实体经济，为何独独房地产不是？如果说房地产因为有银行杠杆效应，那么，凡是借钱经营或买东西都是非实体经济，都应该严厉打击。最该严厉打击的则是金融业。然而金融却是经济运行的血液。房地产直接带动上下游60个以上实体行业，你见过龙头没了，龙还能活的吗？火车头没了，火车还能跑的吗？不过咱们中国就是伟大，就是有一帮人要创造没有脑袋还能活的生命。这是真正的中国经济奇迹，不过不是兴旺发达的奇迹，一定会是迅速衰败的奇迹。

【中国除了房地产几乎都是过剩产业】中国现有三百六十行中，只有房地产一行还属于非过剩行业，其余行业都可以算得上产能过剩行业。通过打压房地产来救所谓实体经济，以为压缩房地产行业利润空间就可以让资金进入传统"实业"，是不折不扣的中国式笑话。把大量资金（前提是挤到传统行业实现，但我相信无法实现），除了耗费更多的资源、破坏更多的环境、制造更多的垃圾，有用吗？

2012年2月2日

【上帝不会给无视规律者以机会】韩志国先生说压房价是本届政府最后的遗产。我说它是负面遗产，包括保障房。不是循规律去控制而是用行政手段强压，最终结果必定是强力反弹。只不过正像张维迎说的"现在大部分政府官员并没有危机感和责任感，只关心在任期内不出现重大问题，不关心社会结构的真正稳定。"颇有点我走后哪管洪水滔天的味道。但是，上帝并不会给无视规律者以"我走后"的机会。全中国的银行总资产110万亿，其中负债104.3万亿，而政府地方债就有10多万亿，其中42%去年和今年要还，几乎是银行全部净资产！想必有一种结局一开始就已注定：尔曹身与名俱裂，不废江河万古流。

2012年2月3日

【首套房房贷利率全线松绑】包括北京上海在内，普遍回归基准利率甚至有下浮空间。一千个人眼里有一千个哈姆雷特，银行首套房利率从上浮回归基准乃至优惠，是否等同于"调控放松"自然是仁者见仁智者见智，名词不重要，重要的是它确实会使需求得到释放。陈志武说得最好玩："当政府出来强调一定要挺住、坚持调控不放松时，就说明压力已经很大，要开始调整了。"

2012年2月5日

【别把两极分化迁怒于房价】陈宝存说工资涨幅高于房价，23年间房价增长合理。对比1989年，北京房价涨幅11~12倍，北京大学生月工资收入保守估计增长30~40倍，笔者基本赞同。也就是说，按照平均工资上涨幅度超过平均房价上涨幅度这一事实，房价怎么跌下去还得怎么涨上来。不合理的地方，不在于房价，而在于贫富两极分化，许多人的工资"被增长"了。所以，不把目标对准造成贫富两极分化的根源，而只对准房价，是牛头不对马嘴，注定失败。

【房企并购有你老百姓什么事？】很多人期望深度调控逼迫房企降价乃至倒闭，自己可以低价购房。错了！房企会发生并购但不一定都要以降价为代价，甚至并购会反过来促进房价上涨。一是因为垄断程度加剧必然导致价格走高，二是因为并购会增加交易成本，也必然提高房价。郎咸平说，中小房企消失后，老百姓将永远成为房奴。如果房企整合之后最后真的成为几家，因为它们有足够的资金能扛得住风险，将支撑房价居高不下，结果就会让我们老百姓永远成为房奴。正确，加十分。

2012 年 2 月 13 日

【今年上半年仍是买房时机】很多人都关心时机问题，即使在任何一个同样的环境和政策下，房地产商都不会步调一致。所以，事实上是从现在，甚至从此往前推的三四个月时间里，往后推的四五个月时间里，都可以努力去寻找合适的项目。该出手时就出手。过了这个村，也许就没那个店了。

2012 年 2 月 15 日

【楼市限购的实质】限购的实质，不是满足需求而是压制需求，扬汤止沸，而灶里的投资型政府导致通胀不止这个大火还在熊熊燃烧。因此，限购的另一个实质就是捂盖子，跟"维稳"思维如出一辙。地方债可以有四年延展期，因此我估计对于限购有精确的算计，是典型的政绩思维。好名声留给自己，烂摊子留给别人。对于购房者来说，即使有少数购房者在这一轮调控中得到了实惠，可更大多数老百姓还得继续忍受高房价。这么简单的道理，难道也看不明白？

2012 年 2 月 29 日

【民粹式调控与民生式调控】赵晓这条微博不能不转："房地产调控有两种方式，民粹主义（作秀）的方式和民生主义（做事）的方式。如果只是为了一时讨好百姓，不择手段，实际上是一种民粹主义的方式，最终对老百姓有害无益。建立土地的现代产权制度，建构符合市场经济的中国房地产制度模式和发展模式，让老百姓最终享受实惠，才是民生主义的方式。"民粹式调控无视经济规律和现有的经济发展路径依赖，不改革发展模式本身，简单粗暴，不仅对百姓无益，而且会对经济发展造成致命危害。

【中国盛产骑墙派经济学者和楼市评论家】不知他们是真无知呢还是真无耻，左右逢迎两边讨好，说什么打压楼市以助推实体经济。他们知道不知道，今天的高房价恰恰是因为住宅和商业用地补贴了工业用地亦即补贴了"过剩的实体经济"，政府征的地只有不到三分之一用来盖住宅。如果土地市场化，工业用地市场化，哪些产业该活哪些产业该死，不是靠政府补贴来完成而是市场自由竞争，征地盖楼也是开发商自己完成，没有那么多住宅用地补贴工业用地，房价是不是该有所降低？

2012年3月9日

【买房时机】在《买房的革命》一书里，我说买房要"听政府的话，跟着银行走"。可是现在，如果听中央的，还不能买；听地方的，就该买了。而银行呢？银根的确是在逐渐松，对首套房贷政策也在放松。那么听政府的怎么听？不能光看谁官更大权更大，要看谁更接地气，谁更符合经济发展本身的逻辑和规律。看懂了吗？

2012年4月6日

【首创置业董事长自爆房价多高最合理】4月4日《文汇报》报道：首创置业董事长刘晓光披露了一个计算"买房点"的公式。他称，地价占总成本的近50%，各类税费占20%，购房者只要知道了楼盘地价和税费构成，就能估算出房屋的大致成本，再加上开发商一般10%~15%的合理利润率，便可以推算出适宜的"买房点"价格。

大焕点评：别听这位董事长的，真听了，可能很多人会买不上房。为什么？开发商从拿地到盖房交房，至少需要一年以上的时间，在拿地成本常常"面粉贵过面包"的时代，算地价时是按当时开发商拿地价格算呢，还是按后来的地价算？这个要先弄清楚。

2012年4月20日

【房奴们准备更加身不由己地任人宰割吧】《广州日报》2012年4月

20 日报道，北京、武汉等地已有上千家房企从楼市"消失"。《新民周刊》2012 年 4 月 5 日报道：在中小房企资金链断裂背后，在过去的近两个月里，多家一线民企均为"零拿地"，而国资房企则呈现的是更为高调的逆市抄底。比如仅在 2012 年 2 月份，中海地产、中信地产、中建地产就斩获了 8 宗土地。调控博弈到最后，也许更多只是一场预想中的市场洗牌，而与所谓的老百姓是否买得起房无关。它加快了国进民退的步伐，加剧了市场的集中，等待未来"房奴"们的，可能是更高的房价、更少的选择和更加身不由己的任人宰割。

2012 年 4 月 24 日

【本轮楼市调控已经结束并且正在回调】随着二三线城市上调公积金贷款额度和住建部酝酿刺激刚需政策，从 2010 年至今的"史上最严调控"可以宣告结束并且正在回调，笔者从一开始就宣布了它失败的命运。货币超发的手不斩断、投资型政府不改，多数人承担成本、少数人获取发展果实的悲惨式发展仍将持续，直到它自己内部崩溃。

2012 年 4 月 26 日

【每个人都在自己的局里出不来】昨晚一个 14 人饭局，有人说在温家宝届满之前肯定会把房价压下去一些，为了面子也要这样。我跟其中 3 个人说，你们记住了，我今天把话放在这里，别做梦了，要买房最好在上半年最迟别超过今年。时势终归比人强，任何人都抗拒不了规律。

2012 年 5 月 17 日

【现在是买房最后抄底时间】据《新京报》报道，4 月份北京楼市成交价格比 3 月份上涨 5.12%。红五月的楼市交易井喷，进一步打破今年 2 月以来成交持续增长"不可持续"的谬论。本人去年底今年初作出的"最佳入市时机为今年上半年前"的判断再次应验，去年底动员朋友入市的三套房，一套已涨，另两套持稳。

2012年5月25日

【楼市最佳抄底时间已过】一二三线城市政策和市场均已全面触底反弹。四线以下城市还有抄底机会,因为前两年限购下资金"下流"趋势将随着政策回调而回流。去年10月以来动员成功北京4个刚需朋友入市,如今已全部涨价且中间过程无一下跌。总想抄最底的人一定会被涨价反抄!这是人性和心理规律。

【保障房泡沫破了】5月23日《第一财经日报》报道,住建部令地方上报保障房计划,3600万目标或调整:近期,住建部与发改委、财政部联合要求各地上报2013~2015年保障房建设计划,相关部门也着手评估3600万的目标是否需要调整。通知要求各地按照自下而上、按需申报的原则,结合最近两年的实施情况来确定未来三年年度建设计划。也就是说,原本自上而下分配任务的压担子压任务,来了个180度大转变,变成了自下而上的"按需申报"。

2012年5月28日

【良药苦口】每次谈楼市谈房价,我都会遭来痛骂。但用不了五年,三年足矣,骂我的人都要暗自后悔,虽然他们也许忘了当初骂过我;信我的人也都要暗自庆幸,虽然他们也许忘了当初信过我。

2012年5月29日

【两极分化是民粹土壤】越是两极分化,民粹越盛行;越民粹,野心家阴谋家越是借民粹扩张权力沽名钓誉并大捞浮财,进一步加剧两极分化和民粹。

【恢复房地产市场地位】在当前,恢复房地产的市场地位以拉内需,确实是比政府增加固定资产投资健康万倍的做法。尽管这样做会受到很多民粹派的反对。但后者,只会更深重地加剧腐败、通胀和两极分化。

2012年6月1日

【在楼市问题上终于有官员说真话了】中国经济网北京5月30日报道，近日，财政部财政科学研究所所长贾康在《国家行政学院学报》上撰文指出，挤泡沫需要用柔性的手段。有一些非理性目标只是为了迎合社会心态。例如，不少人希望房价回调50%，这样就能买得起房子了。这种愿望似乎还得到了某些管理部门的回应。可是我国商品房房价如果总体上回调50%，国民经济是无法承受的。很想请前央行行长，那个说银行可以容忍房价下跌百分之四五十的人出来说话。

2012年6月7日

【降息】央行宣布6月8日起三年半来首次降息0.25个百分点。除了看出决策层对经济下降的慌张之外，降息的实质作用就是使"存款阶层"（这个阶层由于资金和收入有限，几乎完全缺乏投资渠道，房子和艺术品门槛太高，股票是绞肉机和榨汁机）更加悲催。中国实体经济已全面过剩，降息和降准都不足以刺激民间投资；如果政府亲力亲为大举进行政府投资，只会更加助长腐败、通胀和两极分化！实体经济不行，减税空间也没有，只剩华山一条路：打破一切行政垄断，还土地房屋等财产及市场权利于民。从权力市场经济向自由市场经济迈进，没有第二条路可走。

2012年6月13日

【全面反思中国的经济和房产政策】随着三年半来首次降息，随着央行下发特急文件通知，第二次启动1998年房地产市场化以来房贷利率七折优惠（第一次是2008年全球经济危机之后），随着存款准备金率下调和各限购城市微调限购政策，历时两年多的"史上最严房地产调控"可谓以失败告终。以后再也不会有如此脑残的政策了，据发改委内部人士称调控房地产引发的经济真空比预想的情况还要严重。十年调控十年调空的历史告诉我们，必须对调控本身进行深入系统的反思了！必须全面反思中国经济的逻辑、房地产的逻辑、短期政绩的逻辑、长期经济和历史的逻辑。唯有在此基础上实事求是的政策和改革，才能把中国经济和社会引向正途。否则,头痛医头脚痛医脚,只会使我们陷入瞎折腾和自我破坏的泥淖。

2012年6月15日

【一分为二说房奴】地产大嘴任志强又一次颠覆了一部分人的世界观和认知。在他看来,社会上已经广泛流行的词汇"房奴"是个伪命题。他从来不认为中国已经买了房子的人是房奴。在中国,过去买了房子的人都赚了钱,哪有说当奴隶还能赚大把钱的。这话要一分为二地看,把房屋当资产看待的人,不会把自己当房奴,否则就可能把背着银行贷款当房奴。请参看赫尔南多·德·索托《资本的秘密》。个人认为,当今中国最痛苦的一族,不是房奴,而是欲做房奴而不得的人。我这几年重要工作之一就是不断在网络上、文章里、书里和现实生活中劝告人们赶紧做房奴。(背景资料:吴敬琏说:中国1990年的货币总量为1.53万亿,2011年89.56万亿,21年翻了58.53倍。美国货币总量同期只增加了1.99倍。美国法律规定货币发行量不得超过GDP的70%,中国已经超2倍了。这样超发货币稀释全民财富,是一种隐性抢劫。)

2012年6月18日

【首次承认调控的错误】国务院要求支持刚需购房。住建部认为提高首套房首付比例至30%本身不符合调控总基调,而近期信贷政策的放松和降息等动作是"一个从错误到正确的调整"。本人5月25日在微博上判断一二线城市最佳抄底时间已过,"房地产仍将是中国经济未来20年的发动机"。

2012年6月21日

【房价不该这么高,但一定还会更高】许小年说:"经济下滑楼市回暖,史称最严厉调控政策似将无疾而终,强大有形之手再次败在市场手下。面对高房价,不去增加供给改变预期,反而一味依靠行政手段蛮横打压需求,将自己逼入今日之困境。若无改革特别是土地制度改革,房价还会更高。"

大焕点评：土地私有倒逼投资型政府改革是唯一出路，那时房价并不会跌，但收入和征地拆迁补偿会追赶物价，同时腐败减少，因投资型腐败导致的通胀会受到市场抑制。

【民企从未如此艰难和迷茫】 新华社6月19日发文称民企"从未如此艰难和迷茫，我们这种企业只有两条路，要么转型，要么不做。"

大焕点评：那是因为除了房地产、奢侈品以及行政垄断领域，所有的行业已经全方位过剩。过去可以用出口缓解，现在出口不行了，城市化落后于工业化，真正的调整应该开始了。但我们的决策者，目前仍然没有找准方向。或者也有可能，知道该怎么办但不敢办也办不了。一些经济学者和评论人开出打压房地产救"实体经济"的药方，实为虎狼药，根本不懂经济。

【不懂房地产就不懂中国经济】 地产投资兼评论人朱大鸣："5月和6月中国房地产正在进行迅猛转变，没有回暖只有从寒冬直接过渡到火热的盛夏。今后房地产的气候图也许会改变：四季更替取消，只留下热带的旱季和雨季。最近，北京正在经历着这样一场复制2009年的疯狂的惊天大逆转。"

大焕点评：楼市越调控，房地产之外的实体经济死得越快，因为它们都是靠房地产补贴的过剩经济，房地产一调控，房地产业往这些领域输血的管道首先堵死，而国民经济对房地产的依赖也越大。不懂房地产就不懂中国经济。

【6月银行新增信贷或达万亿】 6月21日，中国证券报-中证网消息称，6月前15日，四大银行新增贷款为250亿元。市场预计，6月银行新增贷款将达9000亿~1万亿元。今年各月月内新增信贷呈现"前低后高"走势，月末商业银行的信贷投放激增，分析称这与实体经济增速下滑、企业信贷需求下降和银行惜贷有一定关系。

大焕点评：市场上充满了混乱的貌似看不懂的信息，但只要牢牢抓住

"钱从哪里来，又回到哪里去"就一切明白了。传统经济过剩不景气，垄断行业不让进，钱还能往哪里去？

【居民购房意愿创一年半来新高】 6月19日央行公布的城镇储户问卷调查显示：2季度，68.5%的居民认为目前房价"高，难以接受"，而未来3个月内准备出手购房的居民占15.7%，较上季提高1.6个百分点，为2011年楼市调控以来的最高值。而居民房地产投资占比由上季的15.1%升至16.1%。

大焕点评： 中央各部委可不要说这是地方政府放松调控的结果。银行存款准备金率和利率下调才是"基本面"。我一直强调独立产权房是百姓抵御通胀的唯一利器。要等房价大跌，30年后再说吧。不过，所谓大跌也是在现有房价5倍以上基础上微跌。

【楼市与恩格尔系数紧密相关】 6月20日《新京报》报道，国家统计局局长马建堂日前在《求是》撰文首次披露，去年我国城乡居民家庭恩格尔系数分别为36.3%和40.4%。相较于2010年的35.7%，城镇家庭恩格尔系数上升了0.6个百分点，出现反弹。恩格尔系数是反映食品支出占家庭支出的比重，越富裕的家庭，食品支出占比越低。根据联合国粮农组织的标准划分，恩格尔系数在40%~49%为小康，30%~39%为富裕，30%以下为最富裕。

大焕点评： 此前国家统计局发布的数据显示，我国恩格尔系数总体下降的格局没有改变，但降幅在逐步缩小。同时，部分年份出现反弹，如2008年明显高于2007年。相较于2010年，2011年城镇家庭恩格尔系数上升0.6个百分点。明眼人一看便知，2008年、2011年恰恰是楼市受到最严厉打压的两年，楼市不景气，涨价就曲曲折折地传递到人们的生活必需品上，人们的生活就更加艰难！楼市是当今中国最佳资金蓄水池，你不让它蓄水，中低收入阶层的生活就遭殃。

2012年6月25日

【再次强调买房趁早】以前多次强调最好不要超过上半年，最迟不要超过今年底。5月25日宣布一二线城市最佳抄底期已经过去。接下来不要指望会有什么"调控最后一击"，稳步上涨才是主流。（端午节期间全国楼市成交一片红，多城市成交量大幅上涨：南京562%、北京289%、重庆154%、广州25%、中山87%，东莞82%）

2012年6月26日

【权力中心铁桶般围着马屁精】北京电视台财经主持人@长盛 说："楼市到今天这样，股市到今天这样，都是始料未及的。"有人笑称就像三峡工程空调论，把空调装反了！我看呢，股市不评，至少在楼市，如我，如@董藩 如@陈宝存 如@任志强 等，应该是一切尽在预料中。甚至连反弹的时间点都差不了一个月。旁观者清。领导权力越大，周围就越是铁桶一般地围着马屁精，真言滴水不进。我可不是只骂马屁精，也要问为何只有这种逆淘汰机制而没有真正的决策辩论机制。又有人说：你不觉得楼价高是病吗？我认为：是病，但病在投资型政府和行政垄断。物价高烧只是表面现象，不能退烧了事，要找病根即病因。

【信用观念差别可能成为现代贫富分界线】有人说信用货币是人类最伟大的发明之一，对社会的进步作用一点也不下于一场工业革命。陈志武也有类似观点。窃以为信用货币最大的贡献，还在于人类开始提前安排一生的收入，这在以前是绝对不可想象的。可是很多人还在非常落后地认为，这是在做银行的奴隶。这种传统的守财奴观点，有可能成为现代社会条件下的致贫主因之一。传统的市场社会（计划经济时期除外），只要你足够勤劳，达不到富裕至少也能混个小康，但在现代信用社会和通胀时代，如果你抱残守缺守着不借贷信念，光凭勤劳可能很快会被善于借贷善于理财者抛到身后。

【智力选择题】1. 经济全面下滑，城市化远远落后于工业化，房地产

成中国经济唯一救命稻草；2. 经济全面下滑，哪里还有购买力支撑房价上涨，房价必跌无疑。二选一。（答案：选二的人都很二）

2012 年 7 月 1 日

【买房应该向谁咨询？】有很多人在要不要买房的问题上把房地产业内人士当救命稻草，以为认识个高管什么的就能得到金口玉言，其实他们中的绝大部分对宏观经济一窍不通，他们的眼里大多是土地、现金流和政策，求教他们无异于问道于盲。房地产是中国宏观经济中牵一发而动全身的部分，不懂宏观经济就不懂房地产，同样，不懂房地产也不会懂宏观经济。

2012 年 7 月 2 日

【股市】巴菲特说中国股票太贵了，不买。换一种说法就是中国股票市盈率太高，是个圈钱市；吴敬琏 2000 年宣布不谈股市，许小年今年初宣布不谈股市，皆因为这个市场的基本道德缺乏；笔者 2010 年出的《买房的革命》也号召大家别炒股。今年离开基金行业的最牛基金经理王亚伟更是向广大股民发表了这样的告别演说：散户不要投资任何一只股票。

【房市是毒瘤 现行中国经济模式就是恶性肿瘤】有人说中国内地楼市是颗毒瘤，有道理；但更多的人不知道现行中国经济模式就是恶性肿瘤。恶性肿瘤不除，毒瘤会一直毒下去而且还会越来越毒。

2012 年 7 月 5 日

【白日梦】现在有人而且相信还有不少人在做白日梦，期待十八大或者十八大以后有司将房地产市场完全碾碎，自己好大大抄个底。真不知道这是怎么想的？温总最后半年都熬不住，被迫让房价止跌回升，哪里还能有让房价打趴下的空间？房地产牵一发而动全身，相信我，这确实不是哪个开发商或者地方政府利益集团之类可以解释的，这是整个经济的逻辑问题。

【央行二次降息】央行一月内第二次启动不对称降息，说明救经济已经到了火烧眉毛之境。同时要求个人住房贷款利率浮动区间不作调整，金融机构要继续严格执行差别化的各项住房信贷政策，继续抑制投机投资性购房。还在嘴硬，走着瞧。不改革政府主导的投资模式，钱都只能进房地产。

2012 年 7 月 6 日

【又胜一局】今天有同学在 Q 群上说老家县城某江景房涨到 7 千/平方米了！天啊，上月 10 日才开的盘，9 日价格出来时我让大小姨子无论如何各买一套，当天电话几乎一天没断，当时买的高层价格分别为 6488 元/平方米和 6088 元/平方米（单价）。

2012 年 7 月 7 日

【保障房建设要有人口大流动视野】保障房建设不应该再延续以往任务层层分配下达的行政指令模式，否则，随着人口逐渐向大城市和中心城市集中，中小城镇原有住房尤其是居住条件比较差的住房出现大量空置，保障房建设势必会造成巨大浪费。政府对社会的责任，始终要思考的是为公民创造更为自由公平的发展和上升空间，而不仅仅是为公民提供一个住所。为什么大量人口宁要大城市一张床、不要已有的小城镇和乡村一栋房？其中的奥妙就在这里！

2012 年 7 月 10 日

【创造条件让百姓收入追房价】一大批相信调控会带来房价下跌的人们，随着房价的不断上涨越来越买不起房，其中不少人，原来也许努努力可以买得起，却因为无尽的等待变得越来越买不起。这使他们越来越成为抱怨政府和社会的愤青、愤中、愤老。给低收入者创造条件买房（现行做法是试图用压房价的方式等待老百姓收入的上涨）不是一个好办法，也不是一个有效的办法。真正有效却一直没有采用的办法，是要创造一切条件让百姓收入追上房价，而不是让房价停下来等百姓收入涨上去。这两种办法，路径不同结果也不同。基本可以说，房地产市场化14年来，前一种办法我们已经十八般武艺都用尽，但效果不彰；后一种办法却始终没有采用过。

2012年7月17日

【仿@董藩 东方红】经济跌，失业增，缺了房地产真不行，整个经济都是泡，呼儿嗨哟，单挑房地产真可笑；房地产控，恩格尔升，谁是谁非看分明；房地产支柱是实业，呼儿嗨哟，"实体经济"早过剩！（董藩新浪微博：税收滑，失业增，中国经济要拉灯！千方百计不顶用，呼儿嗨哟，地产才是大救星！东方红，太阳升，放松调控信心增！高速增长没结束，呼儿嗨哟，地产扶着中国行！）

2012年7月18日

【靠，靠，靠】《人民日报》评论说走依靠房地产带动经济增长的老路无疑是饮鸩止渴。靠房地产救经济当然是饮鸩止渴，但是试图靠打压房地产救本已全面过剩的"实体经济"是打断健康腿来救本已没救的残腿，是脑残。救经济靠什么？靠打破垄断，靠改革投资型政府，靠自由市场经济。现在的问题是政府自身职能改革一点不做，专打房地产，结局只能是搬起石头砸自己的脚。

【限购对穷人的作用绝对是负面的】有人说，房地产限购确实是非市场的，但在目前扭曲的市场下却是非常有效的，因为在一个垄断加投机的怪胎里，中国富裕群体能把中国房地产泡沫撑到很高。这话说反了，限购对穷人的作用是反面的，一是推高恩格尔系数（2008、2011年恩格尔系数出现反弹），二是推高房租。而在限购中抄到底的，绝大部分是投资客，相当于限购给了"富裕群体"更多低价买入的机会。非富裕群体却还在一直等啊等。这其实也是穷人和富人的根本区别：富人见机行事见好就收，穷人一直在等待别人给他们创造更多更好的机会。

【中国经济衰竭　股市"跌跌不休"】7月16日，A股再次遭遇黑色星期一，其中沪指更是跌到2009年3月的水平，创下近40个月收盘新低，两市百余股跌停。

大焕点评：不要指望像2007年一样还有大幅度反弹的机会，中国现有的经济模式已经走到尽头，衰竭已经开始。没有道德基本面支撑的股市，再次失去经济基本面支撑，暂时看不到出头之日。银行股亦然。央企更是无可救药，这些吸血鬼缺乏健康的经济肌体支持，哪里还有血可吸，只会衰退得更快。楼市则一个字：涨；或六个字：持续稳定上涨。

2012年7月19日

【经济危机下房地产更是中流砥柱】现有国有投资和竞争性民企全面过剩、投资型政府经济模式衰竭之时，银行、行政垄断国企、股市都无法离开经济基本面独立发展，就像人无法拔着自己的头发往天上飞一样。唯独房地产不仅可以独立发展而且可以带动经济全面发展，城市化、房地产成为转型时期中国经济唯一的救命稻草。

【中国经济只剩华山一条路】今年中国内地楼市经历了调控两年多来罕有的市场复苏，金三银四红五火六在主流媒体的唱衰声里逆势上扬。6月全国100个城市新建住宅价格环比上涨了0.05%，这是自2011年9月以来连续9个月环比下跌后的首次回升。有人担心若房价上涨态势延续，可能会有新的调控政策出台。但事实上，交易量价齐升最根本原因是2011年12月5日至2012年5月18日起连续三次下调存款准备金率，以及今年6月以来一个月内两次下调利率改变了市场预期。对预期影响最大的短期因素不是限购是货币供应，低利率政策引发房价上涨。在传统投资型政府模式走向衰退的当下，经济下行和失业加剧的压力远大于房价上涨压力，未来楼市调控基本只能靠吼而不可能出台实质性的更严厉措施。未来中国经济只有打破一切垄断和管制、实施自由市场经济这华山一条路。即使决策层得过且过不敢开启这条路，也不敢把楼市堵死，留下一个经济烂摊子。

第一章　调控十年　高房价打败中国

货币超发自上而下拉高物价房价

2012年3月14日温家宝总理在其任上最后一次记者招待会上，回答了《人民日报》记者关于房价调控的问题。他表示很痛心民众"政策不出中南海"的说法。

《人民日报》记者问："最近一轮房地产市场调控，大家都非常关注，中央的决心很大，力度也很大，一些城市的房价已经开始回落。请问总理，住房价格回落到什么程度才算是达到了调控目标？另外，面对经济增速放缓和地方财政压力，楼市调控会不会半途而废？"

温总理是这样回答的：

> 我最近出于一种责任感，把从2003年开始的房地产调控认真地回顾了一下。其实我们在2003年已经提出了6条调控措施，2005年又制定了国八条，2006年又制定了国六条。但是，为什么调控不见成效？群众也在责怪我们，说房价越调越高，政策不出中南海。我听到了感到十分痛心。
>
> 我觉得房地产市场关系到财政、金融、土地、企业等各项政策，涉及中央和地方的利益关系，特别是地方从土地出让中获取大量的收入。涉及金融企业和房地产企业的利益，改革的阻力相当之大。
>
> 为什么这两年房地产调控在艰难中看到一点曙光？有所进展。首

先是我们调控的决心坚定而不动摇；其次，我们抓住了一个抑制投机和投资性需求的要害问题，采取了有针对性的政策措施。

对于房地产市场，我有个基本看法，那就是中国有13亿多人口，又处在工业化和城镇化阶段，对住房的需求是刚性的，而且将会是持续的。当然，我们说住有其居，并不意味着住者有其屋。从方向上看，应该鼓励更多的人租房。

关于房地产市场发展，我有几个观点：第一，要保持房地产长期平稳和健康发展。如果盲目发展，出现经济泡沫，一旦破灭，不仅影响房地产市场，而且会拖累整个经济。

第二，什么叫房价合理回归？我以为合理的房价，应该是使房价与居民的收入相适应，房价与投入和合理的利润相匹配。现在我可以明确地告诉大家，房价还远远没有回到合理价位。因此，调控不能放松。如果放松，将前功尽弃，而且会造成房地产市场的混乱，不利于房地产长期健康和稳定发展。

第三，房地产的发展，毫无疑问要充分发挥市场配置资源的基础性作用，就是说要充分利用市场这只手。但是政府这只手也不可以缺少，因为它更具有稳定性和促进公平。

有人根据"房价还远远没有回到合理价位"、"特别是地方从土地出让中获取大量的收入。涉及金融企业和房地产企业的利益，改革的阻力相当之大"这几句话，就认为房地产调控改革阻力大是因为地方政府和利益集团是改革阻力，未免想得太简单狭隘了。

网络上甚至有人根据所谓的国际惯例，算出颇能吸引眼球的"各地合理房价图"。有关"专家"说，按照国际惯例，一个家庭6年的总收入可以购买一套房子，以此我们就可以推算出各地的合理房价：按每个家庭拥有2名劳动力计算，按照各地的人均可支配收入乘以2，再乘以6，基本上就可以得出一个家庭6年的总收入，也就是该家庭所能承受的房价总和。然后在这个基础上除以80（以每户买80平方米为准），这样得出的数据大概就是每个城市房价的合理价位了。计算公式为：城市合理房价＝（城镇人均可支配年收入×2×6）/80，得出"理想化状态"下的"合理房价"分别是：上海5734.5元/平方米，深圳5475元/平方米，北京4935.45元/平方米，杭州5055元/平方米，苏州4960.5元/平方米，南京4830元/平方米，无锡4745.7元/平方米，大连4265.25元/平方米，济南4050元/平方米，天津4038.15元/平方米，福州3978元/平方米，长沙3967.65元/平方米，成都3589.8元/平方米，武汉3558元/平方米，合肥3368.7元/平方米，重庆3037.5元/平方米，昆明3255元/平方米……各地也可以根据地方政府公布的收入数据如法炮制，得出的"合理房价"想必都会在现有房价的1/3以内。

根据这些数字，房价至少得穿越回到十多年前。这不明摆着在给本届政府和下届政府一个完全不可能完成的任务吗？这个价目表的娱乐价值远大于实际参考价值，如果谁要像抱着救命稻草似地抱着"合理房价"不放，他只能面临越等越贵的命运，最终结果，除非他买彩票意外中了大奖，否则弄不好一辈子都会买不起房，越等越买不起。

事实上，温总理也好，包括一切试图单方面打压房价的人也好，他们忘了物价上涨的两个根本原因：通货膨胀和土地价格上涨。而土地价格上涨又是因为现有的土地制度、分税制和各地方政府亲自冲到微观经济第一线招商引资的强烈冲动造成的。根子问题不解决，房价上涨问题无解。

在过去14年间，中国的广义货币（M2）数量以平均17.5%的增长率在增加，最高速度为2009年的29.4%，最低为2000年的12.3%；而且在绝大多数时间里（在过去14年时间里有11年），货币数量增长率都高于GDP增长率。其中，2009~2010年的数据来自财政部，其他年份的数据来自国家统计局。而美国在过去20年间，只有7年里M2增长率高于GDP增长率，而这7年都是经济危机期间。也就是说，很长时间里，中国经济增长都来自货币推动。如果不算14年，就算过去10年，M2数量也是以平均17.5%的增长率在增加，那么10年过去，货币量是10年前的4.27倍！世界上有什么地方货币如此大量增长而物价却保持10年不动？我们在拿高房价开刀的时候，何时又拿高车价高菜价开刀呢？君不见现在大葱都快成奢侈品了。《新京报》2012年4月10日报道说，每天去市场买菜的北京市民杨大妈近日总是忍不住抱怨："现在低于3块一斤的蔬菜已经很少了。随便买点菜，几十块钱就没了。"国家统计局发布的数据与人们的感受一致，受食品价格上涨因素推动，2012年3月份全国CPI比去年同期上涨3.6%，并迅速终结了仅仅维持了一个月的"正利率时代"。其中食品价格上涨7.5%，鲜菜价格涨幅更是高达20.5%。

据渣打银行的统计数据，2002~2011年间，中国央行的资产负债表扩张了8倍，为了稳定人民币汇率，央行大量发行货币以对冲流入的美元。2012年4月23日《第一财经日报》报道，渣打银行在其最近的一份报告中表示："全球流动性的主要提供者已变身为中国央行，并非是大家印象中的美联储或者欧洲央行。周小川不仅是中国央行的行长，还是全球的央行行长。"在过去的5年，中国人民银行的总资产增长了119%，并于2011年末达到28万亿人民币（约合4.5万亿美元）。而知名度更高的美联储、欧洲央行在2011年末资产规模分别为3万亿美元和3.5万亿美元。与之相对应，中国的广义货币（M2）在过去5年中也增长了146%，2011年末余额已达到85.2万亿元，位居世界首位。到了今年2月底，中国的M2再次刷新至86.7万亿元人民币，约合13.8万亿美元。根据渣打银行的测算，在刚刚过去的2011年，中国的M2增量已经占到世界新增M2规模的52%。而美国去年末M2规模仅有9.6万亿美元。

央行一直印钞票，房价物价又怎么可能降呢？

在货币增长的大环境下，房价上涨只是所有物价上涨的一个小小组成部分。大家眼里都只"选择性看见"房价上涨，却忽略了导致整体物价上涨的根本原因，结果是发改委成了物价委，还是控制不住"按下葫芦浮起瓢"的物价，各类商品价格都玩起了躲猫猫，国家有关部门一不留神它就噌噌噌往上涨。

通胀是对普通国民的无声掠夺，正所谓大盗不盗。楼价现象更多是货币现象。哈耶克说：通货膨胀是由政府及其工作人员造成的，除此之外的任何人都不可能造成通货膨胀。再用脑子想想我们的房地产吧，别动不动就把原因归结于地方政府、利益集团什么的，除了制造仇恨和对立，什么问题也解决不了。

凯恩斯说：通过连续的通货膨胀，政府可以秘密地、不为人知地剥夺人民的财富，在使多数人贫穷的过程中，却使少数人暴富。今天我们通过通胀剥夺了大部分人的财富，然后把责任归结到房地产商头上，而不是从根本的通货膨胀上找原因。驴唇不对马嘴，怎能不南辕北辙呢？

浙江财经学院教授谢作诗说：不管你是否相信，从 2007 年到 2008 年以来，中国的经济增长在一定程度上是一种假象。从 2008 年起，中国 8%～10% 的总体增长率是由平均占 GDP 三至四成的新增贷款推动的。这些贷款中，20%～25% 的部分到头来可能会沦为坏账，亏损幅度相当于 GDP 的 6%～10%。如果把这些亏损减去，中国经济的增长速度就会低很多。

1988 年 9 月 19 日，诺贝尔经济学奖获得者弗里德曼在中南海曾对我们的领导人说过：一旦通货膨胀出现，它的社会影响是很严重的。只有一种办法可以对付通货膨胀，就是控制货币供应量。我们无法通过控制单个商品的价格来控制通货膨胀，许多国家曾试图这样做，但最后都失败了。1600 多年之前，罗马帝国曾经试图通过这种方法来控制通货膨胀，但最后还是失败了。在 1971 年，美国的通货膨胀率是 4.5%，总统尼克松采取了工资和价格控制方案，最后同样失败了。

今天，如果我们不改革土地制度和政府投资体制、不控制货币供应量，想控制房价，同样只能得到一个失败的结果。

地价自下而上抬高房价

在中国，天上和地上各自有一股非常强大的力量在支撑着房价上涨。天上的力量是指货币超发在上面紧紧地拽着房价物价往天上飞；地上的力量就是土地价格牢牢地把房价往天上顶。

下页图是中国著名的豪宅制造商绿城中国，每平方米 2 万元的房子的各项成本和利润分布图。其中税收和土地费用占到 33%。作为豪宅，开发商净利润只有 12%，这还是房价暴涨那几年的销售结果。如果遇到市道不好，房地产商的利润占比还会降低。到底是开发商的血管里应该流着道德

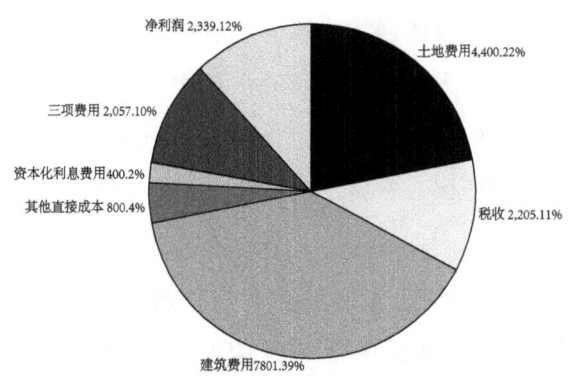

的血液,还是各级政府的血管里应该流着道德的血液?嘴巴说了不算,数据不会骗人,审计过的。

豪宅的建设成本远高于普通住宅,拉低了税收和土地成本占比。普通住宅里,税收和土地成本占比还要高出许多。

2012年4月5日《新民周刊》的封面文章《房价何时是"到位"》也写到地价与房价的构成。按照2007年之后从公开市场拍卖获得的土地,出让金平均可以占一套房产总价的20%~40%;政府向开发商收取的税费大约为15%。也就是说,购房者缴纳给政府的地价和税费已经超过房价的40%,高的可达55%。此外,购房者还要额外缴纳1%~3%的契税。

虽然不排除在楼盘实际操作过程中,一些房地产商通过在竞拍中抬高自有项目周边的地价,达到拉高项目房价的目的。用地价拉动房价来解套它的项目,然后再用项目的价格来解套它的地,就这么一轮一轮来回拉动。但只要开发商没有退出房地产市场,再高的地价房价,开发商和购房人最终还是替政府和拆迁户打工,面粉贵过面包的现象会频繁出现。因为地价房价在抬高的同时,拆迁户的胃口也越来越大。

既然土地价格和税费占房价的比例那么高,是不是降低税费和土地价格就可以大幅度降低房价呢?理论上是这样的,但世界是普遍联系的,简单表象的背后往往有着极其复杂的各种关联,真想要降低土地价格,事实上并没有那么容易,其难度和复杂程度,丝毫不亚于降低房价本身。所以我们必须一步一步地追问下去:为什么农民的土地自由、产权独立以及小产权房不敢放开,甚至连提都不敢提一句?为什么拆迁和征地你死我活的矛盾总是无解？为什么被拆迁征地一方要价会越来越高？在地价房价越来越高的背后，是土地财政和投资型政府陷入了一个难以自拔的陷阱！

土地财政和投资型政府真相

1994年开始分税制以后，中央政府一天比一天财大气粗。钱一多，以为集中力量一定能够办成大事的幻觉就会再度出现，于是我们看见了高铁大跃进、基础设施建设大跃进和保障房大跃进等。

但与此同时，中央政府和地方政府的财权和事权不对称的现象越来越突出。主要表现在中央掌握了大部分财政资源，但责任却很轻；地方政府掌握了小部分财政资源，但医疗、养老、教育保障、基础设施建设、保障房建设甚至于整个经济建设责任都落到了地方政府头上。比如2011年中央要求各级政府开工建设1000万套保障房，按基本估计，不包括拆迁征地和基础设施配套建设等费用，这1000万套保障房光基本建设费用就要1.3万亿元，平均每套10万元，但中央财政只给了1300亿元，平均一套房子1万元。我开个玩笑：在我老家小县城那样的四五线城市，这1万元还不够买2平方米住房，顶多可以放一张小床躺着睡；而像"北上广深"这样的一线大都市，1万元也就买个半平方米，连一张小床都放不下，只能站着换一种睡觉方式——太空睡觉。

中央政府的责任那么小，可是你知道分税制以后中央政府拿走了多少钱吗？打个最简单的比方：如果财政收入100元，那么中央政府拿走了55元，其余45元在省、市、县各级政府中分配。越到下面，尤其是县一级，分配得到的额度越小，而需要承担的责任往往越大。

巧妇难为无米之炊，地方政府又要花钱，又不能发债，又不能定税，于是发明了土地财政。2012年3月9日《新快报》报道，8日下午，全国人大广东团分组讨论，全国人大代表、广东省地税局局长王南健炮轰分税制逼良为娼。他表示，"分税制一定要完善。100元的GDP，中央就拿走了55元。"王南健解释，这样的量化，最直接地反映了当前分税制的问题。中央拿得多，但实际上用得不好，而地方拿得少，实际上承担的财政支出却非常高,"上头点菜,地方埋单,地方政府苦不堪言"。"结果就是'逼良为娼'。"王南健接着说,为了完成不停加码的任务和指标,地方政府只能搞土地财政,甚至是增加收费项目,下达一些不切实际的财税增幅指标,"这是逼着地方干坏事"。"中央拿走的钱,用于专项转移支付的占了很大一部分,这个问题就更大了。"王南健说,这是"跑部钱进"的根源。而转移多少,就看关系,关系好就多给点,不顾实际,结果造成很多浪费。很多人还记得,前国家审计署总审计长李金华也曾公开炮轰过转移支付导致"跑部钱进"、腐败盛行。

大家都在说土地财政,但土地财政到底是怎么回事,多数人只知其然不知其所以然。如果这个土地财政只是用来做社会保障和社会安全方面的开支,城市的房价不会这么高,拆迁征地的矛盾也不会这么激烈。但如果土地财政的主要目的是用来做无底洞似的政府投资,那么不仅愈演愈烈的拆迁征地矛盾无解,城市高房价和百姓低收入的矛盾也将无解。

各级政府都以投资为己任,但地方政府又没有征税权和发债权,它们不能随意降低税费标准,尤其是国税方面的标准,因此,在招商引资过程中,最有效的竞争利器就是土地,竞相压低工业用地的价格成为各地招商的法宝。很多时候,政府出让工业用地的价格,甚至比征地价格还低。但是大家都知道的基本事实是:土地名义上虽是国有或者集体所有,但在使用权上大都已经名花有主,因此政府征地是要花钱的。同时政府自身是不直接创造财富的,被压低的工业用地价格以及基础设施建设方面的投资,最终都需要从商业用地和住宅用地上面补回来。

著名的房地产业中的大嘴开发商、既不怕得罪政府也不怕得罪百姓的任志强团队提供的数据显示:"每年农田占用的总量中房地产开发用地仅占5%左右,纯商品住宅约占1.5%左右。大量的土地占用并非是商品住宅所用。2010年2.7万亿元的土地出让收入中,由开发商购买的土地仅为不到1万亿元,另1.7万亿元出让的土地并不是商品房用地。而开发商购买的土地中仅70%是住宅用地,其中还包括约20%~30%的保障房,纯商品住房所占的比例就更低了。"换句话说,只占1.5%的房地产开发用地,却承担了37%的总地价!这其中,还得"内部消化"20%~30%的保障房成本。

2010年4月，财政部首次公布了2009年全国土地出让支出情况。数据显示，2009年全国土地出让收入为14 239.7亿元，支出总额为12 327.1亿元，收支结余1912.6亿元，按规定结转下年继续使用。在支出结构上，其中用于征地和拆迁补偿、城市建设以及土地开发的分别占比40.4%、27.1%和10.7%，三项合计占总支出的78.2%。

这个数据可以反过来佐证任志强的数据。虽然被征地和拆迁方只拿到了总地价40%的补偿，但地方政府其实已经拿不出更多的钱来了。

现有土地和政府发展模式下拆迁难题无解

在商业和住宅用地招拍挂的信息越来越透明的情况下，（被拆迁的）老百姓对拆迁补偿的预期越来越高，成为推动整个房价、地价上涨的主要因素。

在1998年住房市场化之前，开发商只是跟村里、区里谈成就完了，老百姓并不清楚，只拿到一个地上建筑物的补偿，这使得当时的地价几乎相当于零。但在2004年实行土地招拍挂政策之后，土地拍卖信息的公开，使得城市和乡村的"钉子户"对于拆迁补偿的预期迅速提高。2010年北京西单的基准地价从8800元每平方米一路调升到了3.3万元每平方米。

多数老百姓并不知道自己所得的补偿只占土地拍卖价格的40%，而总是认为，拍卖时是多少，就应该全部用于被拆迁户的补偿。但实际上，整个城市基础设施的建设费用，比如公园、道路，甚至教育、医疗等大量的公建配套用地的成本都是均摊到住宅与商业金融用地上的。而越是在金融和商贸业不那么发达、人口净流入比较少的二三线城市，商贸和住宅用地占征地总面积的比例越低，在招商引资过程中廉价供应甚至倒贴供应的工业用地的比例就越高，能够付出的拆迁征地补偿比例就越低。

2012年4月20日，国家审计署发布2009~2010年土地管理及土地资金审计结果，24个市县中，14个市县违规征地22万亩。14个市县少征和减免土地资金40.79亿元，11个市县未按时征收土地出让收入137.47亿元。12个市县挪用15亿土地资金，其中有1.09亿元被直接用于补助企业经营及其厂区建设等，有2.07亿元被用于出借等，有3.17亿元被用于湖泊生态建设、湿地修复等超范围支出。很显然，这些违规资金大多数都是用于补贴工业企业的。新华社的消息只披露了少数几个县市区的违规违法用地情况，全国的情况大同小异。

尤其是各地方政府普遍实行土地储备制度以后，大量用于储备的土地也许要很多年后才能卖出去，因此在拆迁征地时往往更没有一个合理的中间价格可谈。

在这种情况下，被拆迁征地者会不会遭遇暴力强拆和血拆；拆迁征地方会不会遇到性情刚烈以死相拼的"钉子户"，对于双方而言，都凭运气！

但是，一方面，政府投资和招商引资的需求逼得各级政府大肆征地。社会学者孙立平在《转型陷阱，中国面临的制约》一文中写道："我去某地，晚上区长请我吃饭，就两个人，他说你知道我今年最难的是什么吗？今年最难的是拆迁任务100万平方米，这和我乌纱帽连在一起，拆完了还当区长，拆不完区长别当了。我说拆哪儿，他说拆哪儿都行，只要拆出100万平方米。我们现在不是经济停滞的问题，而是走火入魔，陷入畸形发展。"

另一方面，农村土地的集体所有制，给了征地以极大的便利。通常村委会少数几个人就可以代表村民卖出大片土地，他们中的人拿一些回扣或者受到上级官员和相关企业的威逼利诱，就随时有可能把村集体大量土地廉价卖出，等企业签订了相关合同，再进行开发，如果这时万一有农民不服从不愿意，双方都无路可退，矛盾就有可能僵持甚至迅速恶化。

在政府土地储备制度和农村土地集体所有的双重作用下，征地范围过宽成为非常突出的问题。目前我国省级以上各类开发区大约有1600个左右，很多省份每个县都有一个省级开发区。每个开发区规划面积平均在8万亩左右，全国开发区规划面积应在1.3亿亩左右。这是一个极其庞大的数字。按目前城市建成区的边际GDP产出能力估算，这些开发区全部建成以后，总的GDP应该达到260万亿元，超过目前国民经济总量约5倍！

所以，要解决高房价、拆迁征地矛盾以及大量违法违规征地问题，必须改革农村土地集体所有制，弱化甚至完全取消农村集体对土地征用的决定权，强化农户的土地财产权，使农户参与到土地流转中来。同时要下定决心转变政府职能，政府不能再以经济建设为中心，而应该以社会保障和社会的公平正义为中心。只有政府彻底退出微观经济活动，中国的经济和社会才能走上正轨。

土地储备与货币超发互相作用

政府预先征地的土地储备制度，不仅使大量土地征后抛荒，加剧征地拆迁矛盾，而且在相当程度上绑架了中国的银行体系，绑架了中央政府。

土地是城市最为重要的资源，对城市土地进行集中储备和供应是城市经营的核心环节。土地储备最早起源于1896年的荷兰阿姆斯特丹，随后欧洲很多国家都实行了土地储备制度，后来在瑞典、法国、德国、英国、美国、澳大利亚、韩国等国家得到推广。20世纪80年代初期的香港也实行了土地储备制度。

中国内地的政府土地储备制度，比住房私有化还早。住房私有化出现在1998年，但在此前，1996年上海就成立了中国第一家土地储备供应机构——"上海市土地发展中心"，1997年8月杭州成立了"杭州市土地储备中心"。杭州的土地储备中心成立之后，效果突出，国家1999年开始把杭州土地储备制度的经验和成果推广开来，得到各地政府和土地管理部门的推崇，随后各地都纷纷成立土地储备机构。2007年11月19日，国土资源部等三部委出台《土地储备管理办法》，意味着中国内地的政府土地储备制度纳入了法制轨道。

土地储备制度下，政府不再直接用财政或者开发商的钱来征地，而是用银行的钱来征地，用征来的地向银行进行抵押贷款，未来卖地的钱，就是连本带利还银行的根本依据。这部分银行借款，俗称地方债。

到目前为止，中国的地方债有多少？官方公布的数据是10.7万亿元，民间和境外一些媒体则另有说法，有的认为10.7万亿只是有明确的土地做抵押的，还有大量上级机构没查出来的，总额最高的说法接近20万亿元。

而中国内地整个银行业的资产有多少？银监会披露：截至2011年12月末，我国银行业金融机构总资产为111.5万亿元；总负债为104.3万亿元。也就是说，银行业的净资产只有7.2万亿元。

所以，紧紧依赖土地的地方债的安全，事实上紧紧连着整个银行业的安全。如果政府储备的土地卖不出去或者被迫低价或亏本甩卖，那么银行业不安全，整个中国经济都不会安全。

在这里，土地制度跟流动性互相作用：因为征地过程中实际只有极少量土地用于住宅建设，还要大量补贴工业用地等（投资型政府下，地方政府的唯一利器），因此助推了地价房价；而土地集体所有，导致征地太容易，地方政府通过向银行大肆借地方债滥征土地，加之不断上基建项目（价格和数量都是正常市场需求的N倍），必然加剧货币需求，导致货币流动性上升，也会助推物价房价。

这是一个极有意思的中央和地方政府互相绑架的现象：因为分税制导致中央和地方政府财权事权不协调，使土地财政和地方债事实上成了地方政府的"第二财政"。"第二财政"不稳，则金融不稳；"第二财政"要稳，则房地产必须稳。

土地集体所有和小产权房为什么不敢放开

饱受高房价之苦的一些民众纷纷转向小产权房。许多小产权房是村集体之间通过整合集体所有的建设用地和宅基地，然后再在整合之后的集体土地上建设的。一般是开发商提供资金，镇政府或者村政府提供土地，最后房子分成，省去了招拍挂等许多环节，因为没有土地出让金、契税和各种税费，小产权房在购买的时候既方便又便宜，而且这种"方便"还包括不受限购等方面的限制。

据国土部门不完全的统计，截至2007年上半年，全国小产权房面积已经达到66亿平方米，近年来小产权房存量逐年增加。另据全国工商联数据，1995~2010年，全国小产权房竣工建筑面积累计达7.6亿平方米，相当于同期城镇住宅竣工面积总量的8%。小产权房在深圳、北京等房价较高城市持续热销，最多的已达到房地产市场销售总量的1/5。

另据2012年4月8日《中国经营报》报道，中国房地产协会副会长陈国强认为："尽管没有统一的数据，目前北京地区的小产权房面积已经占所有住房面积的20%，而且从全国来看，北京和其他城市的小产权房并无很大区别，粗略预算，目前小产权房的规模已经占去四成。"在陈国强看来，小产权房最大的吸引点就是价格优势，"相对国有土地上的商品房，小产权房价格更低，一般只有商品房价格的1/3，有的甚至低于经适房的价格。"从现有数据分析来看，小产权房主要集中在大中城市城乡结合部、城中村、旅游景区和休闲度假区等郊区，种类繁多，情况复杂。

虽然国土资源部一直想清理小产权房，但总量还是越清越多。对已经成型的、规模较大且已经卖出的小产权房，拆除的可能性很小。否则大规模拆除将激化社会矛盾，影响社会稳定；其次也是住房建设资金和建筑材料的巨大浪费。

但为什么又一直不肯放开，通过完善规划、收取房产税、交易税等方式方法让小产权房转正呢？至于更进一步的完善农民的土地产权，让农民的土地和房屋私有产权更完整、更独立，却是连提都不敢提。

小产权房和土地私有化，并不会影响政府的地方债。农民不是傻瓜，一旦土地私有化和小产权房合法化，他们的要价会更高，随着税费的完善，今天所谓小产权房的价格也会水涨船高。因此它对城市尤其是大中城市房价的影响也不会很大，尤其是对中心城区房价的影响更是微乎其微。

小产权房合法化和土地私有化，影响最大的是两个方面：一是政府的土地储备制度。土地产权落到农民个人了，征地就要一家一户地谈，大规模征地和在此基础上的大规模土地储备就越来越难，地方政府招商引资的最有力武器从此失去锋芒。它将逼迫政府职能和中国经济发展模式的全面转型，政府"以经济建设为中心"失去依据，被迫回到守夜人的位置上，以社会保障、安全和公平正义为中心。这是好事，中国社会由此从权力市场经济向真正的自由市场经济转型。

影响最大的另一个方面，是房地产补贴工业用地的时代终结，房地产价格有可能带来真实的回落。但更重要的是市场价格被扭曲的现象会得到纠正，以后谁要是办企业，不可能再获得由房地产补贴出来的廉价工业用地了。失去了房地产对工业的补贴以后，工业的真实成本浮出水面，可以挤出在地方政府竞相压低成本招商引资过程中富余出来的大量过剩产能，有效淘汰低附加值、低效率的企业，对环境保护和中国的产业升级都大有好处。

过于天真的张五常

著名经济学家张五常在《贫富分化与土地政策》一文中认为，地区竞争不会搞高楼价。中国内地的县际竞争激烈，而地方政府一律重视工、商业的多元化发展。在这样的竞争局限下，只着重增加卖地的收入是自取灭亡。在激烈的地区竞争下，楼价过高是败局。想想吧，一个县免费提供一大块地给一家名牌工厂，怎可以那样傻，搞高住宅楼价来把该厂吓跑呢？虽然档次较低的工人可住工厂提供的宿舍，但职位较高或成家立室的，怎会不考虑住宅楼价？

事实上，张五常先生真的有点儿老眼昏花了。他哪里知道，免费提供给名牌工厂的大片土地，征地时并不是真的免费得来，而是把征地的成本，在卖地时都压到了房地产头上。这种情况下，住宅楼价要是不高，那只能说明天上会掉馅饼！

地方政府当然也要考虑住宅楼价，考虑怎样才能满足张五常所说的职位较高或成立家室的企业高管们的住宅需求，但他们采取的是消防队员的办法，头痛医头脚痛医脚，哪里失火，就拿一个消防水龙头到哪里去灭火。

他们采取的办法是对所谓高端人才实施特殊政策。《南方日报》2012年3月1日报道，目前全国31个省（港澳台除外）均存在不同程度的个税违规情况。主要表现在两方面，一是对个税奖励，即先征后返；二是对给予个人的奖金免征个人所得税。

类似做法延续多年，他们的共同特点都是"奖励精英人才"：重奖纳税大户；直接给精英人才高额返还个人所得税；给金融企业和高科技企业直接发放房屋补贴；一些地方政府承诺，只要金融企业和跨国公司把总部设到它那儿，马上给予数额千万元以上的现金奖励；在高房价对高科技人才的挤出与阻碍效应产生之后，将高科技人才及其他对提升城市竞争力意义重大的人才纳入保障性住房，等等。

地方政府这种"劫贫济富"的荒谬性是不言而喻的：政府拿全体纳税人的钱，奖励一部分在市场竞争中原本就获得优势地位的企业和个人，与政府促进公平、建立公正的竞争秩序背道而驰，与税收的财富调节功能背道而驰，也与法律的要求背道而驰。结果是经济发展越来越不公平，少数人享受果实，多数人承担成本和代价。

中国各地方政府间的城市和区域竞争，主要就两个手段：一是千方百计降低本地工业用地的成本，二是为各种"高端人才"在住房、入户、税收等方面开绿灯。前者必然导致地方高房价，因为地方政府所征得的土地，只有小部分用于住宅建设，而大部分需要廉价供应甚至倒贴供应（俗称建好厂房的"交钥匙工程"）于工业用地。在这种情况下，普通劳工阶层的生活成本无形中被大大推高。少数"高端人才"是得到了补贴和优惠，但是，如果没有多数"低端人才"做奠基，一个地方的文明金字塔可以堆砌得起来吗？

楼市调控代价：经济硬着陆和风险后延

从2010年年初开始，尤其是全国人大、政协两会过后，号称史上最严厉的房地产调控政策步步紧逼，银根收紧、贷款利率上调，限购、限贷步步为营。但是，两年多时间过去，全国整体平均房价还在上涨，但中国经济却全面迎来硬着陆，情况比2008年全球金融危机还糟得多。所谓硬着陆，实际上是经济学界用的一个文绉绉的字眼，如果用简单明了的白话来说，就是从半空中摔下来了。

兰德咨询发布2007～2011年（近五年）全国商品房销售额和销售面积情况（见下页两图）。根据该图，可知2010年全国平均房价5033.56元，2011年为5379.34元，同比上涨6.9%。

国家统计局数据称，2011年12月，全国70个大中城市中，新建商品住宅价格环比下降城市有52个，持平16个。从同比看，70个大中城市中，价格下降城市9个，比11月份增加了5个。涨幅回落55个。12月份，同比涨幅在5%以内的城市有60个。

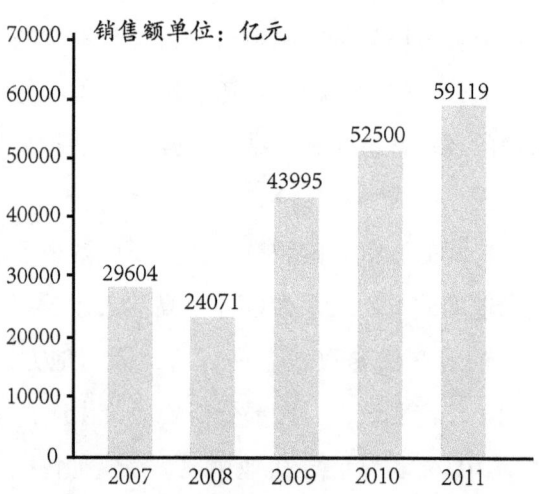

2007～2011年全国商品房销售额

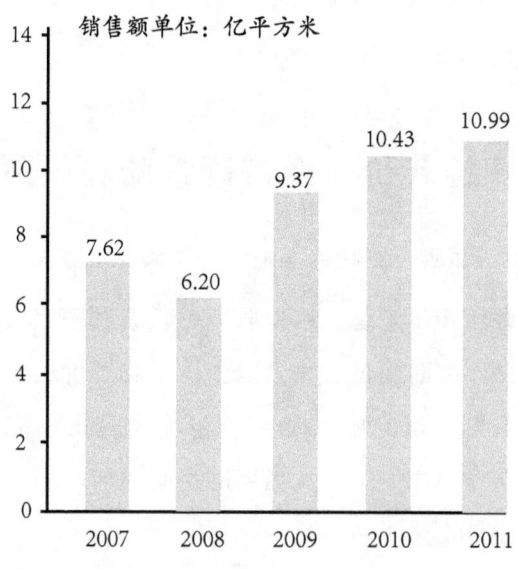

2007～2011年全国商品房销售总面积

资深地产评论人陈宝存微博透露：央广和电视节目的录制很有意思！北京普通住房房价（含保障房）11.3%的降幅屡屡被媒体选择性倾听，而同样是北京房协一起公布的数据——北京商品房房价（2011年）上涨7.8%的数据却被选择性抛弃，这是误导消费者啊！

数据显示，即使经历了朝野上下都承认超出行政力量应有边界的史上最严厉调控，全国和北京等大都市房价仍在上涨，只不过上涨幅度不像以前那么高了。但社会为此付出的代价却非常巨大。

天下没有免费的午餐，任何一种选择都有成本。中原地产创办人及行政总裁施永青就公开表示：社会要为遏抑楼市付出代价："地产商手上的项目，大都是在限购、限贷政策推行之前决定的，明显已成错误投资。地产商修正的方法就是赶快卖楼套现，不作新的投资，就会拖累一系列相关行业的投资，社会总投资量势将减少；今年的经济增长趋势将失去不少动力，社会也要付出代价。"资深财经评论人叶檀表示：房地产行业摇摇欲坠，并不是中国经济之福，将导致中国经济地基不稳。"房价不要说下降50%，事实上房价只要下降30%，多个基础行业如钢铁、房地产信托、化工、建筑等行业都将接近崩溃。"

事实上，还没等房价下跌，社会已经全面付出代价，并且仍在持续付出代价。

国家统计局2012年3月29日发布的数据显示，2012年1、2月份全国规模以上工业企业利润下滑5.2%，其中地方国企下滑10%，央企更是下滑19.8%。这是自2009年头两个月出现利润负增长之后，3年来首次出现的情况。

从财政部日前公布的数据看，钢铁行业已经由全行业微利时代进入了全行业亏损时代。在电力领域，五大电力集团的资产负债率普遍在80%以上。据记者了解，国务院国资委已将中央企业的经营业绩与同行业世界一流企业进行了详细比较，得出的结论是，央企当前在管理上同世界一流差距很大，特别是基础管理方面的管控能力薄弱。

深圳经济数据出现负增长，为特区成立以来所罕见。2012年前两个月，深圳的规模工业增加值为730.65亿元，比去年同期减少了3个百分点。规模以上工业销售产值为2754.43亿元，比去年同期减少了5.4个百分点。即使考虑到春节的因素，深圳的规模工业生产出现如此大面积的负增长，也是深圳经济特区成立以来的首次。今人欣慰的是，今年前两个月，深圳固定资产投资额达 185.67 亿元，同比增长 10.2%。其中，房地产开发项目投资 70.63 亿元，同比增长 31.6%；非房地产开发项目为 115.04 亿元，同比增长 0.2%。

但令人担忧的是，一直占我国近 1/8 进出口总值的深圳，2012 年在外贸方面也出现了负增长的格局。统计快报显示，2012 年前两个月，深圳进出口总额为 562.89 亿美元，同比下降 3.5%。其中，出口 327 亿美元，同比下降 6.0%；进口 235 亿美元，同比增长 0.3%。而 2011 年同期进出口则增长了 60.5%，出口增长高达 62.6%。

财经网 3 月 29 日刊登安邦分析师文章认为，2012 年前两个月的数据表明，投资、消费和出口三驾马车对经济增长的贡献都已经全面下滑，而深圳更是中国经济全面下滑的一面镜子，如果连处于改革开放前沿、集聚人才、资源、产业链和政策优势的深圳都扛不住，还有哪里能扛得住呢？东南亚金融危机正是年出口增长率从 22.8% 下降到 5.6%，泰国更是猛降到 3% 之后发生的，而今天深圳下滑了近 70 个百分点。这说明 2008 年全球金融危机对中国的全面冲击开始真正出现。而消费市场只有美国 1/6 的中国并无能力消化已经形成世界级产能的"中国制造"，而扩张性货币政策和积极财政政策效果已经日渐式微。如此一来，中国经济的全面下滑已成大概率事件，而这必然会牵扯到银行业等金融部门。2011 年四季度商业银行不良贷款"双降"的势头即已逆转，今年银行业的不良贷款风险更会全面泛滥。担心中国因经济全面快速下滑而导致经济危机，似乎已不再是杞人忧天。

北京市副市长吉林 3 月 28 日透露，2012 年前两月，北京市也是如此，到 3 月 20 日仍然负增长 0.9%。事实上，前两个月财政收入出现负增长的不仅是北京，上海、广州、重庆等城市，财政收入都出现了令人吃惊的负增长。这又是为什么？媒体称不能靠房地产，但出口、消费、投资皆下跌，接下来怎么办？据北京市土地储备中心官网显示，北京市 2012 年一季度成交 45 宗地，成交量同比持平，但土地全部为底价成交，竞价次数为零，总计 96.7 亿元的土地出让金相较去年缩水 39.3%，为近两年最低。

据新浪财经 2012 年 3 月 15 日消息，摩根大通（JPM）首席亚洲和新兴市场策略师阿德里安-莫瓦特（Adrian Mowat）直言不讳地称：中国经济已经处在所谓的"硬着陆"进程中。"从中国的经济数据来看，不应再就中国经济是否正在硬着陆的问题展开争论。"他指出："中国经济正在硬着陆，汽车销售量正在下降，水泥生产量下降，钢铁生产量下降，建筑库存下降。是否开始硬着陆已经无需再争论下去，而是成为了事实。"

经济硬着陆指的是采用强力的财政货币政策一次性在较短的时间内通过牺牲较多的国民收入将通胀率降到正常水平，优点是重拳出击立竿见影，往往公众尚未形成足够的预期就已经达到了政策目的，缺点是经济震动较大。通常意义上，经济硬着陆的情况是：一个国家实行的政策过紧，在出现大幅度通胀后，紧接着出现大规模的通货紧缩，从而导致失业增加，经济速度下滑过快。根据《机构投资者》杂志的排名，莫瓦特是 2011 年排名第二的亚洲股票策略师。莫瓦特表示："中国房地产市场上正在发生的事情令人担忧，人们对政府能够扭转市场走势感到过于自满。"

这么多数据，一些人会看得眼花缭乱。但归根结底是几句话：今年以来，全国工业利润全线下降，国企下降得尤其厉害。地方国企利润下滑速度是全国平均速度的 2 倍，央企又是全国平均的 4 倍！亦可见垄断巨无霸国企的"竞争力"之说纯属浮云。同时，纵有局部领域的投资增加，也仍然只有房地产"一枝独秀"，充分说明一个简单的事实：房地产调控越严厉，经济越困难；经济越困难，对房地产行业的依赖程度越深。

今日中国，除了房地产、奢侈品、汽车消费还没有完全饱和，其他大多数行业都已经几乎完全成为了过剩和高度过剩行业。

受房地产调控影响，2012 年一季度宅地供应大降 46%。国土资源部 4 月 17 日发布"2012 年第一季度全国主要城市地价动态监测报告"显示，受到楼市调控影响，今年一季度土地市场初步显示出"量价齐跌"迹象，全国房地产用地供应同比大幅下降。其中，住宅用地同比减少 46%。

受房地产调控影响，中国外资连续 5 个月下降。据 2012 年 4 月 17 日上午商务部公布的数据，3 月份外商投资新设立企业 2374 家，同比下降 6.5%；实际使用外资金额 117.57 亿美元，同比下降 6.1%，至今中国吸收外资已经连续5个月同比下滑。商务部指出，除世界经济低迷原因外，还受到了国内房地产市场调控的影响。

错误的房地产调控，不仅直接危及制造业和房地产上下游产业，连服装、百货、餐饮等服务业也被殃及池鱼。新浪微博认证用户广州得诗时装有限公司董事、总经理@FLAUNT炫耀于2012年4月15日11：41发了一条微博：昨与百货、供应商喝茶聊天，共同话题是"生意难做"！天河城某百货今年二、三月同期利润下降25%～40%……某海鲜酒家今年二、三月同期利润下降18%左右！经济困惑之年怎样去维持同期业绩，如何"开源节流"而不致于一败涂地呢？请教"砖家"。

严厉调控也给地方债乃至金融体系带来极大风险。星岛环球网2012年3月25日发表文章称，美国之音中文网日前发表文章，题为《中国地方债风险低估，可能集中爆发》。摘编如下：

> 中国地方债务今年（2012）开始陆续进入偿债的高峰期，但很多地方政府严重缺乏偿债资金，而且债务规模还在不断扩大。更有消息说，国家监管机构竟然将有问题的地方债务纳入安全的投资范围，严重低估了投资风险。
>
> 官方媒体说，中国财政部今年将代地方政府发行2500亿元的政府债券，省、市、县三级地方政府债务的规模今年也将从10.7万亿元提高到12.5万亿元左右。

中国银监会之前多次以地方债占GDP总量的比重相对较低为由，强调地方债务是可控的，而这种乐观态度近期似乎有所转变。

首先是地方债务的风险被严重低估。彭博新闻社援引消息人士的话说，中国银监会上月表示，他们将地方政府融资平台的1.8万亿元贷款错误地划归为优质贷款，一些银行将政府补贴等类开支纳入了项目现金流的计算。

二是35%的地方平台债务今年开始陆续进入偿债的高峰期，总额大约在4万亿元左右，去年到期的有2万亿元。

但很多贷款的本金根本无法偿还。官方媒体说，各银行已开始延后地方债务的期限，避免出现违约潮，地方政府也纷纷要求延长贷款的"展期"。高盛集团中投管理部副主席哈继铭认为，项目从投资到收益需要时间，现在偿债恐怕有难度："可能地方感受到一些压力，因为那么多项目刚投了几年，可能还没到收益期，但偿还期已经到来。所以我相信一定程度的'展期'看来也是不可避免的，借新债还旧债嘛。"

财经网说，中国政府已经指示国有银行对地方政府的贷款进行"大规模滚转"，并称此举将使政府推迟应对可能给经济前景蒙上阴影的地方巨额债务。央行货币政策委员夏斌对这种做法表示担忧："如果说地方政府还不了钱，银行再贷款来还债，这算啥解决风险的办法呢？但是我们说，借新债还旧债，不是不可以，是指基于这些项目本身还是有偿还能力的。"

彭博新闻社说，很多地方政府本来是靠土地出让金和公路收费等基建项目来筹资的，但中央政府近来取消了一些公路的收费，并要求地方政府从土地出让金中拿出更多的钱投入教育和土地灌溉，进一步增加了地方偿债的压力。政府在制定政策时显然没有考虑这样做的后果。

银监会和投资人都担心，地方债务如果无法偿还，可能导致中国银行系统在不到 20 年的时间里不得不进行第三次拯救。全国人大财经委副主任贺铿认为，政府的信誉已经受到了损害，其中的教训必须吸取。

他说："根本的问题是，我们的债务在这个机制之下可能有风险。因为我们的机制是借债人不考虑还债，政府的信用在这个问题上基本是没有的。我当书记，千方百计借钱，借了用好了，让我这几年混得挺好，等还钱的时候是下面的书记来管。所以说地方债务尽管只有 11 万亿，我还是很担心的。"

中国银监会目前尚未明确表示银行应如何处置这 1.8 万亿元的错划债务。

严厉调控导致中小房企资金链断裂，也会引发严重的经济和社会问题。因为中小开发商融资渠道狭窄，既难以从银行借贷，也缺乏上市和信托融资等渠道，只能高息从民间拆借。正常情况下，房企首选向银行借钱。贷不到款，向信托、基金求助。这个利息一般在 20% 左右，房企还是能够承受得起的。都不行了才会去向民间拆借,利息非常高。在福建,民间借贷的利息已经到了5分,有些企业在资金链破裂之前,利息高到1毛。

《广州日报》2012年4月20日报道,北京、武汉等地已有上千家房企从楼市"消失"。

《新民周刊》2012年4月5日报道:严厉调控之下,二三线城市开发商资金流断裂现象不断出现,仅长沙一地,开发商涉嫌"跑路"的楼盘已经有麓山里佳园、江滨家园、中远公馆、东方航标、中央公馆、可可小城、利璞金立方、湘江700等。而其中多数都涉及巨额民间融资,除上述湘江700外,中远公馆涉及债务超过8000万元,东方航标非法集资额度高达数亿元,麓山里佳园债务额达到数千万元。除长沙外,近期曝光的"楼跑跑"案件还有:江苏南京宇扬集团的企业老总,带着数亿元的贷款,一夜之间不知去向;浙江嘉兴濮院胜利广场项目"停摆",开发商浙江凯旋万豪置业老板陈飞携带1亿多元的巨款潜逃;河南安阳数百亿重大非法集资案中,多位涉案房地产企业老板卷款跑路,加上此前福建宁德房地产商郑小青破产产生10亿资金缺口,温州上百位老板跑路,鄂尔多斯房地产老板自杀,中小房企资金链断裂已经成为2012年中国无法避免的严重社会问题。而从近期土地市场上的表现来看,在过去的近两个月里,多家一线民企均为"零拿地",而国资房企则呈现的是更为高调的逆市抄底。比如仅在2012年2月份,中海地产、中信地产、中建地产就斩获了8宗土地。

调控博弈到最后,也许更多只是一场预想中的市场洗牌,而与所谓的老百姓买得起房无关。它加快了国进民退的步伐,加剧了市场的集中,等待未来"房奴"们的,可能是更高的房价、更少的选择和更加身不由己的任人宰割。

在严厉的调控政策下,尽管中国楼市将继续低迷,但想真调控却非常困难。全球三大国际评级机构之一惠誉(Fitch Ratings)2012年4月17日发布报告称,在中国今明两年仍要继续保持相对较高的经济增速、薪资和消费物价面临巨大上涨压力,且市场需求依旧强劲、断供发生几率极低的背景下,中国想要真正控制房价非常困难,尽管交易量确实有所放缓。调控政策抑制了中国富有人群的购房活动,尤其是对于高档房产的需求。

惠誉还指出，日前杭州金星房地产的破产暗示，中国的楼市调控举措正在加剧大型开发商和小型开发商之间的两极分化。对于规模较小的地方开发商而言，调控举措将损害其利润率及现金流生成能力，规模和资金方面的薄弱使其很难平稳渡过市场低潮期；而相比之下，业内一些大型开发商，如方兴地产和恒大地产，其庞大的经营规模和地产产品的多样化使其保持了强劲的信贷状况和稳健的现金流。

此外，对于中国政府在"十二五"期间建成3600万套保障房的计划，惠誉明确表示，若中国政府要求一些大型的民营开发商参与完成保障房建设目标，将给这些企业带来沉重负担，惠誉将对此持负面看法。

内忧外患的形势之下，现在的楼市调控基本靠吼。形容一个地方的落后封闭，常用这样一句话：交通基本靠走，治安基本靠狗，通信基本靠吼。现在的楼市调控也已经到了基本靠吼的地步，无知无畏。知识落后导致手段落后，手段落后导致结果悲催，上下左右包括自己都不满。继续调控，一条道走到黑，结果就是我走后哪管洪水滔天，把风险和责任留给后人，是一种不负责任的表现。

而未来，仍然是唯有房地产才能救经济。中国经济毫无疑问已经硬着陆，也就是从高空摔下来了。内需根本无法消化巨大的"实体经济"产能；地方债解套也完全依靠房地产。楼市越调控，中国经济对房地产依赖程度越深。但限购如筑坝，炸坝必然会水漫金山，只能逐步放松。事实上最关键的贷款利率和额度已经在松绑。另据2012年4月23日《上海证券报》报道，针对刚需购房的优惠政策仍在继续。在近期各地首套房商业贷款利率悄然松动之际，呼和浩特、南昌等国内二三线城市住房公积金贷款额度上限也在悄然提高，上调幅度普遍在15%～25%之间。这些都是房地产救市的体现。

越调控，中国经济对房地产依赖越深

以前我们的教科书里经常说，资本主义每过一段时期就会遭遇供应过剩的经济危机，而且自身永远难以克服。但事实上，以土地储备、招商引资为代表的政府主导型权力市场经济，发生所谓经济危机的概率更加频繁，程度也往往更加深重。因为官员的有效任期往往跟产权的稳定要求形成尖锐矛盾。大多数官员都会争取短暂任期内的政绩最大化，而最后为此收拾残局承担风险的，不是政府这个"市场主体"，而是全体国民和社会——那些被收税的民众，那些被银行借钱的"债主"。

弗里德曼说过：经济学基本原则适用于所有的国家。在这些经济学基本原理中，重要的一条是经济繁荣与私有产权的关系。经济学中一个简单但很重要的规律就是，人们花自己的钱总比花别人的钱更谨慎。这就解释了为什么乡镇企业比国有企业更有效率；私人企业比乡镇企业和国有企业更有效率。也可以解释我上面的那个数据：为什么一遇到经济困难，地方国企比其他企业衰退得更明显，央企又比地方国企衰退得更明显。（今年一、二月份全国规模以上工业企业利润下滑5.2%，其中地方国企下滑10%，央企更是雪崩式下滑19.8%。）

2011年五大国有银行日赚18亿元，但正如经济学家许小年所言，三五年后又将是大坏账时刻的到来。许小年说：从我们国家过去的经验来看，每一轮经济增长高峰之后都是满地坏账，尤其集中在国有银行。2009年、2010年时，国家搞"4万亿"，银行放贷款是有指标的，不是上限而是下限指标，国家逼着银行放贷，放少了要扣年底奖金甚至受罚，这其中隐藏多少风险？等这一轮投资高峰过去，我们再来看看铁道部的账在谁手里，看看赔钱的机场、高速公路以及无法完工的基建项目的账在谁手里，看看政府融资平台上的10万亿的账在谁手里，或许会有更多的数据，就知道国有银行的风险控制水平怎样了。国有银行的坏账是体制内生的，很难克服，每一轮的建设高峰都是国家摁着国有银行贷款，甚至不讲效益，国有银行成为政府实现某种政策目标的工具，我们会不会像2001年、2002年那样再来一轮清理坏账？我感觉是跑不了的，下一届政府责任重大。

在这种情况下，以各级政府储备土地做抵押的十几万亿元地方债，反倒成为、也必须成为最安全的银行债务。而这部分债务确保安全的前提条件，就是房地产市场的健康发展。

一个高度集权的国家，在政府亲力亲为用尽一切拉动经济的手段之后，迫切需要一场深刻的变革。可惜，很多人还不知道自己的道路该怎么走。

"缩工保价"同样刺激房价上涨

楼市调控仍未放松，在土地市场冷清、土地出让金大幅下滑的形势之外，开发商普遍放慢了前几年所拿土地的投资速度，甚至开始放缓、拖延开工。2012年4月21日《经济观察报》报道，在建房地产项目逼近48万公顷，成为当下国土资源部最为担忧的事情之一。

2012年4月17日，一场视频会议在国土资源部召开，各省及副省级城市国土部门负责人悉数出现，"形成住房有效供应"在会议上被频频提及。在国土部看来，最需要担心的显然不是开发商"不拿地"，而是开发商"不开工"、"缓施工"。他们最担心的，是一旦经济出现下滑，这些供应出去的土地会不会成为烂尾工程。

国土资源部的担心并非多余。截至2011年底，国内尚在开发过程中的房地产用地宗数和面积分别达到15.04万宗和47.99万公顷，这个数字相当于过去3年年均供应量的4倍。而2008年出现的那场"缩工保价"运动，第一不拿地，第二不开工，第三缓施工，带来了2009年之后楼市有效供应的大幅下滑。而在2009年，刺激楼市政策的密集出台带来了需求量的暴涨，供不应求，随之而来的则是房价的报复性上涨。现在，一切都有可能"昨日重现"。

在庞大的数字压力下，国土资源部已将防治土地闲置放在首要位置，其工作的重点是"促供给"，但住建系统强调的是继续"控需求"。二者形成尖锐矛盾。

世间任何事物，最忌讳的是骤冷骤热骤开骤阖，宏观调控也不例外。从2010年4月开始对需求闸门的骤然关闭，必然反过来全面传导到供给的全面减少。如果此时再骤然放开需求闸门，就像将已经蓄满水的大坝贸然炸开，结果必是水漫金山，2009年末开始的那种需求和价格暴涨现象必将重演。这是任何人都不愿意看到的景象。

因此，下一步的政策面，控制投资性需求短期内不能放松，但是对于首套房和改善性住房的需求逐步放开甚至给予政策优惠，带动有效需求，也是必然要做的工作。

而在需求的积蓄、需求的逐步释放过程中，供给的短板现象似乎难以避免。因为在限购等政策下，需求减少的同时，开发商"缩工保价"导致的供应减少可能来得更快。尽管在调控过程中，一些人、一些机构为了迅速达到调控目的，说谎等下三滥的手段也使出来了。但是说谎永远代表不了事实本身，说谎能够欺骗少数人，但不能欺骗所有人；能够欺骗一时，不能欺骗一世。

在本轮调控中，北京就曾出现过存量房"迅速增加"又迅速回归常态的数字乌龙现象。存量房一直是判断市场供应状态的一个重要指标，业内不少人把10万套存量房作为北京房地产市场供需平衡的一个关键点。调控开始之后，北京的存量房一度迅速"上升"到10万套、12万套、13万套，并由此判断房价必然会下跌。但是2012年3月30日，北京市住建委对商品房存量的重复数据进行了集中清理，在去掉无效以及重复登记的商品房存量后，北京可售期房存量与现房存量从不久前公布的12.4万多套变为9.1万多套，实际市场存量与之前旧有数据相差高达27%。

让我们先看一下北京存量房的走势图。2010年9月29日，距离"新国十条"发布将近半年，国家有关部委再次出台五项措施：各地要加大贯彻落实房地产市场宏观调控政策措施的力度、完善差别化的住房信贷政策、调整住房交易环节的契税和个人所得税优惠政策、切实增加住房有效供给、加大住房交易市场检查力度，史称"二次调控"。2010年11月4日《北京商报》报道，截至2010年10月31日，北京住宅库存量（可售期房与可售现房之和）达到101524套，成为2010年以来唯一一个每日库存量都在10万套以上的月份。由于自2009年以后北京存量房一直低于10万套这一反映市场供不应求的"警戒线"，此次突破被评价为"房价下跌成为了目前市场的主流观点"。到了2011年8月23日，《法制晚报》报道说，京城库存量或将突破11万套大关，而这个数字也是在近几年楼市中罕有的。相关机构据此预测"房价拐点已逐步显现，降价将是大势所趋"。

2011年11月10日,《法制晚报》再次报道,截至11月9日,北京商品住宅库存量达到了120411套,继2009年5月后再次回到12万套的高位。相关机构再次预测"开发商在销售难有起色的情况下,将再次受到去库存的巨大压力。本轮调控如果能够持续到明年,那么预期明确的拐点很可能出现在明年3月左右"。据此,不少媒体、专家纷纷预测:"价格战一触即发"。2011年12月8日,又有媒体报道,距离上次突破12万套仅用了29天,北京存量房达到130049套,创造了近971天的新高,并表示:"限购导致滞销增4成"。

但是,2012年3月30日,北京市住建委对商品房存量的重复数据进行了集中清理,在去掉无效以及重复登记的商品房存量后,北京可售期房存量约为67192套,与清理前相差20%,清理掉16998套;现房存量约23964套,与清理前相差约40%,清理掉16256套。当前北京商品房整体存量在经过清理之后,仅有约91156套,实际市场存量与之前旧有数据相差约27%。半年来不断增加的北京存量房至此突然灰飞烟灭。

很显然,这样高比例的数据乌龙,绝对不是统计方法的问题,而是为了使统计数据达到某一目的故意造假,有着很强的现实目的,让数据为现实政策服务,唯独不对事实负责。

事实是:北京每年净增人口至少在60~80万,平均每3人需要1套房(不论租还是买),每年就需要二三十万套住房。

这样的供应短板,在引发房价上涨的同时,也会引发征地和购地价格的水涨船高,为下一轮房价上涨埋下伏笔。这是购房人应该看清楚的"宏观大势"。

本轮楼市调控已近尾声并且正在回调

事实上,历时两年多的此轮史上最严厉楼市调控正在重蹈以往的覆辙,在严峻的多方经济压力下正在被迫回调。

一方面是政策正在放松。

首先是二三线城市纷纷上调公积金贷款额度。2012年4月23日《上海证券报》报道，呼和浩特、南昌等国内二三线城市纷纷上调住房公积金贷款额度上限，上调幅度普遍在15%~25%之间。至于银行存款准备金率下调、首套房贷款利率由最严时的上浮到回归基准利率甚至普遍下浮15%，更是不在话下。

其次是住建部正在酝酿刺激刚需政策。2012年4月24日《上海证券报》报道，接近住建部人士向记者证实，近期包括住建部等相关部门的研究机构，正共同研究新一轮刺激楼市刚需入市的政策储备。一旦房地产投资增速下降过快，就可能有储备政策推出，来平衡下滑趋势。消息称，住建部将针对居民购买首套住房的优惠政策常态化、制度化，并以此为契机，研究建立一套保证合理、非投机投资住房消费的长效政策机制。

4月25日《南方日报》报道，多位房地产行业专家在受访时分析认为：无论是近期各地上调公积金额度，还是首套房8.5折利率，均显示了楼市政策对刚需的倾斜。对于上述政策趋势，受访的业界人士普遍认为，在楼市严调之下，房地产投资明显放缓，已经拖累中国经济投资增长，中央急需刺激政策以达到以价换量，稳定投资。

虽然对于投资性需求的限购暂时不能放开，但如果针对首套房的刚需刺激政策不明显，势必要对改善性住房等逐步放开口子，甚至对合理的长期投资需求适当放开。

另一方面是成交量正在回暖、成交价格也在小幅上扬。

据搜房网数据监控中心统计，2012年第16周（4月16日~4月22日），北京市住宅签约达2590套，其中期房签约2047套，现房签约543套，住宅总签约量环比上周上涨39.92%，同比去年同期大涨94.3%。根据搜房网数据监控中心分析师分析：第15周环比第14周上涨有61.38%，而第16周环比第15周上涨幅度也达到近四成。

2012年4月25日中国新闻网报道，链家地产统计数据，3月份北京二手房成交量超过1万套，与去年3月份持平，环比2月份上涨90%；4月份，北京二手住宅成交均价为21975元/平方米，与3月全月的成交价格相比每平方米均价小幅上涨了342元，涨幅为1.6%。(2012年5月9日《新京报》报道：北京4月楼市环比成交价涨5.12%。)

中国世代投资集团董事局主席禹晋永（就是那个为中国最著名的职业经理人唐骏的野鸡大学文凭辩护的禹晋永，我们不能因言废人也不能因人废言），在2012年4月25日的新浪微博中说：房地产暴涨已成必然，时间出乎意料的会提前到本届。一季度全国税收总收入完成25 857.81亿元，比去年同期增速回落22.1个百分点，为近3年同期最低。其中房地产的萎缩成为营业税收入回落的首因。这意味着抑制房地产中央财政遭到自杀式的强烈冲击，地方财政压力凸显，靠房地产拉动经济缓解财政已无可争议。

我基本上赞同他的判断。货币超发的手不斩断、投资型政府不改，想单方面抑制房价，基本上等于白日做梦。我身边有一个真实的通胀例子，北京某区妇幼保健院首次孕检（含建档）费用和生产费用：2010年元月，500元左右，顺产不到1600元；2010年12月，近800元，顺产2900多元；2011年2月，1100多元，剖腹产1万多元；2012年4月，孕检（含建档）费用近2000元。两年时间，费用涨了4倍，失误率却越来越高。

所以，可能我们需要一千一万次强调，别只盯住房价上涨，要盯住物价上涨的源头：货币超发和花别人钱办别人事的既不讲节约也不讲效率的政府投资模式。

穷思维　富思维 I

任何人、任何机构都无时无刻不处在一个又一个的"无知之幕"中。这种无知，有时是因为只看到自己的利益，有时则是因为处在无时不在的信息不对称中，看不到事物的全貌，导致每个身处其境的人，都"不识庐山真面目，只缘身在此山中"。

信息不对称是一种广泛而客观的存在，错误的信息使人看不清自己的利益所在。就像一座山，看不清山的全貌的人，往往不知道自己的位置所在，很难看清楚自己的方向，采取的行动、方法往往南辕北辙。

信息不对称理论认为，在市场经济活动中，各类人员对有关信息的了解是有差异的，掌握信息比较充分的人，往往处于比较有利的地位，而信息贫乏的人，则处于比较不利的地位。

如果说一座"信息之山"上，不同的位置代表着不同的信息，那么，每个人、每个机构都有可能只是处在不同位置上的一个个点，这些"点"由于时间、精力等各方面的限制，不可能都"设身处地"到别人的位置上全都体验一番，从而获得整座"信息之山"的全面信息。因此，获取完整信息的最好甚至唯一办法，就是让各种信息源都自由发声，就是认真地去思考和倾听围绕着同一个问题的别的信息源发出的声音。如果别人都不能自由发声，只有自己才能自由发声；或者只一味地听从和接受符合自己"立场"的声音和信息，那么他所要面对的，将是永远的一片黑暗！是永远的"无知之幕"！在这样一种"无知的黑暗的深谷里"，任何人都不可能因无知而过着"幸福的生活"，相反，他随时有可能因自己无知中的决策而把自己和别人都陷入深渊，或者拱手把大好的机会让给了别人。

悲剧的是，心理学家的研究发现，成年人获取信息的出发点并不是为了接受教育，每个人的内心都非常自我，他们不会轻易接受不同的思想，人们获取信息的主要目的是为了给自己固有的观点寻求支持和证据。这时，凡是符合他品味的观点，他就会照单全收；凡是不符合他品味的观点，就会被无情抛弃。

换句话说，很多人的态度、观点、方法和选择的结果，是由他的"立场"决定的，"屁股决定脑袋"，不愿为长远的、全局的发展谋福利，只愿为眼前的蝇头小利冒险，往往与事实真相相去甚远，从而使自己的决策陷入失败。

只有少数"海纳百川，有容乃大"的人，才能放弃刻板成见，放弃过分的"我执"或"执我"，全面听取不同的意见、全面关照不同的信息，绕到事物表象的背后，看清事物的真实面目，看到事物更复杂的联系，成为站在信息至高点上的"全息人"，从而使自己免于盲从和被欺骗，使自己能够看到事物和人生别样的风景，出人意料地获得别人意想不到的财富。这种人在人生的绝大多数时候都能够立于不败之地。

古今之成就大事业大学问大财富者，必须首先成为信息"集大成"者，而不是只站在一己之立场上"一叶障目不见森林"。否则，森林还是森林，迷路的只是我们自己。

　　一个人真正的智慧和勇气，都表现在对未来"不可知议题"的把控之中。人人都能够成为事后诸葛亮，但最艰难的，是站在今天对未来做出判断和决策。而这样的判断和决策依据，便是跳出"我执"，跳出三界之外，全面充分地掌握和分析信息。一如王国维在他的《人间词话》里说："诗人对宇宙人生，须入乎其内，又须出乎其外。入乎其内，故能写之。出乎其外，故能观之。入乎其内，故有生气。出乎其外，故有高致。"大道归一，天地同理。

第二章 人聚财聚 人散财散

全民炒房根在利出一孔

从 2003 年 18 号文发布开始，中国房地产市场每隔两三年一调控，期间虽然有涨有跌，但总体而言，几乎每次调控都敌不住经济增长的压力而成为房价新一轮增长的起点。2008 年房地产因调控下挫，全球经济危机来临，一系列宽松货币政策出台，到 2009 年 4 月，房地产交易量和价格却因宽松的货币和鼓励购房政策直线上升，2009 年因此成为房地产市场的黄金投资年。当年年底又开始调控房地产，奈何惯性仍在。2010 年两会期间，大量人大代表、政协委员呼吁管控房价，但房价地价仍在逆势直线上涨，于是引发了其后步步紧逼的"史上最严厉调控政策"。

2011 年全年，5 次加息步步紧逼；银根全面收紧，6 次上调存款准备金率，自 6 月 20 日第 6 次上调存款准备金率起，大型金融机构存款准备金率达史上最高的 21.5%，中小金融机构存款准备金率达 18.0%。同时根据"国八条"要求，直接采取行政手段的限购令覆盖全国 72 个一二线城市。北京更是实行全国最严厉限购政策，于 2 月 16 日出台落实"国八条"的楼市调控细则"京 15 条"，要求对已经拥有 2 套及以上住房的本市户籍居民家庭、拥有 1 套及以上住房的非本市户籍居民家庭、无法提供本市有效暂住证和连续 5 年（含）以上在本市缴纳社会保险或个人所得税缴纳证明的非本市户籍居民家庭，均暂停在本市购房。

然而，市场的逻辑和规律并不随着人的愿望和意志走。人们发现，撤开大量外来人口的刚性需求被人为切断不说，随着调控的深入，就是符合限购条件的刚性需求购房者，购房的成本也不降反升。与此同时，很多意想不到的副作用也相继产生。

随着银根收紧后银行资金额度紧张，首套房利率也进入上浮时代。建行北京部分支行2011年10月已经开始上浮首套房利率至1.05倍，申请贷款者如果希望尽快放款，则需要主动上浮利率至基准利率的1.1倍。该行在湖南长沙更已将首套房贷最低利率上浮到基准利率的1.2倍。除建行外，长沙多家股份制银行首套房贷款利率也都上浮，低则10%，高则20%。上海建行目前申请首套房贷款利率也已经上浮5%，也就是执行基准利率的1.05倍。光大银行首套房贷款利率已上浮5%~10%，广发银行则上浮10%。对购房者来说，比利率上浮影响更大的是等待放款"排队时间"的延长。且由于信贷额度紧张，上海一些银行还提高了放贷门槛。"例如有银行规定房龄20年以上的老公房不能贷款，面积50平方米以下且位置较远的房子也很难获得贷款。"类似情形，像涟漪一样在全国逐渐蔓延。

首套房利率上浮，银行有自己的理由：一是银根紧缩下资金紧张，告贷无门的人在银行门口排着暗队呢；二是调控之下房地产的潜在风险加大，因此有必要通过这种办法，既尽早回笼资金，又起到筛选还贷能力强的优质客户的目的。银行不是慈善家，也不承担政府保障居住权的义务，其逐利和控制风险的目的无可厚非。

早在几个月前，多数银行已经将首套房首付比例由20%提高到30%，加上此次首贷利率上浮，无疑将进一步提高刚需购房者的购房成本，加大其观望情绪。2011年10月15日的《新京报》算了一笔账，依据现在年息7.05%的基准利率，按揭100万元20年期，如果执行原来的七折优惠利率，月供是6563.7元，总利息575 288元；若基准利率基础上浮10%，月供则为8212.57元，总利息971 016元。总利息多付68.8%，平均每年多付利息19 786元。

如果房价确实下降，购买成本也会降低。这里不说一些地方限购导致另一些未限购地区房价大涨，只说说遭限购的地方情况。以全国限购最严厉的北京为例，北京市房协2011年10月14日发布数据称，1月至9月，北京新建普通住房成交均价为每平方米14058元，比上一年全年的14 847元每平方米低了5.3%，即789元。正负相抵，购房总成本还是在上升。

买房成本提高，很多人或主动或被动地选择观望。但观望的成本同样加大。因为随着史上最严厉调控政策出台，遭限购城市的房租大涨，未限购的城市则是房价和房租一同上涨。房市调控一年半，谁真正受益？开发商不爽，13家上市房企转投矿业（势必减少未来供应）；老百姓哭了，五次加息，首付比例提高，七折利率取消，购房成本不降反升；银行笑了，上半年个人购房贷款新增9323亿元。至此，开发商暴利终结，暴利转移到银行。

有人认为此时下结论为时过早，房价下跌才刚刚开始，正进入下行通道呢。但事实上，调控进一步加剧了房地产对中国金融的绑架，同时流动性收紧使中小制造企业资金链紧张，导致高利贷盛行、赢利下降、老板跑路、就业机会减少。

此外还有疯涨的物价。我的一位文友廖保平有一个很精辟的"跷跷板"比喻："可能很多中国穷人没有意识到，中国经济是个跷跷板，房价被打压，CPI就会快速上涨，房价打压得多厉害，CPI就上涨得多快，只有房价上涨了，CPI才会下降。现在是，房价被轻度打压，CPI猛涨，结果，穷人还是买不起房子，生活成本却大增，让富人拣了便宜房，等政策一放开，还是卖给三代集资凑钱的穷人。"

天下没有免费的午餐，我们的一切选择都是有成本的。只不过这种成本，有时候曲里拐弯，一时看不见。但你看不见，不等于它不存在。世界普遍联系，牵一发而动全身。蝴蝶在热带轻轻扇动一下翅膀，遥远的国家就可能造成一场飓风。有时，在一个社会系统中，初始条件下微小的变化能带动整个系统的巨大的连锁反应。

穷思维富思维：有一种观点认为，中小企业老板不干正事去炒房，房地产暴利让他们失去了方向。房地产正常了中小企业才能上正轨，因此必须通过严厉打压房地产来实现经济结构转型。这实在是一种祸国殃民的下下策，既打压不了房地产，也无法让企业回归"正途"。全民炒房根源是"利出一孔",行政垄断使中小企业转型升级遭遇天花板,民众富余资金除房产外再无其他财富仓库。此状况,史无前例!中国历史上至少还有广袤的土地作为老百姓的财富仓库,衣锦还乡后购田置地是那时人们的普遍选择。今天,城市户口的居民到农村购房都不受法律保护,更别说土地、矿山了。按说今天的投资渠道比历史上更宽,比如股票,但那基本上是给上市公司送钱,其中的七成是最不讲道德的国企。

此情此景,即使一时把房地产打趴下去了,资金就会回到不靠出口退税和补贴就无法生存的制造业吗?回到制造业对国家和社会的益处就更大吗?我们现在大量靠出口补贴才能生存的中小制造企业根本就没有存在的必要。它们的存在,完全是为经济而经济、为GDP而GDP,通过牺牲环境和压低工资实现低附加值的增长,事实上是牺牲国民利益补贴外国消费者,得不偿失。

目前,资金集中到房地产、妨碍中小制造企业和中国经济转型以及房地产调控的根本原因,在于国内的制度环境,根源就是行政垄断。国家对土地、矿藏等资源的垄断,使社会富余资金不是流向房地产,就是流向消费品。今天的中国比中外历史上任何时代都更缺乏为多发货币泄洪、帮先富阶层保值增值的财富通道,亦即老百姓的财富仓库缺乏。同时,大量行业的行政垄断也像玻璃门、无形天花板一样阻碍了中小制造企业的转型升级,使它们不能够顺利向高端服务业进军。资金只有房地产一个出口,严厉限购使它即便不在房地产开发后端进入,也会绕道在房地产前端进入。这是我们已经看到的事实。

我们要做的,是全面打破行政垄断,放松和解除管制,开放更多的行业,特别是能源、土地、电信、金融、交通、医疗卫生、教育、文化等资源性行业和服务业——包括房地产业本身,创造投资与就业机会。既吸收富余资金,为富起来的人们提供稳定可预期的财富仓库,也减少流动性,降低通胀压力;同时创造更多的就业和创富机会。

中国房价总体上只能上不能下

任何商品价格都会有涨有跌，然而中国内地的房地产却是怪胎似的例外。仔细分析，内中自有逻辑在。

一大根源在于遍及神州大地的城市化补课。过去的200多年，是全世界人口爆炸同时也是城市化大发展的200年，然而在这个历史进程中，中国至少"自我遗忘"了城市化100年。20世纪的前半叶，中国大地在战乱和动荡不安中度过，城市未必是自由、安全和效率之所在，有时反倒是偏僻的乡村能够得以苟且偏安。20世纪后半叶，我们更是通过史上最严厉的户籍管制，以制度化的方式人为阻止了城市化的进程。直到1998年，国务院文件才开始逐步放开小城镇户口。时至今日，获得一纸北京等一线大城市的户口仍然比获得外国绿卡还难。

尽管如此，随着资源流动的放开，人口流动也已经呈不可遏制之势，百川归大海，源源不断地向大中城市流动。尤其是百万人口以上的城市，人聚财聚的效应格外明显。城市，是自由人的联合体，人口流动带动物流和资金流，全面助推城市房价上涨。它遵循着"万有引力定律"——城市越大，吸引力越强，房价上涨也越快。

另一大根源是投资型政府的巨额地方债务通过房地产这一媒介，全面绑架了中国金融乃至中国经济。

地方政府与商业银行结盟，以理财产品等名义吸收民众储蓄，在银行表外运行，投向基建与房地产项目，相当于绕过央行"创造"了一大笔新的货币，其对货币政策的影响相当于"第二央行"。在"第二央行"的支撑下，政府主导的投资已取代出口，成为经济增长的第一推动力，也在2009年后形成了"以速度掩盖质量"的"高铁模式"。

在大规模的政府投资扩张计划下，想要控制银行贷款和通货膨胀，"这是根本不可能完成的任务"。中国社会科学院中国经济评价中心主任刘煜辉这样判断。纽约大学教授、著名的"末日博士"鲁比尼更是在亲自到中国调查后看空中国。"任何国家都不可能拥有足够的发展速度，足以在将 50% 的 GDP 重新投资的情况下最终避免遭遇巨大的产能过剩和令人忧心的不良贷款问题。"在此背景下，2011 年 7 月 23 日发生的动车追尾事故，"暴露的也不仅仅是一个铁路的问题，更是对整个投资拉动经济思路的挑战。"曾任花旗中国研究主管的薛澜如此点评道。

而这一模式的最终埋单者是原本收入与消费增长率就低于 GDP 增长率的居民，他们为了自身保障而不断增加的储蓄，被以种种"理财"模式再度投入到不断膨胀中的房地产和基础建设市场之中。

一个很流行的观点说，因为土地政府垄断，所以供不应求，所以楼价越调越涨。但事实正如刘煜辉所言，中央政府每年计划供地指标多在 400 万亩左右，而 2006 年以来每年实际获批的供地都在 600～700 万亩，2009 年甚至高达 860 万亩。这还不包括规模不菲的各地违规征地的量。2003 年以后，中国的货币扩张机制发生明显变化，内生性变得极强。中国中央银行实际上已经控制不了货币供给了，央行每年制定的货币供应量和新增信贷的目标就几乎没有实现过。恰恰因为失控导致信用泛滥，推升了资产泡沫。通胀、资产泡沫、高利贷泛滥，都可追溯到政府投资扩张的逻辑起点。当然，也可以说是垄断导致的土地过量供应，尤其是在三四线城市土地。

其中的逻辑我认为很简单：地方政府通过大肆举债大量征地，把还债的希望寄托在了地价上涨上。而地价上涨，则有赖于房价上涨。且由于政府垄断了一级土地征收和供应，因此，拆迁和征地不存在市场自我调节的价格，市场机制失灵，拆迁和征地成本就只升不降——因为只有一家买主，老百姓的要求就是按当时当地最高价格要价。这既是货币扩张的根源，也是房价地价只升不降的根源。尤其是，一些按经济规律不会城市化或者城市化规模不会那么大的地方，也在大搞城市化大跃进。所以房价地价一旦上去，想降下来是很难的，一旦进入下行通道（即房价只降不升），土地财政崩溃，结果必是银行崩溃。

然而正是在这样的背景下，一些所谓的专家却信口雌黄颠倒黑白。比如世界银行高级副行长林毅夫"一针见血"地指出："之所以穷人越来越穷，富人越来越富，就是因为穷人把钱存入银行，被富人作为贷款，补贴了富人。"其认为中国的老百姓只要坚持3个月之内不存钱,房价将跌穿,很多问题就可迎刃而解!然而,老百姓社保不保、投资无门,不存钱又能干什么?只要中国人一年不吃不穿不住,物价全面见底——那时候也全死光了。这是典型的只讲目的不择手段的论调,典型的只见钱物不见人的思维特征。专家一民粹就脑残,更不用说只会造谣的自称房地产几剑客的唱空派,以及除了打赌房价会下跌50%否则花2万5千元请客之类的二百五。

在政府投资主导的"大跃进"模式下,政府债务急速增长。目前,中国的地方政府债务已激增至1.6万亿美元。事实上,还有人倾向于认为政府地方债务已达到14万亿元人民币,即2.1万亿美元。2011年6月底,首次针对地方财政收支的全国审计结果显示,中国各地方政府的债务总额达到了10.7万亿元人民币,这个数字大约相当于中国经济总量的27%。据分析师们估算,若算上中央政府债务和银行坏债等其他债务,中国的显性债务总负担达到了GDP的70%上下。此前估算显示,地方政府融资平台的债务总负担更接近14万亿元人民币。两个数据之所以存在差异,一些分析师认为"这次审计并没有展现地方政府债务的完整规模,因为它狭义地聚焦于得到明确担保的贷款"。

也许多数国人对数字缺乏概念和敏感度,那么不妨用2010年中国GDP总额做个比较,当年全国GDP总额是39.7983万亿元,相当于6.04万亿美元。地方债占了GDP的三分之一,比财政收入还高。这还不是全部,除了地方"块块"的债,我们丝毫不缺乏各个"条条"发的债。比如,铁道部欠债接近2万亿元;公路基础设施建设欠债2万亿元,很多地方的公路部门欠债已经开始只能还利息,无法还本。

《证券市场周刊》2011年年中有篇封面文章《海南拒绝破产》,海南省政府性债务余额共计952.92亿元,总债务率为93.18%。与甘肃政府债务率高达141%相比,海南还不算什么。另据财新网报道,杭州市政府负有偿还责任的债务中,明确以土地出让收入作为偿债来源的占81.73%,远高于全国23.8%的水平。其实全国其他地方没有明确以土地收入作为主要偿债来源,但地方政府既不能定税又不能发债,除了土地上涨,还有什么依靠？投资型政府，收再多的税费、借再多的债、发行再多的货币也是不够用的。

国际货币基金组织（IMF）在2011年9月21日发布的《全球金融稳定报告》中警告称，中国的毛债务总额已达到"异常高的水平"。2010年末，地方政府实际债务和或有债务占GDP的比重高达27%。紧缩政策使得整体贷款增速有所放缓，但是其他形式的信贷却已激增。由于紧缩政策很大程度上依赖信贷限制，因此导致了最终效果的不对称性：更受偏好的借款人（如拥有良好信用记录或优先行业的贷款人）继续能以很低的利率获得贷款，但其他企业则被市场排挤在外。另外，银行贷款供应趋紧推动了其他替代信贷形式的快速发展。这包括：银行承兑汇票和信托贷款，如今已受到更加严格的监管；企业间贷款和来自小型信贷公司的贷款；来自香港和离岸债券市场的资金。这些因素导致中国的毛债务总额已达到"异常高的水平"。根据政府"社会融资总量"（TSF）的相关数据，截至2011年6月底，中国国内贷款余额总量占GDP的比重已高达137%。这使得中国的信贷水平已远远高于收入水平相似的其他国家，尽管私人部门负债情况依然温和。

浙江财经学院经济与国际贸易学院院长谢作诗认为：（我国）地方融资平台10万亿元，铁道部2万亿元，水利、电力有没有？多数会成为坏账，要靠发钞票来买单。只是这些钞票不但未必能进你我大众的口袋，反而要你我大众掏钱（货币贬值）来买单。都在借钱，都要发钞票。不同的是，美国发钞搞高福利，中国搞"建设"；美国借了中国很多钱，中国则借自己的钱。

也就是说，投资型政府欠下的巨额债务，要么通过地价上涨来还，要么通过中央发行货币来还。本质都一样：通胀和资产价格全面上涨。政府主导的城市化已经使房地产失去价格大幅下调的空间，14万亿元的地方债几乎全依赖地价上涨。严厉限购之下，一线城市的政府依托商业地产繁荣仍可坚持一段时间，三四线城市商业地产不发达，地方政府根本坚持不了多久。因此，只有收入追房价而不可能让房价等收入。只有房地产软着陆，中国经济才能软着陆。否则，房地产的崩盘即是中国金融、中国经济的崩盘。

穷思维富思维：早在2000年，美国经济学家、诺贝尔经济学奖获得者约瑟夫·斯蒂格利茨（Joseph E. Stiglitz）就断言：影响21世纪人类社会进程的两件最深刻的事情，一是以美国为首的新技术革命（我们已经看到了互联网的巨大威力），二是中国的城市化。

在新的历史机遇面前，可以说美国紧紧地抓住了时机，而我们却因为政府亲历亲为的发展主义而错过了十多年大好时光。正如曾昭逸先生在《借另类的声音去思考》一文中所言："如果说在工业制造和常规服务时代，在汽车、金融等领域，美国公司还面临来自日本、欧洲等国的很多竞争的话，在高新科技、互联网等行业，凭借微软、苹果、FACEBOOK、GOOGLE等高科技巨头，美国已遥遥领先，几无对手。而且更可怕的是，这些基于低成本扩张平台的新型商业模式，能够轻易地征服全世界的消费者，无缝地向全世界渗透和推行其文化。往更深层次分析，开放、共享、民主及反垄断是美国的立国之本和发展之基，而互联网本身的内涵和美国的立国之本非常吻合。二者合力，威力巨大，所以高科技、互联网在美国的发展最先，成效最大，远超其他国家。"

相比之下，我们的投资型政府主导的发展大跃进，不仅在城市化进程中征收了过量的土地、制造了过量的房屋乃至整座新城（三四线城市和大中城市偏远郊区尤其明显），而且这样的发展对环境和百姓的生存都造成了掠夺和挤压。

头痛医头脚痛医脚地就房价论房价，终归不得要领，由此开出的种种药方，更是形同毒药。解决的办法：战略上，彻底告别发展主义，告别投资型政府模式，抛弃把发展经济放在首位的陈旧思维和模式，把公民的自由、权利放在首位。财富是自由和权利的副产品。财富的增长、经济的繁荣不是作为货币的钱的增加，而是对人的自由和权利的保护，以及在自由和权利保护基础上的个人创造力的发展。

战术上，我们必须在承认现实的基础上进行改良。用循序渐进的办法，让收入追赶房价。切忌用简单粗暴的方法达到某种直接诉求，比如降低房价。那样，即使能够暂时达到效果，代价也远比收益大得多。而且由于根子的问题没有解决，时过境迁一定会"旧病复发"，引发新的反弹。

这就好比一开始，一棵树因为外界环境的影响长歪了，可它已经长成了，你硬要把它扭直，其结果，不是扭不回来，就是被扭断甚至死亡。

钱追人还是人追钱
——"鬼城"永远是"鬼城"

2011年10月19日15：55，北京融金国际酒店营业经理胡燕发了一条新浪微博："凌晨3点，鄂尔多斯的朋友来电诉苦。说心烦，压力大到扛不住了，资金链崩溃，已经逼到用古董和跑车抵债了。83年的男生，在薛家湾和神木开矿，做房地产，放贷，资产过亿。今年鄂市房地产泡沫近乎崩盘，个人贷款多半有贷无还，盖好的房子卖不出去，资金压滞。成了第二个温州（温州因为先富起来以后资金无处去，加之中小制造企业在升级转型过程中遭遇行政垄断的天花板而陷入'全民炒钱'高利贷陷阱，遇到银根收紧，一些老板开始跳楼或'跑路'——笔者注）。我的朋友就是受害者之一。"

鄂尔多斯是一座近年来异军突起的中国西部城市。因为拥有中国1/6的煤炭储量、1/3的天然气储量等大量天然资源，短短几年时间，鄂尔多斯已成为中国最暴富的城市之一。仅有160万人口的鄂尔多斯，2010年人均GDP达到了149942元，是北京和上海这两个人均GDP最高的大陆城市的2倍以上。(我查2010年第六次全国人口普查公报，鄂尔多斯是1940653人。但在官方的人均GDP统计和宣传口径中，鄂尔多斯人口只有160万，这个统计方法，不是鄂尔多斯独创，而是全国惯例。)

据说生活在这座城市的人们，有一种傲视全国的豪迈之情，他们常常以鄂尔多斯是一个真正"橄榄形"社会而自豪。当地政府一直注意避免煤炭只是让矿主富裕、却让公众贫困的"发展的陷阱"，致力于让资源财富普惠全民。其中的核心做法包括：大幅度提高拆迁补偿款标准、超前超常规建设保障性住房、教育费用大幅度减免等。鄂尔多斯无论是城市拆迁还是农牧民转移，其补偿标准都按照国家最高标准执行，而在实际操作中甚至对于虚报人数、面积也是"睁只眼闭只眼"。由此，很多市民一夜之间就成为百万或者千万富翁。同时，当地很多没有"暴发"的市民，特别是一些城市普通工作人员也没有被边缘化。大规模的廉租房建设，使得很多低收入者可以住进廉租房中，最低的房租每平方米每月只有1元。不仅如此，当地大规模建设的经济适用房、限价房，也全面向市民开放，无论是否拥有宝马、奥迪，也都可以申请。这些普惠全民的财富分配政策，足以傲视财富更加丰富的国内一线城市。

但暴发户往往有暴发户的通病，以为有了钱就有了一切。有了钱的地方政府，炫富式地斥巨资建设了一座新城康巴什，却被美国《时代》周刊称作"鬼城"，因为这里的豪华建筑虽然鳞次栉比，包括图书馆、博物馆、剧院、文化艺术中心、会展中心等在内的公共设施一应俱全，但却乏人问津，甚至出现了"康巴什车头比人头多、街上的清洁工比行人多"的怪现象。

对于康巴什新区是否已经面临着房产泡沫的担忧，有人认为，或许重金打造"荒漠新城"正是这座城市有远见的地方，筑巢引凤，拓展新的城市空间或将为未来十年、数十年之后的经济发展做好硬件承接。

更有人认为，人气长着"势利眼"，随物流、资金流而动，追物流源、资金源而聚，故而，康巴什根本不必在意一时的人气低迷。结合房价，与北京、上海等一线城市的经济总量、人均量、经济指标的对比可以告诉我们"康巴什泡沫"出现的可能性最小——富不过鄂尔多斯、人口翻番绝无可能、又没什么实实在在的资源来保障持续发展，而房价却比鄂尔多斯高几倍，谁的"泡沫"会先破？或许，在外囤房的人有撤离北京等地的一天，那样，像康巴什这样本土的"房产泡沫"却更安全了。

此等视野，我感觉是"眼里只剩下钱"。一个城区、一座城市的活力，根本来自于人，而不是来自于钱。吸引人的唯一理由，是自由的财富创造空间，而不是其他。鄂尔多斯那么有钱，但它凭什么吸引外来人口？它再有钱,再有资源,跟外来人口一点关系都没有!这就是它的死穴。虽然鄂尔多斯的房屋基本上一上市就卖空,但都是本地人在买。2011年10月中旬,由住建部政策研究中心与高和投资组成的民间资本研究联合课题组,发布了《民间资本与房地产业发展研究报告》。该课题组测算,山西、温州、鄂尔多斯三地民间资本量分别达到约1万亿元、5200亿元、2200亿元,今后规模还将增长。近几年,由于房价持续上涨,房地产业成为民间资本投资的主要选择之一。从投资类型看,有温州的投机获利型、有山西的投资保值型、有鄂尔多斯的购房储蓄型等。鄂尔多斯房管局统计报告称,鄂尔多斯90.5%的购房者是鄂尔多斯户籍,9.5%的购房者来自陕西;住宅市场目前已接近饱和,居民拥有两套房以上者占70%,无房户仅占百分之三点多。

你看,鄂尔多斯的购房者九成以上来自本地,另外来自陕西的9.5%,我估计也是鄂尔多斯近邻的陕北榆林一带的城乡居民,他们和鄂尔多斯拥有共同的矿脉,所以也基本上可以归入"本乡本土"的位置。不能真正吸引外来人口的鄂尔多斯,拥有再多的资源,建再多华美的房子,"鬼城"终究都是"鬼城"。

与之相反的北京、上海等一线城市,每年净增加的外来人口高达80万人,比鄂尔多斯老城东胜区和新城康巴什的人口总和还要多。

2011年10月17日上海《新闻晨报》一篇报道里的数字揭示出来的真实情况比人们的想象更恐怖:根据资料显示,仅仅2010年,鄂尔多斯房地产开发实际施工面积2696万平方米,完成投资365.7亿元。2010年,全市商品房销售面积达1009.4万平方米。2011年,鄂尔多斯房地产计划新开工面积达1300万平方米,施工总量达2300万平方米,完成投资450亿元,计划销售商品住宅面积达1200万平方米。尽管2011年第一季度受国家宏观调控政策影响,鄂尔多斯商品房成交量有所下降,但总销售面积仍达到98.22万平方米。

鄂尔多斯的城区人口仅65万,这意味着平均到每个市民,从去年到今年第一季度,每人平均购买了近17平方米的住房。而这仅仅是不到一年半时间的人均购买量,再算上建成或者在建的房产存量,数字相当惊人。而在前两年的抢房潮中，鄂尔多斯市区居民差不多人均拥有3～4套房，"鄂尔多斯人均住房拥有量应该排在全国首位，按照目前的建设速度，再过两年，人均将至少达到10套。""没有人能看得懂鄂尔多斯。"这是所有来到鄂尔多斯的人对鄂尔多斯房地产市场的评价。

尽管如此，在严重缺水的情况下，鄂市政府投入上亿元巨资开凿运河，并建成亚洲最大的景观喷泉。政府还计划在运河北岸建设1000座100米以上的高楼，形成康巴什CBD，目前规划在建的则有100座高楼。2011年率先落成的该CBD大型城市综合体项目由鄂尔多斯最大的建筑商兴泰集团开发，包含6座甲级写字楼及一个总面积超过30万平方米的大型购物中心。

在新区乃至整个鄂市，"打造百万人口康巴什新区"的标语随处可见。但是笔者查2010年第六次人口普查的情况，鄂尔多斯的人口组成里不见了康巴什新区的踪影。原因是康巴什新区行政上仍然隶属于东胜区，而东胜区的总人口也不过58万人。另据此前的一些报道，东胜区的城区人口绝大部分集中在东胜老城区，32平方公里的康巴什新区，居住人口到2008年底才2.8万人，这两年增加的极其有限，可谓寥若晨星。其数据分别是：全市常住人口1940653人，其中：东胜区582544人，达拉特旗322101人，准格尔旗356501人，鄂托克前旗68282人，鄂托克旗148844人，杭锦旗111102人，乌审旗124527人，伊金霍洛旗226752人。总数相加，正好是总人数1940653人。

穷思维富思维：信息时代，财富的生成方式发生了巨大改变，钱追人远远甚过人追钱。在穷思维里，永远不把人当回事，只把钱当回事，认为有了钱就有了一切。而在富思维里，一切正相反。他们认为一切财富都是人的自由和创造的副产品，有了人的自由，才有一切。在中国的任何领域，一旦认为钱是万能的，这个领域就基本玩完了，其他领域乃至全民也跟着受伤。高铁、航天、教育211等等，无一例外。

城市，是自由人的联合体。所以城市的魅力越来越大，人都往城市跑，财富、资源也随着人往城市跑。是物流、资金流随着人流而动，而不是相异。

鄂尔多斯的富有尽管令人艳羡，而且仍将持续相当长一段时期。但自然资源所带来的财富效应不可能永远持续，民众的自由、智慧与创新精神才是创造财富的永动机。

最伟大的财富创造，不是借助自然资源而发展，而是借着自由、智慧的创造和服务人类、服务大众的伟大心灵。2011年10月5日去世的传奇般的苹果公司创始人乔布斯就是最好的例子。我把乔布斯比喻成能够吸取宇宙一切能量的"能量黑洞"，他赤手空拳，仅凭一颗智慧的、永不满足的头脑，以及为用户提供尽善尽美的服务的心，就把全世界的能量，源源不断地往自己和公司身上吸：一方面，世界各国的消费者自愿自主地将自己的能量（金钱、关注、热爱）奉献给他，甚至有人到了不惜卖肾的地步；另一方面，因为市场化的奉献（提供无与伦比的产品和服务）而获得巨大能量的企业主体，又必将以另一种方式持续获取来自世界各地的另一种能量——代工企业的资源、劳动等付出。苹果公司在乔布斯重新执掌帅印的短短10年间，股价增幅超过40倍，现金储备高达760亿美元，成为真正富可敌国的、市值世界第一的大公司。而苹果公司，从乔布斯家的车库起步，至今仍然偏居在乔布斯的故乡——加州的帕洛阿尔托市。

一颗世界一流的创造的头脑，可以将世界最有效的资源和创造力都吸引过来为其所用：亚洲开发银行研究所（Asian Development Bank Institute）2010年的一份报告发现，一只iPhone手机的批发成本估计为178.96美元，而中国的装配工作在其中仅占6.5美元。大多数制造成本都用于并非在低工资经济体制造的高精密零件，这些零件都产自日本和韩国等高工资国家。

美通无线董事长兼CEO王维嘉认为：中国能否出现乔布斯，要有三重自由：制度、文化和心灵自由。日本有制度自由，但文化是从众文化。美国虽有鼓励标新立异的文化，但能像乔布斯达到心灵自由的人也极少。这三重自由只是必要条件：没有一定不行，有了也未必行。

一切财富都是自由的副产品。有了自由，财富自生，没有人的自由，则再多的财富，最后也会归零。那些以为靠钱就可以堆积起一座座城市却留下一座座鬼城的决策者、投资者们，该醒醒了。

财富只有服务他人才能保值增值
——鄂尔多斯之困

据2011年11月17日《南方周末》报道，鄂尔多斯民间借贷情势危急，一些庄家为了躲债，故意酒后驾车开到交警队门口：我酒驾了，求拘留。当地大老板苏叶女自首"躲债"；当地"中富地产"法人代表、原鄂市东胜区法院院长王福金自杀"躲债"。

鄂尔多斯这几年异军突起，凭借当地的羊、煤、（稀）土、气（天然气）而扬眉吐气，人均GDP排在全国最前列，当地政府和居民都发了大财。他们财大气粗，又不愿离开故土到外地投资，结果，一股脑儿扔进当地房地产并化为泡沫。2011年11月16日上午，笔者接受法国电视台采访，问及对鄂尔多斯的前景预测，我说，甘肃玉门关的今天就是鄂尔多斯康巴什的明天。玉门石油资源枯竭后，人口从10万人锐减到2万人，就业机会锐减，房价大跌，100元一平方米的好房子无人问津。

改革开放以后，中国异军突起三个具有强烈地域标志的资本集团，分别是温州军团、山西煤老板、鄂尔多斯富翁。也许是鄂尔多斯暴富速度太快，从政府到民间都还没反应过来财富是怎么一回事；也许是相比于温州、山西等市场观念比较深入人心的地区，鄂尔多斯上上下下还来不及深刻理解市场的真谛，相比于温州民间财团和山西民间财团，鄂尔多斯财团的观念要明显落后得多。相比于温州财团和山西财团有了钱以后的四面出击，鄂尔多斯财团有了钱以后更像一个土财主，只在当地大盖房子，以为那样就会带来财富保值增值。

同样是投资，温州的投机投资型、山西的投资型共同特征都是建立在考虑他人需求即服务社会和他人的基础上，他们把钱投到别的城市，投到城市化迅速发展、很多人需要住房的地方，所以这两个群体的财富保值增值效应迅速扩大。而鄂尔多斯的储蓄保值型充其量能够抵御通胀；但是随着自我服务功能的过量满足，抵御通胀的功能将迅速被过量的供应所瓦解，其最后的崩盘和贬值就是必然结果。

相比之下，温州财团和山西财团以增进社会共同福利的方式使自己的财富获得大幅度的保值增值；而鄂尔多斯财团则因其自我服务的封闭性，反而是在以毁灭财富的方式追逐财富——他们在当地大造无人居住的、充满财富自我增值幻觉的"鬼城"的过程中毁灭的是自然、山川、大地，而得到的所谓财富——房产，却无人居住，成为当地土地硬化、环境局部恶化的罪魁祸首。

穷思维富思维：财富是什么？财富的出发点和最终归宿都是一个字——人，这就是为什么犹太人在长达两千多年的时间里没有自己的祖国、没有自己的土地，却能够成为全世界最富裕的族群，他们的秘籍只有一个：紧紧抓住人，服务人，尤其是服务世界上那些最富有的、占有80%财富的20%的人群。财富不是货币、不是房子——只有当这些东西能够为人服务的时候，它们才是真正的财富。

而对于人来说，财富是他的信用能力，是他的思维方式和创造力。"我们往往把一个人拥有的东西称为他的资产，其实他借以获得这些资产的方式才是他真正的资产。"（堂恩《布道文》）真正的富翁，是懂得如何为世界和人类创造价值和服务的人，而不是拥有一大堆货币却不知道怎么花、拥有土地和房屋却无法让其为人类服务的人。

第三章　你不能不知道的房地产真相

今之国人非为房子而活，乃为自由而活

在媒体和一些意见领袖关于高房价的高声渲染下，似乎今天中国的年轻人都是梦想被高房价扼杀，要么成为房奴、要么想成为房奴而不得的一群。但如果仔细分析社会上的各类人群，我们就会发现，并非所有年轻人都在抱怨高房价，至少占年轻人比例最高的那一群体——农民工群体，他们一直在默默无闻地埋头于自己的梦想，这个梦想可能非常简单，就是养家糊口，就是培养子女。他们没有时间也没有精力来关心房价，因为在他们打工的城市买房，对他们来说可能太奢侈。他们既不能指望政府给他们廉租房，多数人也不指望自己很快能够买上房。他们中的大多数，是打工以后攒下钱，然后回老家乡下盖房或者回老家县城买房。像南京的拾荒夫妻20年买两房一车的事情，既是极少数奇迹般的个案，也是中国的草根梦永远不灭的标志之一。说明所谓的好运气，总是眷顾顺势而为的人。

2011年新年过后，我所在的报社来了位年轻人。她说她有一位同学，应该属于富二代吧，人在英国伦敦，父母给他（她）在伦敦买了个小房子。她说伦敦的房价高得惊人，年轻人也都买不起，但没有人抱怨，因为房价太高了，许多人已经完全够不着，买房的事跟大多数人已经没有关系。我们这个社会对房价怨声载道，说明很多人够一够还能够得着，所以希望它降一点。

她说得很有道理啊！其实越南的情形也一样。早在2007年3月，《广

州日报》就有一篇文章说，越南房价高得吓死人，年轻人很少考虑买房。据介绍，河内的物价水平与广州接近，而好地段的房价则与北京上海相仿。为了方便，当地人通常用黄金计算它们的价值。虽然越南的房子又短又扁，有"火柴盒"之称，但这些都是一笔巨大的财富。以河内为例，老商业区部分路段房价高达4800美元/平方米，而且还在快速上升。

越南最大城市胡志明市也是如此，该市黄金地段的商铺价格甚至超过东京银座、纽约的第五大道等国际知名中心商务区。例如，胡志明市商业中心滨城市场的商铺价格三年来上涨了40%，每平方米售价高达17.3万美元。如果用黄金计算，230两黄金可以买一平方米，几乎到了寸土寸金的地步。

在越南，虽然没有中国一样的土地垄断现象，私人拥有土地的使用权、转让权和继承权，很多人都是自己买地建房，但是大城市房价仍然高不可攀。虽然私人没有土地的所有权，但他可以终身使用，并且作为遗产被永久继承下去。

自从20世纪90年代越南进一步实施革新开放政策以来，一批年收入2~3万美元的中产阶层出现了，收入的提高也使得他们对中高档住宅的需求较大。随着富裕的越南家庭从各省迁移到大城市，胡志明市和河内市中心的房子出现了供不应求的局面。而一些商人瞄准了越南大城市的商品房和市中心商铺的房价将在未来出现大幅上涨，于是竞相出价抢购房产，使资金保值增值。这也是造成越南大城市房价不断攀升的重要原因。

虽然越南的特点是"国穷民富"，但由于房价高得遥不可及，这个有2/3的人口不满30岁的国家，生活在大城市的年轻人很少有考虑买房的，因此不存在供楼的压力，这里也就没有在中国经常被讨论的"房奴"现象。没有供楼压力的越南年轻人逍遥自在，他们和中国的年轻人一样追求时尚前卫，他们对前景充满信心。

我的《买房的革命》一书出版后，结识了一位叫任宇雷的朋友，新年里他给我发了一个短信："新年好，前天晚上和门卫聊天，他来自安徽乡下，他说还是城里好，比较正规，乡下什么都瞎搞，没有关系没法混日子，失火了消防车几十分钟才能来，要是在城里，早就撤职了。完全印证你的判断，目光犀利啊！"

他所谓的我的判断，是我在书中认为，由于权力对社会资源一家独大、几乎无孔不入的垄断控制局面，中国人要在百万人口以上城市才能获得相对独立、自由、公正的个人发展空间。

你看，一个普普通通的农民工，不惜像候鸟一样在城市乡村之间奔波忙碌，干着辛苦的工作，拿着微薄的薪酬。在为了生活的同时，也是在为了自由、公正和梦想呢！

每年春运，神州大地都出现潮汐般的人流，春节前从各大中城市向中小城市、乡村涌动，春节一过又都向大中城市蜂涌。这样的景观，可能还会延续几十年。人们奔向大城市，并不是为了住房，而是为了别的。如果只是为了住房，那么人们应该朝着完全相反的方向流动，即由大城市向中小城市、由中小城市向乡村流动。今日中国房价最便宜的城市是甘肃玉门，这个曾经十万人口的石油城，随着石油的枯竭，就业机会和人口锐减，目前只有两万人，城市中心最好的房子不到 100 元一平方米，但是没有人愿意来这里，相反，这里的人都在试图逃出去。事实上，人们总是奔向房价高的地方，而不是相反。因为那里有更多的发展机会。

如果只论住房，那么今天的中国人绝大多数都已经拥有住房，或者在大城市，或者在中小城市，或者在乡村。住房问题之所以如此引人注目，是因为它不能像汽车和其他财产一样自由流动，它和土地一样是不动产。人们希望在自己工作的地方也能拥有独立产权的住房，所以人人都抱怨房价高。一些所谓的意见领袖为了成为大众追捧的言论领袖，不是致力于提供真正有价值的、符合社会发展规律的观点，而是处心积虑地提供越来越激进的意见——在广场效应中，越激进的意见往往总是越能获得喝彩。但其结果却往往是为少数群体赢得了呼声和名利，却输了所有人的事业。因为越激进越有广场效应，而理性却在这个时候退场了。

政策为了迎合民意，在还没有搞清到底是哪里房价高哪里房价低、相对谁房价高相对谁房价低的时候，就一次又一次一刀切地进行房地产调控，哪里能够收到预期的好效果呢？这正是房地产调控十年无果的原因所在吧！至于所谓的保障房，在人口剧烈流动的背景下，人们不断地"抛弃"已有的住房，奔向一个个新的地方。那么，提供哪里的保障房才好、才算尽到了政府责任呢？这个问题也没有搞清楚，保障房不是水中捞月就是一些权势阶层火中取栗的"国民负福利"而已。

况且所谓的房价高低，总是相对而言的。一些人在伦敦、迪拜买不起房，但北京上海的房价对他们来说可能就是很低的；一些人在北京上海买不起房，但故乡二三线城市的房价对他们而言可能是很低的。房价高而仍然有市场，甚至不断传出人们排队买房的消息，只能说明有人承受得起这个高房价。而另一部分人承受不起，要么是他个人创造的价值还不够，要么是社会不够公平，不能给他创造的价值以足够的财富回报。唯独不是房地产市场的问题。

伴随着一年一度的人口春运，外商多的地区"资金春运"也蔚为风景。上海《解放日报》的消息说，每年春节前，浙江不少留守家乡的老年人拎着密码箱，要把儿女从西班牙等国汇过来的欧元取出或者结汇，帮助儿女在国内投资、购房，或用于建设家乡的公益事业。欧元成捆地堆在各大银行的地上。在浙江青田，人们从海外赚回的大笔资金刺激了当地房价猛涨，房价堪比省城杭州，县城黄金地段的房价甚至高过每平方米3万元，一般地段均价也都在1.5万元左右。放眼整个浙江，"资金春运"规模更为庞大。大约有600万浙商在省外发展，2010年，他们创造的商品和附加值总和接近2.7万亿元，等于浙江省当年的GDP总值。

今日之中国人，身体的居所在房子之内，灵魂的居所在海阔天空之外。房子，只不过是他们奋力追梦的一个必然副产品。

穷思维富思维：穷思维往往只从一己之境遇出发思考问题，在"物以类聚，人以群分"的社交群影响下，思维更是受到群体认同的"广场效应"限制（广场效应是一种群众心理，指在人群聚集的公开场合——包括网络和传统媒体制造的"舆论场"，人们往往会表现出与日常生活大相径庭甚至完全相反的言行，这种心理多数时候使群众的群体道德水平和智力水平比个人低下），无法跳出三界之外，以更为独立的姿态，站在更广阔的时代和社会历史背景下看问题。在对待房价问题上，穷思维往往就从自己个人和同群体之房价收入比以及专家们所忽悠的租售比、空置率等似是而非的简单对比出发，一口咬定房价超出自己承受能力的必属于过贵无疑，必经历下跌乃至崩盘等后果，于是往往寄希望于宏观调控，寄希望于房价下跌。结果往往是越等越涨。

富思维在考虑任何局部问题时，则必先有总揽全局的大判断，会当凌绝顶，一览众山小。他们知道自己一时够不着的，未必就一定是不公平不合理，因此他们只要稍有条件和能力，往往就脚踏实地去买自己买得起的房子。上天最厚爱的总是这些脚踏实地埋头苦干的人。

同样面对高房价，以及面对其他同样的万事万物，富思维往往迂回包抄地寻找千百种原因，然后抽丝剥茧层层深入地分析其中的主要矛盾，找出关键原因；穷思维者则多偏执于一隅，在错误的道路上越走越远，在谬误的认识上越陷越深。

自古不谋万世者，不足以谋一时；不谋全局者，不足以谋一域。拥有富思维的人，往往心胸开阔目光远大，人生的格局和境界都很高远。心灵像天空和玫瑰一样开放，听得进自己不喜欢的或与自己预期不符的意见和建议；总是从多方面多角度思考问题；告别简单武断的线性思维，注重分析复杂关系，用非线性思维思考问题、分析问题、解决问题；出身贫寒则不坠青云之志，亦无怀才不遇之愤懑怨怼；出身显贵则亦怀天下之责，不浑浑噩噩挥霍人生，洞悉天下风云。

房地产的支柱产业地位难以动摇

2010 年，中国政府税收收入过 8 万亿元，不计入预算内收入的各级政府的土地出让金收入高达 2.7 万亿元，其中首都北京达 1639 亿元，居全国第一。同期，北京商品房销售总额 2915.36 亿元。如此一来，可算出土地出让金占房地产销售总额的 56%。如果加上高额的房地产税费，政府真可以坐实"土地财政"之名。在房地产市场中，最大的赢家铁定是政府。

不过，如果我们据此就认为土地收入占房价的 56%，则有失偏颇。因为土地出让至少两三年后才能建设成上市房产，那时地价房价都已经上升，此时地价与彼时房价占比，会有一个相当幅度的下降。

国家统计局2011年1月20日发布的2010年经济数据显示，2010年国内生产总值（GDP）397 983亿元。假定按北京的比例，估算出2010年全国房地产销售总额为4.8万亿元，则仅房地产直接市场，就创造了占GDP12%有余的价值；如果算上房地产带动的60个直接相关行业，中国的房地产业的确撑起了中国经济的半壁江山。

但是中国的房地产市场近年来备受污名化，比如说房地产业绑架了中国经济、绑架了中产阶层、绑架了人类物质之外的伟大梦想，房地产不是实体经济，等等。令人纳闷的是，房地产业真砖真瓦地满足了那么多的公众需求，直接带动了60多个实体经济行业，为什么还说它不是实体经济？

人们说房地产业绑架了中国经济、绑架了中产阶层和年轻一代的追求与梦想，其实主要原因都是因为高房价。但如果我们仔细分析，会发现不是房地产业绑架了中国和中国人，恰恰是有一股力量绑架了中国内地的房地产，导致商品房价格居高不下。

中国的商品房事实上承担了过重的负荷，其中有合理成分也有不合理成分。城市土地，名义上为国有，实际上绝大部分使用权已经名花有主，要进行公共交通、绿地、文化设施、保障房等等建设，几乎都要通过拆迁征地等方式获得土地，这些成本全部一股脑儿地要由商品房来消化，而不是各个领域负担各自的成本。地方政府在农村低价甚至倒贴土地和厂房进行招商引资的成本，最终也一股脑儿要由"硕果仅存"的少量商品房来承担，因为政府是不直接创造财富的。打个简单的比方，某个地方政府总共征了1千亩地，其中500亩用来盖厂房招商引资低价甚至倒贴给企业；100亩用来建设公路铁路城市基础设施——这也是没有直接产出而且还要投入建设成本的；100亩用来建廉租房——这个和厂房一样，不仅没有产出而且还要投入建设成本，最后七扣八扣，只剩300亩用来建商品房！政府要用市场的价格征收城市和集体土地，却只有商品房这一块是用市场的价格来出让，其他方面都不是以市场价格出让，都要政府补贴，而政府又不直接创造财富，因此，所有补贴的重担全部压到了商品房头上！这便是商品房不堪承受之重，也是商品房价居高不下的主因。而且，它们的影响，对于商品房价格来说，是一种极其刚性的成本推动型影响。如果说需求拉动型影响可以通过宏观调控对房价飙升起到一定的灭火和降压作用，那么，成本推动型影响则根本不受调控政策的影响。政府的拆迁补偿成本、公共用地和建设、保障房、工业用地和建设的成本，最终都要打到商品房价格上，所以要推高商品房价格。

中国的商品房事实上在补贴工业、补贴保障房、补贴城市乃至全中国的道路交通、公园绿地等基础设施建设。它是当代中国的第一功臣，而不是许多人眼里的历史罪人。

在当前商品房"万千负担集一身"的土地制度下，城市拆迁的矛盾主要来自两方面：从被拆迁户的角度看，如果拆迁补偿不足或安置不力，拆迁户是很难面对商品房价格的。尤其是当拆迁户原有住房面积很小的时候，更是如此。在过去漫长的历史过程中，城市贫困人口一家人住十几甚至几平方米的并非绝无仅有，但新建住房至少也有几十平方米。要让他们去面对，确非易事。不拆，他们起码还有一个即使不大、不好甚至非常糟但终归可以住人的蜗居；但一拆，其中一部分人可能面临虽拿着一笔不尴不尬的拆迁补偿款，却到上无片瓦下无寸土的境地。因此，对于这一部分人的拆迁，实际上多数是除了付出市场价格还要倒贴，至少是倒贴保障性住房，否则就有可能拆不下去。

城市拆迁矛盾的另一方面，是在拆迁过程中，我们对于违章建筑的理解过于刻板狭隘，对既成事实概不承认。违章建筑产生时我们疏于管理，遇到拆迁执行时又过于简单粗暴。承认"既成事实"是国际和国内的历史惯例，新拆迁条例第十六条就有足够的政治智慧在内："房屋征收范围确定后，不得在房屋征收范围内实施新建、扩建、改建房屋和改变房屋用途等不当增加补偿费用的行为；违反规定实施的，不予补偿。"也就是说，对于房屋征收范围确定前的"违章建筑"，是可以在尊重历史的前提下予以承认的。

但是在更好地保障拆迁户利益的同时，拆迁成本的提高导致商品房价格的提高，是我们的进步必须付出的成本和代价。

农村征地矛盾与城市拆迁异曲同工，甚至比城市居民更惨：农民廉价地失去土地和房屋后，却必须同时面对失业和城市高房价的双重挑战。而在农村征地，通常不会像城市拆迁一样给出倒贴拆迁户的高价，因为农村征地很多时候是用于工业和高速公路等政府贴钱项目，而不是像纯商业型城市一样直接用于高回报的房地产开发，因此征地价格往往被人为压低。要是在征地过程中付出市场价格，那就意味着商品房必须为此承担更高的成本。

综上分析，我们可以说，以政府为主导的经济竞争导致工业绑架了商品房、保障房建设绑架了商品房，还有基础设施建设绑架了商品房。正因为商品房身上承担了那么多的重担，它成为中国社会经济的重要支柱产业是再顺理成章不过的一件事。这是一个事实判断，并不是一个价值判断。也就是说，它在国民经济中的支柱地位，是历史和现实共同选择的结果。

在这种历史和现实格局下，我们是做不起像新加坡和中国香港那样保障房占大多数的美梦的。新加坡不到500万人口，是个人口增长缓慢的城市国家，而且其从1965年开始就进入了平稳和平的持续建设；中国香港人口不足700万，更是从1842年成为英国殖民地开始就进行了持续稳定的建设。中国内地人口十三四亿，而且进入到史无前例的人口高速流动期，且在1998年以后，房地产才开始真正进入正常建设轨道，迄今也不过10余年历史而已。假定一年按计划完成1000万套保障性住房，土地从哪里来？建设资金又从哪里来？以复旦大学金融与市场研究中心主任谢百三教授的估算，一套以60万元计价，则需6万亿元征地和建设资金，财政拿得出来吗？就是商品房价再提高一倍也拿不出来。而且房价一高，拆迁征地成本还得水涨船高。而我认为谢百三教授的价格估算是靠谱的。2010年全国平均房价就已达到4724元每平方米了，而住房需求最集中的一二线城市更是在一两万元以上；以平均每套保障房50平方米计，平均下来60万元一套不离谱。因为保障性住房集中需求的地区，并非在房屋已有1/3空置的农村，亦非房屋已经同样大量空置的三四线城市，而是集中在新移民大量流入的一二线城市。在这里，不能以保障房的销售价格来计算成本，因为保障房实际上是享受政府土地补贴的，而贴补资金羊毛出在羊身上，要么是从商品房地价中来，要么是从政府加印钞票中来，而这两者，都势必会推高房价。

中国香港地区和新加坡的商品房，即使也要补贴保障房和城市基础设施建设，但至少不用补贴中国内地那么大规模的城乡基础设施建设，更不用补贴工业。甚至，有可能是他们的工商业用来补贴保障房建设。

即使一年上千万套保障房真能够建设出来，全国一年600万大学毕业生（其中50%以上集中在北京、上海、广州、深圳就业，还不算杭州等一线城市及大量二线城市），1500万以上民工进城，加上拆迁户以及"近水楼台先得月"的公职人员，是绝对满足不了需求的。再说，保障房申请条件苛刻，除了拆迁征地补偿户，无权无势的普通人排队就像买彩票，也许要从秦朝排到清朝也不一定。

穷思维富思维：穷思维往往有一种强烈的受迫害狂想，总认为自己是天下最大的受害者，殊不知天下事有果必有因，我们自己的内因才是变化的根本依据，外因只不过是变化的条件而已。也就是说，我们自己的内因是必然性问题，外部环境和条件的变化则只是个时机问题。天下不会有无缘无故的爱，同样，天下也不会有无缘无故的保障房。政府不是财富的创造者，其最好的可能，充其量是在强力的公民约束之下，做一个相对公正的财富二次分配者。富思维者充分认识到政府的局限，任何公共权力都不是天使而只是"必要的恶"，因此，公权力不仅应该严格受到公民权利的制约和监督，而且权力范畴也应该严格限制在有限度的范围内。富思维者往往抱定了一切靠自己不能靠别人和政府的决心，于是每每能够使自己绝处逢生杀出一条血路。

商品房是保障房的奶妈

国土资源部公布的数据显示，2010年全国30个省区市住房供地、保障性住房实际供地均不到年初计划的7成，只完成原计划的67.9%。其中东部地区住房供地计划完成76.1%，执行情况要好于中西部地区。国土资源部有关负责人分析未完成计划的主要原因是：部分地区财政困难，融资渠道有限，导致建设项目难以推进；少数项目用地仍实行毛地出让，房价上涨带动拆迁成本上升，征地拆迁进展缓慢，造成已批土地不能及时转变成有效供给。

2011年，要完成新的供地计划将比去年更难。

首先是保障房供地要求大幅度增加。2010年中央确定的580万套保障性安居工程建设目标用地，2011年则要求达到1000万套。2011年起的未来五年内要供应3600万套保障房。但是，保障房供地并不是天上掉馅饼，土地需要通过拆迁、征地等方式向使用人赎买得来。而卖方要求的价格，是根据市场上商品房价格来定价的。一个死胡同般的内在逻辑是：中国的商品房地价补贴了保障性住房、工业用地和城市基础设施建设用地，这是导致商品房价过高的主要原因。而商品房价格高又推动了拆迁、征地成本的提高。任志强的数据显示："每年农田占用的总量中房地产开发用地仅占5%左右，纯商品住宅约只占1.5%左右。大量的土地占用并非是商品住宅所占用。2010年2.7万亿元的土地出让收入中，由开发商购买的土地仅为不到1万亿元，另1.7万亿元出让的土地并不是商品房。而开发商购买的土地中仅70%是住宅用地，其中还包括约20%~30%的保障房，纯商品住房所占的比例就更低了。"换句话说，只占1.5%的房地产开发用地，却承担了37%的总地价！这其中，还得"内部消化"20%~30%的保障房成本。2010年东部地区土地供应完成得较好，跟其商品房补贴工业用地较少有很大关系。

换句话说，具有政府补贴性质的保障房用地，需要通过商品房用地来补贴。离开了充分发育的市场化的商品房，保障房将成为无源之水、无本之木。2011年保障房供应指标比2010年提高将近1倍，但商品房用地却不可能相应增加1倍甚至略有减少。国八条在要求增加保障性住房供应的同时，要求商品住房用地供给总量原则上不低于前两年平均实际供给量。仍然如任志强分析的，这意味今后商品房用地供给量会大大降低，不是增加供给而是减少供给。

即使商品房用地史无前例地敞开，足量供应，开发商是否敢于放手拿地、放手建房，也要打一个问号。因为新的国八条采取了相当严厉的限购措施：原则上对已有1套住房的当地户籍居民家庭、能够提供当地一定年限纳税证明或社会保险缴纳证明的非当地户籍居民家庭，限购1套住房；对已拥有2套及以上住房的当地户籍居民家庭、拥有1套及以上住房的非当地户籍居民家庭、无法提供一定年限当地纳税证明或社会保险缴纳证明的非当地户籍居民家庭，暂停在本行政区域内向其售房。

它可能使商品房市场悬在半空：大量买得起房的人不能买，买不起的则仍然买不起（因为拆迁、税费等刚性成本摆在那儿）。这种僵持和"观望"，只能使开发商拿地和建房都更为谨慎。而商品房供地如果完不成或者计划额度太少，又怎能支持保障房用地的征收成本呢？

保障房与商品房并驾齐驱，才是解决房价问题的车之双轮鸟之两翼。偏向哪一方，都会导致无法"起飞"，甚至倒退。

政府管保障房，市场管商品房，井水不犯河水。但是限购商品房却把二者的关系完全割裂开来，甚至在试图提供保障房的时候又试图压制商品房。然而，没有商品房的大发展，何来保障房的建设资金与土地？

这种中央请客地方埋单的做法，最终结果可能是四种：一是虚报数字虚与委蛇；二是地方政府大肆举债进一步强化地方债风险；三是进一步压低征地拆迁价格，激化基层矛盾；四是偷工减料。

这方面，郎咸平说得更绝对。他说，今天中国绝大部分产能严重过剩，只剩下最后一个产业还有强劲需求，那就是房地产业。房地产业是中国最后一个支柱产业。近年政府出台了一系列政策打压房价。许多人关心这种打压是否有效果。如果换一个角度考虑：要是打压成功了，房价降下来了，会是什么样的情况？那就是中国完了！中国的房地产业现在好比是一座火山，政府的打压即是试图把这个火山压住。如果强制压住了，熔岩不会自动消失，一定会从岩层中更为薄弱的环节漏出来，其后果是：恶性通货膨胀、经济再次探底，甚至引发火山爆发，使最后一个支柱产业画上句号。

让房价上涨，老百姓住房怎么办？郎咸平认为，新加坡的做法是一个样板，即政府加强保障房的建设，以一个繁荣的商品房市场来构建保障房的基础。2010年政府土地出让金2.7万亿（实为2.9万亿），拿出10%建保障性住房，2900亿可以建设2亿平方米，10年20亿平方米足够2亿人居住，如果从土地出让金拿出6000亿可人人看病不要钱，再拿出1000亿可人人上学不要钱，所以从土地出让金拿出1/3，就可以解决老百姓住房、看病、上学的新"三座大山"。

"以一个繁荣的商品房市场来构建保障房的基础"，这个观点跟我一致。我认为保障房是需要健康、繁荣的商品房市场进行补贴和输血的，商品房繁荣皮之不存，保障房建设毛将焉附？

在现实和规律面前，人们不能一再期望政府做它做不到的事情，毕竟意志是无法战胜规律和自然的，就像人类的意志无法战胜核辐射。不妨换一个思路：用收入的增长，追赶房价物价的增长。如何增收，这里面既有政府的能动性，更有个人无限的能动空间。思路决定出路，态度决定一切。

穷思维富思维：在房地产领域，穷思维最典型的特征就是等靠要，等着靠着政府降房价，等着靠着政府提供保障性住房，其中不乏专家学者意见领袖们要求政府以新加坡和中国香港为榜样，为绝大多数人群提供保障性住房。但这不是空头支票就是水中捞月。相比于新加坡和中国香港的长期稳定发展，多灾多难的中国内地，可谓自1840年以来直到1978年才开始进入相对和平稳定的财富积累期，那么长时间的课要补，岂能一蹴而就哉？相比于新加坡和中国香港这类相对封闭的城市型政府，今日中国还面临着史无前例的大规模城市化运动，大量外来人口往城市迁移，北京、上海等大城市每年人口的机械增长率超过3%，在80万人以上，如果其中的大部分都需要保障性住房，即使像北京、上海这样富比欧洲的城市，政府也会被拖穷。

另一方面的情形是，城市土地虽然名义上为国家所有，但事实上绝大多数都已经在使用权上名花有主，不论是建保障房还是商品房，城市政府都不可能将土地偷来、抢来，而必须通过赎买得来。赎买过程中还必须充分保障被征地户、被拆迁户的利益与诉求。而被征地户、拆迁户们显然是根据市场上的商品房价格来要价的。政府不可能再无偿划拨保障房建设用地。保障房用地事实上是用市场的价格征来，再用补贴的价格出让。补贴的资金，来自商品房用地。

这就形成了这样一种貌似极其怪异实则非常合理的逻辑链：越是发展保障房、加大保障房供应比例，商品房补贴保障房的力度就越大，商品房价格就越高；商品房价格越高，被征地、拆迁户的要价就越高，征地、拆迁的成本也越高，保障房的价格也水涨船高。

等靠要是穷鬼的灵魂附体，活生生让许多人失去早日成为百万富翁的机会。等来等去，只把保障房的价格，等得比别人的市场价还高。X君的遭遇即是一例。此君2005年初即开始排队买经济适用房，当时北京东四环商品房价也就5000元每平方米，4年后等他终于排上，买了套百平方米左右的限价房，但此时，4800元单价的限价房，早已在东五环外的通州了！而当年东四环5000元每平方米的商品房，此时已至少在17000元以上！仅此一项，4年净损失120万元左右，而且还不算4年间早住早享受的"生命质量成本"，也不包括这4年间可能丧失的机会成本。（机会成本指的是具有产权性质的保障房必须在5年后才能上市交易，期间可能丧失许多机会。）

比如，某君2009年下半年以单价1万元左右卖出通州一套近百平方米住房，扣除银行还贷得现金85万元，转手就在CBD核心区以单价1.6万元购得140平方米住宅（利用了银行贷款），成功实现"农村包围城市"步骤。1年后，通州那套房单价上涨至1.5万元左右，而同期CBD核心区那套房单价已涨至2.6万元，仅此资本运作一下，一年下来，净资产多增加90万元，总资产多增加214万。如果是产权受限的保障房，就有可能失去这种随时进行资本运作的良机。

结论：靠市长不如靠市场，靠别人、靠政府不如靠自己。千好万好，只有自己的智慧、勇气和努力最好！不要把住房保障当救命稻草，它是软骨剂，它是腐蚀膏，它是温柔一刀！

很多坚持政府强力打压商品房市场的"房地产调控派"虽然也承认房地产在当下中国经济中的支柱地位，但他们很轻松地说：没关系，商品房不行了，保障房可以跟上。他们不明白背后的逻辑关系：商品房是保障房的奶妈，你把奶妈的奶控没了，孩子还能活吗？除非政府自己是奶牛。但我们都知道，政府是不会创造财富的，他们只是在分配财富。而且，与市场分配财富不同，政府分配财富会消耗大量的行政成本，分配大量的腐败成本。这一切成本，都必然作为额外成本，以隐性的方式强加给社会——要么是货币增发，要么是税收增加。天下没有免费的午餐。

还有一个致命问题：我们的保障房供应模式，不是在公民权利要求和约束公共权力的机制下运行，需要多少就建多少；而是在"权力上收、责任下压"的传统自上而下的权力差序格局模式下运行。保障房任务是作为政治任务层层下压、层层分配落实的。这个过程，难免每一层上级政府都倾向于推卸自己的责任而把责任层层下压，这就会导致一个怪异的结果：本来住房就已经大量过剩的三四线城市，却承接了最大部分的保障房任务；住房紧缺的一二线城市，保障房比重却与需求极不相称。这样的建设模式，如果真能完成，反倒是一个悲剧。因为它除了制造极大的浪费，于民生并无多少补益。

房地产是不是实体经济？

在满足人们基本生活需求的衣、食、住、行四大行业里，房地产位列第三，地位却最关键。在满足基本的温饱之后，"住"承担了人们"安居乐业"的梦想，也承担了人们"有恒产者有恒心"的社会功能。人们衣可以不必绫罗绸缎，食可以不必山珍海味，但对住的要求却往往要比衣、食和行高出一筹。原因是，"住"不仅承担着人们基本生活需求的功能，也承担着人类千百年来财富积累的功能。不论古今中外，房地产都是大多数人最理想、最集中的财富表现形式。

然而，正是房地产这个1998年以来对中国经济作出巨大贡献、支撑起新时期中国经济和居民财富半壁江山的行业，近年来却成为人人喊打的过街老鼠。这是一个令人深思的反常现象。

如果仅仅是因为房价太高,那么与国外相比,从相对购买力和绝对价格上比较,国内价格高得离谱的进口品牌服装、汽车等,为什么没有成为众矢之的?原因之一,是其他可移动型商品可以形成梯度消费,消费者可以根据自己的购买力选择不同档次的商品,而以区域和地段为主要决定因素的住宅消费却无法让人们拥有如此自由的选择权。原因之二,也不排除很微妙的攀比导致的妒忌心理在作祟。很多彼此境遇相同、成长背景相同、收入和地位相同的人,因为选择了买房和不买房,选择了在不同时间和地点买房,结果几年后财富产生了巨大的差距。其中的不平衡感,是客观存在的。

近几年来,人们搬出了很多理由试图打压房地产,打压房地产投资。比如说住房是公民权利,不能任由投资和炒作等,而其中最有杀伤力的,是说房地产不是实体经济。满足衣食住行的其他三大人生需求的行业,都是实体经济,为什么唯独到了住这一需求,就不是实体经济了呢?

原因也许在于,房地产有了金融资本,有了银行杠杆,实际上,汽车消费也有银行杠杆。任何企业发展都有金融借贷等支持。还有个原因是说,其他行业都是纯消费,而住房兼具投资功能。但比房地产更具虚拟经济特征和投机功能的股市,却为何又成了鼓励的对象?即使人们是出于投资目的购买房产,但只要绝大多数房产处于出租状态,那它们就仍属实体经济的范畴。

经济学家茅于轼先生在《中国保障房政策的偏差》一文中写道:"1950年,在经过八年抗战和三年内战之后,住房遭到空前破坏,人民的居住条件极为困难,城镇人均住房面积只有4.5平方米。在大规模经济建设27年后,到1977年,人均住房面积反而降低到3.6平方米(陈杰:《中国住房事业六十年》),比解放初还减了1/5。改革开放20年之后,到1997年,人均住房面积增加到8.8平方米,居住条件有了显著改善。但是真正的突飞猛进是在取消福利分房,实行住房商品化以后,在短短的13年内人均住房面积已经达到28平方米。住房商品化对改善中国人的住房条件起到了巨大的作用,这是有目共睹的事实。"

仅此一段文字,就足以看出,房地产不仅是实体经济,而且是结结实实硬硬邦邦改善民生福利的实体经济。

富思维穷思维：面对房地产的"非实体经济"之争，穷思维会想，是啊，应该让资金滚出这个非实体经济，不出去，就要逼它出去！富思维可能会想，在金融经济时代，实体经济与虚拟经济早已你中有我我中有你，试图以非实体经济为由打压房地产，似乎多少有些一厢情愿。富思维同时还会多问一句：为什么富余的民间资本在中国内地只有房地产投资这一独木桥？为什么不能直接进入土地和金融等领域？在社会富余资金"无路可走"的前提下，我们真能把资金挤出房地产吗？

房地产是实体经济的带头大哥

中国经济多年来一直面临着调结构和保增长的矛盾与纠结。想停一停脚步调整结构吧，又担心经济增长因此下滑。于是，每每让高增长代替了调结构，导致经济发展的诸多结构性问题越积越多，积重难返。

也有人强调突出保增长应该和调结构结合起来。调整经济结构不会影响经济增长，也不会导致更多的失业，相反还有助于扩大就业。所谓调结构，就是趁着经济下滑的时候，借助于市场力量补短抑长，并使"无就业的增长"带动就业的增长。

但有人把调结构与限制"两高一资"（高能耗高污染及资源性产品和企业）和抑制房地产等同起来，以为那样就可以鼓励第三产业、扶持小微企业，甚至还有人认为能不能坚持现有的、严厉打压房地产的调控政策，关系着政策的稳定和政府的声誉，关系着经济结构转型的生死存亡。

持此观点者，我把他们视为中国经济的庸医，把脉不准，试图用最简单也是最愚蠢的夹板高压方式强行治驼背。其严厉打压房地产以试图换来中国经济转型的"药方"，实则是葬送中国经济和改革开放成果的虎狼药，一不小心就会把中国经济治死，万万使不得。

事实上，阻碍中国经济转型的根本原因，一是超低附加值的外向型经济；二是"高收入低就业"的行政垄断。行政垄断企业通过低质高价强行攫取了大量社会财富，却没有提供足够的就业机会，致使大量大学毕业生民工化。而其多数"只问出身、关系、背景，不问学历"、只占全国职工总数8%的员工连年拿走了55%～60%的全国工资总额；三是政府主导的投资和发展大跃进，既好大喜功、不计代价和成本地过量投资，又使大量成本耗散在中间腐败环节，严重透支了环境和子孙后代，使货币超发像巨型水龙头一样再也关不住。像铁道部欠债2万亿元，2010年应该还债1500亿，却只赢利1500万，1万年也还不完。怎么办？只有印钞票。

中国的艺术品、收藏品市场多年来越来越火爆，这自然是经济社会发展到一定程度后的必然结果。但与此同时，也有它的"另一面"。2011年12月7日，著名经济学家郎咸平在"艺术中的经济观察"论坛发表演讲时说，"千万不要以为，艺术品市场火爆了，就说明中国经济更好了；错了，刚好相反。"郎咸平说，经济遭遇困难的必然结果，就是艺术品的火爆。艺术品市场的火爆，就是因为制造业生病了。将中国简单定位为制造业大国，这个问题非常严重。"我们将其他三大非制造环节产品研发、渠道物流、关键零配件拱手让给了欧美，我们就丧失了定价权。苹果掌握产品研发和渠道物流，一部iPhone为苹果创造了多大价值？360美元。掌握关键零配件的为187美元。我们纯粹做制造、组装，价值只有6.54美元。丧失定价权加上恶性竞争，导致以制造业为主的企业家不想干了。于是从制造业拿出大量资金，跑去炒楼、炒股、炒红木家具、炒普洱茶，从而导致泡沫出现。奢侈品、古董、艺术品的火爆也是因为制造业危机。"

《第一财经日报》评论部主任徐以升撰文称，以内部实体资产置换对外金融资产，是"入世"十年中国对外资产和负债的主变化逻辑。这种"成本大于收益"的开放模式，已到尽头。如何调整这一模式，是总结"入世"十年、展望未来的根本之道。

用实物资产，用祖辈留下来的大好河山清风明月生命健康换取一堆中看不中用的货币资产，实在是亏大了。更亏的是这个过程实际上是财富两极分化的过程，搞得民怨沸腾，社会分崩离析。

正如叶檀所言：宽松的货币政策把中国企业主逼成赌徒。货币泡沫是资产泡沫的温床，在中国经历了长达10年之久的令人匪夷所思的年均18%的广义货币高增长之后，后果呼之欲出：谁老老实实做实业，谁就是傻瓜！

银河证券首席总裁顾问左晓蕾也称，中国经济增长方式的转变渴求新的增长理念，应逐渐放弃靠印钞票来扩张的偏好，避免用高风险方式累积更大的风险。

举凡持中正立场的，都不会把房地产当成调结构所要着重整治的对象。房地产不仅不是实体经济的敌人，反而是实体经济的带头大哥！没有房地产这带头大哥的稳健发展，其上下游几十个实体经济都将遭遇危险的命运。历时两年的"史上最严厉房地产调控"，到今天我们已经越来越明显地看到了这方面的后果。这不是所谓的阵痛问题，不是再挺一挺就能挺过去的问题。方向错了，越挺下去越难以挽回。

笔者很赞成宁可牺牲暂时的增长也要先调整结构，才能使中国经济健康稳定发展的观点。而所谓调结构，归根结底是要由投资型、外需型经济结构向内需型经济结构转型。而所谓投资型经济，说到底就是政府投资型经济（含行政垄断）。只有彻底斩断行政垄断和政府投资这两个具有强烈自我复制特点的经济恶性肿瘤，调结构才能真正落到实处，促内需保增长才能真正持续有力，中国经济才能真正恢复健康和元气。

穷思维富思维：千百年来，中国社会的基础矛盾都是官民矛盾。今天亦然。而在今天的经济领域，则表现为自由市场经济和权力市场经济的矛盾。权力市场经济是社会物价高而百姓收入低的总根源。很多人是因为无知看不到自己的利益、看不到矛盾的关键所在，但一些民粹派的所谓学者，则有可能不是无知，而是无耻，两边都要骑墙讨好，既不敢得罪权贵，又想要讨好民众，于是实施"社会和经济矛盾大转移"，把中国经济的主要矛盾归结为实体经济和房地产的矛盾。这事实上走的是"自相残杀"之路。房地产市场化从1998年起也不过十多年的历史，怎么就成了人人必欲灭之而后快的"天下公敌"了呢？再说房地产事实上已经成为拉动内需的火车头，是不折不扣的国民经济支柱产业更不用说,带动了整个产业链。

如果因为人们在买房过程中有银行杠杆(按揭和抵押贷款)就把房地产排除在实体经济之外,也是匪夷所思。金融杠杆是人类最伟大的发明之一,相当于提前安排人一生或一个时期的收入,已经在全世界范围内,通过按揭、抵押、信用贷款等多种形式,广泛运用于房屋、汽车等各类生产和消费过程中,如果说凡有借贷就归入虚拟经济,而排除在"实体经济"之外,那么在今天的经济和金融形态下,世界上几乎不再有什么"实体经济"了。

日本楼市泡沫经验和哈里森模型适用于今日中国吗?

对于中国的楼市泡沫问题,很多人曾经搬出日本1991年的楼市泡沫加以警告。

1985~1991年是日本房地产泡沫快速膨胀的时期。当时,在房地产价格飙涨的刺激和较低的土地保有税负以及银行低息贷款政策之下,日本的许多金融机构和个人加入到炒卖土地的行列。金融机构将房地产作为最佳贷款项目,无节制地扩大信贷规模,从1985年到1989年,日本银行贷款增加了128万亿日元,其中有62万亿投向了房地产和非银行金融机构。

1991年,日本的房地产泡沫破裂后,住宅用地大跌46%,商业用地大跌70%,日本经济进入了"失去的二十年"。

中国楼市有没有泡沫,已经争论了很多年,但楼市依旧坚挺,仿佛人们所说的泡沫不是肥皂做的,而是钢筋水泥筑成的。

眼看着"泡沫论"不起作用,最近又有人搬出了"哈里森模型"。哈里森曾准确预见了美国和英国最近30年的数次泡沫崩溃。他认为自从工业革命以来,完整的房地产周期维持在18年左右:"房价会先上涨7年,然后可能会发生一个短期的下跌,然后再经历5年的快速上涨,再之后是2年的疯狂(哈里森称这两年为'胜利者的诅咒')。最后是历时4年左右的崩溃。"他认为这个规律目前依然在起作用。

按照这个模型,以1998年房地产市场化元年计算,中国房地产周期已经进入第 12 个年头，正处在"胜利者的诅咒"的危险节点上。

但是，照搬日本泡沫经验和哈里森模型的人们，却忘了一个更为根本性的问题：哈里森模型和日本楼市泡沫是在城市化、工业化基本完成的前提下发生的。20 世纪 80 年代的城镇化率，美国 77%，日本 78.3%，联邦德国 84.7%，英国 90.8%。中国 2010 年的名义城市化率是 46%，其中，6 亿被统计的城镇人口中，至少有 2 亿是没有享受市民权利、没有真正城市化的农民工。也就是说，今日中国真实的城市化率只有区区 30%。如果说 20 世纪 80 年代的英美日德等国已经进入六七十岁的老年阶段，那么，今日中国还只是二三十岁的青年。此外，还要考虑到人口因素。20 世纪 90 年代初，日本劳动人口占总人口的比例开始下降，而那个时期也标志着日本国内资产价格连续 20 年下降周期的开端。因为持续 30 年的计划生育，今日中国劳动力虽也呈现紧张之势并且难以逆转，但城市化的聚焦趋势仍在加强而非减弱。

全国工商联房地产商会房地产经理人联盟副主席、上海春之声集团董事长朱大鸣先生的一个观点我比较赞同，他说：

> 在所有的资本市场制度设计中，争议最大的是金融杠杆，金融杠杆具有放大投资效果的功能，投资者有可能因使用金融杠杆而加快财富积累的速度；而如果总希望一夜暴富，一些不健康的投资心态就会随之产生，如急功近利、过分贪婪、固执己见等。在我国，房市金融杠杆危害最大之处在于，垄断集团和企业，利用上市圈钱的便利，利用信贷的方便，从而形成巨大金融资金的需求，推升土地价格和房价，从中赚取巨额的差价。于是，人们对于房市泡沫的痛恨，实质上是对于财富转移的痛恨。
>
> 中国房市还没有出现真正的泡沫，这种泡沫不能用传统的指标来衡量。之所以没有出现泡沫的一个重要标志，在于中国的商业地产还处于可控的状态。像日本泡沫最后的标志就是商业地产泡沫的堆砌，对于产业资本构成最后的冲击。因为商业地产不仅反映投机收益和风险，同时由于其本性与产业资本关联，是真正的经济晴雨表。如果商

业地产泡沫出现了，意味着整个经济可能出现了过多的投机资本，从而吸纳过多的能量，引起经济的衰退。因为实业增长和财富增长，永远赶不上投资复利式的增加和货币投放量的增长，支撑不住就会引起市场的崩溃。

还好，我国房市还处于实体阶段，并没有真正发展成为"泡沫"财富，当前影响市场最大的变量，还是掌握着地根和银根的政府。

当前，最容易出问题的是紧缩的货币政策和扩张的信贷政策的冲突（央行公布的《2010年第四季度货币政策执行报告》中透露，2011年广义货币供应量M2初步预期增长16%左右），这里反映了信贷结构的畸形。如果今年还在不停地挤压冲刷，不解决信贷结构问题，一味地紧缩政策和重拳打击市场，倒下来的不仅是整个房市，更可能是整个经济。

穷思维富思维：人们不断搬出日本楼市泡沫经验和哈里森模型，其实隐含着对房价泡沫破裂的殷切期待。人们之所以期待房市泡沫破裂，在于他们中的多数人没有考虑到世界普遍联系的固有规律，幻想房价下跌自己就有能力接盘。事实上，考虑到房地产市场在工业化、城市化过程中牵一发而动全身的作用，房价下跌，尤其是崩盘似地大幅度下跌，并不意味着人们的购买能力上升。一旦市场预期逆转，房价全方位下跌，则银行的土地、房屋等抵押品价值下降，金融风险和地方债务危机暴露，引起连锁反应，则不仅房地产市场本身迅速缩水，与此关联的各种产业、财富乃至就业机会都有可能灰飞烟灭。为什么日本房价泡沫之后是"失去的二十年"而不是"腾飞的二十年"，不是再明白不过的道理吗？

因此，富思维考虑的是如何保持房地产的平稳发展，如何让人们的收入追赶房价；穷思维考虑的是如何把房地产打趴下，好让世界都动，唯独自己可以肖然不动，顺利接盘。

未来20年户均五套房？

一个似乎很深入人心的荒谬说法是，计划生育导致的"421家庭结构"（4个老人1对父母1个孩子），使未来的中国人户均能够拥有好几套房子，导致未来的房子一文不值。因此中国房地产泡沫必破，未来20年，大量的家庭将有几套房：爷爷奶奶留一套、姥姥姥爷留一套、父亲母亲岳父岳母各一套、加上自己的住房，一般城市家庭将有五套房。

穷思维富思维：经济分析中一个最常用的科学办法就是变量分析，假设多个变量因素中的一个或几个静止不动，只留其中的一个变量发生变化，就可以得出这个变量对事物变化的影响规律。

上述分析方法，采取的就是变量分析方法。可惜的是，它只分析了其中的一个变量，却没有分析更多的变量，于是导致了我们所说的"一叶障目，不见森林"的后果。

一种科学理性的思维，是应该全面系统地分析所有变量，而不是"各取所需"地只分析自己想要得到的那个结果的变量。

在房地产发展过程中，人的变量是其中一个重要变量，也是一个决定性的变量。但人的变量不仅仅表现在人数多少，而且还表现在人的空间位置的变化上。住房也一样。

如果单纯按人口和房屋数量比例来看，今天中国大地的住房已经全面过剩。农村已经有1/3的住宅空置。这是中国社会科学院2009年《农村经济绿皮书》所指出的。三年过去，现在的空置率应该是更高了：一方面城市化仍在继续，另一方面进城打工经商后富裕起来的人这两年又回农村盖了不少房子。此外，中小城市的一些新房老房也存在大量空置现象。

可是，房价仍然只涨不跌。外部因素固然是货币增发却只有房地产一个财富保值增值的货币出口，内在逻辑则是地方债高度依赖土地财政，土地财政则高度依赖房地产稳健发展。

而从供需关系上来说，则是城市化使城市住宅依旧供不应求；而住宅本身，也像人口一样存在三十年河东三十年河西的新陈代谢问题。数据显示：1992年到2008年底，全国城市总数达到655个，比1991年增加176个，增长36.7%，平均每年增加11个。城镇常住人口比1991年增加90.3%，平均每年增长5.6%。

在城市化过程中，现有的大量住房注定要"被遗忘"、"被遗弃"。住房谓之不动产，就是因为它不可能像别的财富一样随人流动。所以大量现有住房被遗弃于荒郊野岭，是个"不以人的意志为转移"的社会历史过程。

其次，现有的大量城市住房面临着新陈代谢更新换代的要求。2010年8月7日，中国住房和城乡建设部政策研究中心主任陈淮称，中国城镇发展四个阶段中有三个阶段是在特殊的不正常的历史背景下形成的，决定了"20年内现有中国城镇的住房就得拆一半"。他的观点我赞同。1949年以前在战乱和小农经济下的住房；1949~1979年只筑坡不筑窝的棚户式住房；1979~1999年虽然成套建设但户型小、规划乱（其实基本没规划）、建筑标准低的房改房，基本上都面临推倒重来的境遇。在住房建设"改朝换代"过程中，除了标准不断增加，人们追求的居住面积也会不断提高。目前的五套房总面积，也许是未来城市富裕阶层的一套房的面积。

此类分析中，穷思维与富思维比较大的不同，是穷思维往往只及一点不及其余，甚至从一己之愿望出发，故意对那些不符合自己意愿的变量因素视而不见。他们是先有观点，再找事实为自己的观点服务。而富思维则坚持尊重事实和逻辑，坚持全面客观地看问题，通过事实来推导结论。

第四章　调控是为穷人说话替富人办事

楼市喧嚣里沉默的大多数

我的朋友廖保平先生曾发过一条腾讯微博："政府打压一二线城市的房价其实'罪大恶极'，直接导致大量资金流向三线城市以及县城。据我所知，我的老家县城，一年半时间，当地房价被抬高一倍，而这些地方居民的收入相对大城市要低很多，面对迅速被抬高的房价，生活成本骤然上升，他们要想翻身买房，不知何夕何年，他们成为政策的牺牲品，却依然蒙在鼓里。"

这其实是早就可以预料的一个结果。2011年初，在住房限购政策刚出炉的时候，笔者曾于2月11日在FT中文网撰文，预言它必将导致大城市房租上涨而三四线城市房价飙升："严厉的住房限购政策改变不了人口的流向，但它却有可能极大地改变大中城市出租屋的供应结构，像北京、上海这样的一线城市，每年净增加外来人口高达60万，在限购政策下，这些人全部必须租房居住，如果二套房以上的购房被严厉限制，房租的飙升将不言而喻。同时，社会上充足的流动性资金仍然在一刻不停地寻找投资渠道。原本城市化速度较快、房价较高的全国72座城市如果都实行严格限购政策，那么意味着市场的需求和价格信号被行政手段所屏蔽，将会带来另一个巨大的弊端，就是助长三四线城市房价泡沫，使城市化需求并不充足的三四线城市，一定程度上有可能成为资金追逐的热点。而这些城市的楼盘规模总体较小，不需要多大的资金量就可以推高房价；推高的房价又会进一步刺激资金进入，形成不符合市场要求的真实泡沫。市场信号一旦被非市场力量屏蔽，其可能造成的社会矛盾和国民损失，相比于遵从真实的价值规律——哪怕是残酷的高房价而言，从个人到社会到自然界（比如宝贵的土地上建的是烂尾城），代价要高得多。"

因此可以说，楼市限购虽为史上最严厉调控政策，但只能称为局部调控（虽然其他地方也有房贷、税收、税率等调控）。结果是"限"了少数大中城市，"涨"了多数中小城市。实际效果是为穷人说话，替富人办事，少数大中城市的购房者得利，多数中小城市的购房者遭殃。还给了投资者抄底机会。它的直接后果就是使大中城市房价稳定的同时，中小城市房价暴涨。笔者掌握的一手数据，除了本文开头提到的，还有籍贯辽宁丹东的朋友告诉我，过去一年丹东房价翻番；我的故乡小县城，全县只有53万人口，其中13万长年在外，但就是这样一座小县城，去年10月房价才四五千/平方米，现在已经普遍越过六七千元/平方米。

而即使经过了这么严厉的调控，大中城市的房价下调整体上却并不明显。一个意料之中情理之外的现象是：与舆论汹汹要求加大或坚持房地产调控力度的声音相比，偌大个中国对小城市房价飙升的报道非常鲜见！貌似不正常，其实很正常：我们的媒体基本上都在大中城市，县以下城市基本没有全国性的报刊杂志；而大都市媒体的年轻编辑记者们，却与大中城市房价利益攸关，因此他们中的一些人，即使看见、听见中小城市房价飙升的消息，也会出于自身选择性利益的考虑，或者由于"沉默的螺旋"效应，导致对相关问题视而不见。

而通常来说，除了投资和投机者，大部分在三四线城市的购房者是属于农民进城以及到大中城市打工、经商后"衣锦还乡"的群体。他们整体上缺乏代言人，在三四线城市楼价飙升的过程中，他们成为有口不能言的沉默的大多数。

久而久之，形成了对相对于全国而言范围较小的大中城市高房价如过街老鼠人人喊打、对范围更大的中小城市高房价却无媒体发声的奇特格局。这种格局并非始自今日，而是历来如此。与此相应的是，调控以后中小企业的生存窘境以及农民工失业等状况，也都很难得到媒体全面、系统的呈现。很难说这是媒体和舆论称职的表现。中宣部、中央外宣办、国家广电总局、新闻出版总署、中国记协等五部门2011年8月9日召开视频会议，要求新闻战线广泛开展"走基层、转作风、改文风"活动。窃以为，至少在对房价问题的报道上，大部分主流媒体很难说在"走、转、改"方面做到了足够好，在房价的平衡报道方面尽到了足够的责任和义务。

这样一种长期的"选择性报道"，导致了"沉默的螺旋"效应的扩散：一旦要求坚持甚至加大调控力度的呼声成为传统主流媒体的主流声音，呼应此声音就成了天然的"政治正确"，反对的声音就会更加孤立，原本沉默的大多数就会变得更加沉默。"沉默的螺旋"是一个政治学和大众传播理论，由诺埃勒·诺依曼首先提出。该理论指出，如果一个人感觉到他的意见是少数的，他比较不会表达出来，因为害怕被多数的一方报复或孤立。理论是基于这样一个假设：大多数个人会力图避免由于单独持有某些态度和信念而产生的孤立。

如是，在楼市问题上，信息的不对称会越来越严重，舆论向事实真相之外的偏离也会越来越严重。在楼市问题上如此，在其他问题上，又何尝不是？因此，科学对待信息，任何时候都应该注意"沉默的大多数"和"沉默的螺旋"，并不是声音越大就越代表事实的真相和真理。

后注：调控之下，遭限购的一二线城市房价停涨或局部下跌，但未限购的三四线及其以下城市房价飙升却没有得到及时、全面报道的另一个原因，可能是在当前的新闻政策下，报道"调控致三四五六七八线房价上涨"涉嫌与政策唱反调，面临着种种禁忌和顾虑。

这篇文章发表后，笔者在微博上发出号召："主控派们都看过来，看看你们的家乡是否都翻天覆变了模样！"得到了一些网友的呼应。综合看来，反映故乡小城市房价不涨的，一个都没有；还有的是说家乡的房价都已经多少多少了，对此表示吃惊，但由于没有调控前的比较，不罗列在此。

"代表公众"的自我加冕与话语迷幻

2011年11月下旬,新华社发表评论文章称,房地产要调控到符合经济规律的"经济水平"和让社会公众满意的"政治水平"。对此,有人问公众满意的"政治水平"是每平方米多少人民币;有人说把地价刨除,全国平均房价不到两三千元每平方米;还有人问那要不要给出让人民满意的征地和拆迁价格。

一千个人眼里有一千个哈姆雷特。每个人都会从自己的角度和环境出发,得出自己满意的、集合起来却又是互相矛盾甚至彼此之间充满火药味的"价格水平"。这便是这类全称判断的悖谬之处,从作者到相信此类判断的读者,每个人都自认为代表了"公众利益",实际上他们什么也代表不了,甚至连自己都代表不了,不知道自己的位置到底在哪里。这类文章的作者自己可能都搞不清什么是符合经济规律的"经济水平"和让社会公众满意的"政治水平"。除了忽悠,除了通过占据道德制高点博取眼球和为自己争名夺利之外,文章的价值何在?

但这类文章的确有振臂一呼的高人之处:这是一种迷幻药一样的话语体系,在这个话语体系里,每个相信其言的读者都会认为自己就是文章里所说的那个"公众",甚至自以为代表了公众群体。于是乎,可以在自己的具体利益面前,挟公众以自重,自以为可以代表他人而单方面强调自己的利益,甚至不断要求管制机构通过打压他人的合法权益来实现自己的单方利益。在这里,所谓的"大公",常常是大私的通行证。

不幸的是,不是通过市场自由平等竞争而是通过呼吁公权力替自己的利益张目的结果往往适得其反。管制本身必然导致腐败,甚至是更大的腐败。

比如药价管制和集中招标多年来,小腐败的原有利益没有一丝一毫的减少,又增加了大腐败的机会。央视调查发现一些常用药品中间利润最高达6500%以上。《新快报》关于药价奇高的调查报道,最高利润高达9170%的定价,并没有超过发改委制定的限价天花板,甚至还低于发改委限价！管制权力越大，利益也越大，而原有的中间环节利益则一分不少。结果是药价越来越高，都被中间环节拿走了，巨额医疗支出没有真正落实到医生收入和患者治病上，导致吃不起药、看不起病的人越来越多。《经济学人》十年系列文章说，医改之后，医院没了政府补贴，只能依靠卖药自寻出路，目前药费占其收入的40%以上。经过医院和经销商（大多是国有企业）的层层加价，药品的零售价比出厂价高出20倍。一项政府调查显示，城镇居民中有近30%曾被医院拒绝收治，其中有70%是由于费用问题。所有领域的过度管制都情同此理。

各种挟公众以自重的言说，有时会得到公权力的格外关注。有时，政策为满足民众不切实际的愿望和要求，往往作出不切实际的承诺，结果只能说一套做一套，导致谎言遍地。那些一味相信政策高调承诺而不看政策执行者具体如何行事的，反而成为最大的受害者。这又反过来刺激了他们的不满情绪。如是循环往复，造就的将是一个怨声载道的怨妇世界，而社会上的说理和讲真话风气则永难形成。

这令我想起许小年教授的一则微博："抽象的人民概念碰上具体的利益：肉价上涨，市民抱怨、农民高兴，谁代表人民利益？房价下跌，没房的叫好、有房的怒砸售楼处，房价怎么走才符合人民利益？看似无法调和的矛盾反映了观念的落后。市场经济本来就是多元利益的博弈，不存在抽象、铁板一块的人民利益，只能讲规则的公平而无利益分配的公平。"

信息选择中的"臆想昏厥症"

乔希·比林斯说：真理尽管稀少，却总是供过于求。

真理在任何时候都是奢侈品，但理解真理、获得真理需要费脑子，所以多数人不愿意费劲地去享用真理带来的甜美果实，尤其是对于那些与自己的愿望和想法不一致的东西，人们往往会本能地排斥。在信息选择过程中，人们自然而然地会选择与自己看法相同的信息；对于发生的同一件事，往往也会进行选择性的、偏向于自己的解读。

专栏作家苗炜在一篇文章中提到：医学人类学专家汤姆·古德教授有

一篇奇妙的论文，题目是"宝莱坞电影和印度妇女的昏厥症"。他去印度考察，那里中年妇女昏厥症发作的几率非常高，古德教授看了各个时期的几百部印度电影，从中挑出一百部，里面都有妇女昏迷过去的场景，或因爱情来得太甜蜜沉醉其中，或因生活中难以抵抗的严重打击。90%以上的女主角在昏厥过后，境况得到了改善，另10%的女演员苏醒后发现其境况没什么变化。古德教授据此分析，看电影的印度观众得到暗示，只要你应付不了一件事情，那你就昏过去算了，等你醒来，事情就变好了。古德教授的结论是：印度妇女喜欢看电影，喜欢其中的昏迷场面，这是昏厥症在印度高发的原因，电影既描述了这个现实，又塑造了这个现实。

这个现象简直太迷人了！因为90%的电影塑造了昏厥后醒来事情可以变好的想象，于是，这个场景不断在印度妇女心中得到暗示，以至于她们中占相当高比例的人群，在遇到难题时都会情不自禁地昏厥过去。当然，现实不是电影，想必昏厥过去的她们，醒来以后面临的大部分情况是现实"涛声依旧"！

在对信息的选择和解读中，笔者认为，也有一种"臆想昏厥症"在顽强地起作用，一旦先入为主的主观意愿顽强地占了上风，对每一种信息，便都会朝有利于自己的方向去解读。这是一种"从观点到事实"而不是"从事实到观点"的思维方式，所有的事实都拿来为自己的观点服务，而不是从事实推导出观点和结论。内地楼市调控在某种程度上就像这种间歇性发作的臆想昏厥症，让市场和人昏厥，现实却很少改变。

2010年初以来，中国内地遭遇了史上最严厉、也是历时最长的房地产宏观调控，从限贷到限购，绝大部分市场需求被遏制。市场上传出了房价要大跌50%、房价下跌40%银行无忧等种种传闻。然而，硬生生的统计数据显示，2011年，全国房价平均上涨6.9%，北京上涨7.8%。但是希望房价持续下跌的主控派们，还是更愿意相信住建部"限购令还会继续执行"的表态。尽管他们和住建部官员一样相信，"一旦限购放松，各地房价很可能出现报复性反弹，历时两年，调控成果将毁于一旦。"其实限购如筑三峡大坝，不可能把堤坝炸了，不敢放松在情理之中。但会以各种形式放水，即释放需求和资金。而对楼市影响最大的还是信贷政策和银行、社会资金的充足问题。

主控派和房价持续下跌派又说,别一相情愿地以为释放流动性是救房地产,资金不是用来救房市的,如果这并非救房市的钱真流入房地产,房市泡沫不挤出来,还得强化其他调控手段慢慢挤。可是,资金就像空气和水,无孔不入,它哪能那么听话?水往低处流,钱往高处走。哪里的资金利用率高,钱一定会千回百转地流向哪里。调控若不是已经殃及池鱼,危及中小企业,现在就该"强化"手段挤出泡沫,哪能等明天,更不用说释放流动性了。

有人还不死心,认为从挤房地产泡沫入手,着重调结构并不会导致更多的人失业,反而有利于扩大就业。通过限制"两高一资"行业,抑制房地产,鼓励第三产业,扶持小微企业,就业效应更明显。

但如果仅仅把限制"高耗能、高污染、资源性"产品企业和抑制房地产当成调结构的主要任务,而不是把打破"高收入低就业"的行政垄断当成调结构的主要任务,那么第三产业和小微企业不仅不能得到扶持,反而会因为房地产的崩溃而全线崩溃。因为在行政垄断不除的情况下,大量得以存活的中小企业其实大多是房地产的上下游产业。

还有人搬出最后的救命稻草,刻意渲染哪个哪个投资机构预测楼市价格跌三成或者多少。但如果看一看历史,唱空做多、趁机抄底是这些机构一贯的把戏,大家不妨反着读,比较"力透纸背"。

与此同时,各地方也争先恐后地放松或变相放松限购。北京中原市场研究部统计,自2011年下半年以来,包括北京、上海、杭州、重庆等17个城市出台了不同的微调政策,内容涉及限购门槛、普通住宅标准、放宽公积金、税费优惠及购房补贴等。

截至2012年4月23日,据搜狐证券统计,自2010年楼市调控政策密集实施以来,全国已有逾30城市出台微调措施以促进房地产业发展。至于2012年2月底国务院发布的被不少人看好的"户籍新政"——在县级市有合法职业和住所,即可落户;在设区的市有合法职业满三年可落户(标准各地自定),其实也是变相救楼市。以前此类地方大部分早已实现"购房落户",现在则是"落户购房"。而大城市户籍政策纹丝不动,抱残守缺,换汤不换药，文件说："同时，继续控制直辖市、副省级市和其他大城市人口规模。"

史上最严厉、持续时间最长的本轮调控，至此基本可以盖棺论定，楼价涨跌，多是"茶杯里的风暴"。这么多年来，每一次或大或小调控的救命稻草都没能把"臆想昏厥症"患者从房价大跌的美梦中打捞出来。

每来一次调控或者一有风吹草动，都会让一些人昏过去，以为天亮了房价就下跌。但这些调控过程中一根一根的稻草除了砸出房价大跌的"臆想昏厥症"之外，并没能带来房价的真实下降，哪怕这种真实下降是短期的，更不用说改变得了长期看涨的规律。

想想历年的调控本身。加息、加税、限贷、限购，以及鞭子高高举起轻轻落下的房产税，都是在推高房价成本和房屋稀缺性，都企图以高价格来遏制需求和转移财富，而不是走增加供给、降低成本和税费、遏制货币超发的道路，这又怎么能不越调越高呢？

年轻知识分子已是"现实威胁"？

余以为先生 2011 年 12 月 6 日凌晨发表博文，认为中国最大的威胁来自年轻知识分子。文章说：

> 数据显示，2012 年中国普通高校毕业生规模达到 680 万人，比上年增加 20 万。加上前两年 200 万未就业人数，今年累计有近千万大学生要找工作。这批年轻人寒窗 16 年后，他们的工资可能还不及未上大学就出去打工的同乡。
>
> 政治体制改革滞后使中国产业升级困难，文化、金融等知识产业在政治高压下蹒跚前行，经济繁荣只增加建筑工地和生产线上的就业机会，农民工短缺和大学生失业，这种结构性错位不仅缩小了大学毕业生起薪与农民工工资差距，而且可能成为未来社会动荡的主因。
>
> 教育仍然是国家垄断产业，垄断产业必然质量低劣。教育领域的质量低劣体现在教育方法落后，教育内容与社会脱节。比如不能教导

商业伦理，却继续灌输马克思主义，不教年轻人谈恋爱组织婚姻家庭，却搞军事训练。

难怪最近北京的精英们大唱警惕民粹主义，也许中国真会南美化，但动乱主体不是农民和农工，而是年轻知识分子，社会动荡的导火索不是现在的经济萧条，而是未来的通货膨胀。

中央党校教授周天勇也认为：未来10年，农村因高中毕业率提高，每年有几百万人转移；大中专每年1000多万人毕业，年轻人就业年需1500万人左右岗位。

笔者基本赞成余以为先生的观点，并且认为年轻知识分子的"威胁"不仅是将来时，而且已经成为"现在进行时"。这从中国社会的最焦虑最显性的矛盾焦点之一——房地产领域，已经表现得非常明显，可惜很多人仍然对此视而不见。一些持民粹立场的知识分子甚至为此火上浇油，不从根本的经济和社会体制改革入手，开出头痛医头脚痛医脚的"药方"，结果不是在解决问题，反而是在恶化经济状况、激化社会矛盾。

当下，行政垄断导致中国的高端服务业一直得不到良性发展，而高端服务业又是吸收大学生就业的主渠道。在当前这个"拼爹"的时代，五成以上的大学毕业生被迫流落到北、上、广、深四大都市，高昂的房价和大学生民工化的生存环境形成尖锐刺激和反差，使当代年轻的大学生成为"个体能量很小，群体声音很大"的怒吼的一群。

这种怒吼实际上已经在局部影响决策，而造成这种格局并随时有可能影响决策偏离"全局轨道"的原因，就是年轻知识分子收入低而又在一定程度上掌握了话语权——不论是实际的语言表达能力，还是他们成为各类媒体的主力军，他们都是"专事、专攻、专注"于社会表达的主流人群。年轻的编辑记者们更是利用手里的公共话语权自我加冕，自认为是公众利益的代言人，实际上眼里看到的只是自己所处的大城市房价。撇开宏观调控为了防止房价上涨过快而崩盘的原因不谈，因某种程度上迎合年轻知识分子这一"怒吼的一群"之情绪而导致的可能的"过度调控"，事实上已经形成了"满盘皆输"的局面——即使不谈此种调控会殃及池鱼，加剧民间高利贷盛行和中小企业生存危机及农民工失业危机，就购房本身来说，业已形成了对投机者有利而对真正的刚需者不利的局面：

一二线城市限购导致的三四线及其以下城市短期内房价飙升，恰恰有利于投资投机者短期获利，却不利于刚性需求者长期持有；

一二线城市限购的确带来了局部房价下调，但整体幅度有限。而在房价调控背景下，银行为防范风险提高了首套房的首付金额，由20%提高到30%，这对许多原本囊中羞涩的刚需购房族来说，是个巨大压力。与此同时，由于存款准备金率大幅度上调导致银行资金链紧张，又刺激了钱价上涨，各地、各银行纷纷将首套房贷款利率在基准利率基础上上调了5%～10%。从原有的基准利率上优惠30%（七折）到上浮5%～10%，这又是个巨大的变化。

如果房价确实下降，购买成本也会降低。情况如何呢？以全国限购最严厉的北京为例，北京市房协发布的数据称，2011年1至9月，北京新建普通住房成交均价为每平方米14058元，比2010年全年的14847元每平方米低了5.3%，即789元。正负相抵，购房总成本还是在上升。而且，平均统计数字有时会骗人。比如今年加大了保障房的供应力度和市场占比，真实的房价下跌，主要体现在郊区以及前期定价过高、涨幅过快的项目。

《北京晚报》报道说，中原地产三级市场研究总监张大伟给记者算了一笔账，以贷款100万元30年为例，贷款利率上浮10%，每个月要多还580元，与之前7折利率优惠政策相比，每月更是要多还1800多元，30年下来多还近70万元。根据他的计算，房价如果下跌20%左右，购房者的购房成本和房价下跌前基本上是一样的。房价下跌20%以内，银行受益，而买房的人却没有任何好处。只有当房价下跌20%以上，购房者才能真正享受到实惠。

而要房价整体下调20%以上，只怕就业、中小企业、地方债、银行债务都已是不堪承受之重。

与此同时，房租的全线上涨也提高了大学毕业生以及租房群体在城市的生活成本。2012年5月9日新华网报道，2011年底以来，全国多个城市住房租赁价格大幅上涨。北京、上海、郑州、济南、昆明等地尤为明显。

但就是在这样的背景下，被高房价一叶障目的还大有人在，而回避整体改革而一味呼吁打压房价的人往往获得"振臂一呼应者云集"的拥护和支持。比如一向以唱空著称的谢国忠表示，发达国家考虑房子是家庭收入六七倍，银行风险可控。中国房价每平方米在2个月税后工资水平才是合理区间。但是他有没有想过，如果要说"合理物价"，电价也应该1角钱一度才合理；菜价油价药价网费话费全都必须是现行价格的1/5以下才合理。为什么中国人干最长时间的活拿最低工资还要忍受世界上最高的物价？显然不仅仅是因为房价绑架了我们。

病灶在房价之外。大量行政垄断企业提供着质次价高的服务，攫取了大量的财富却只提供了极少的就业机会——全社会90%以上的就业由中小企业提供，只占全民8%左右的垄断企业员工分配了55%~60%的工资性收入；从1995年起（即分税制以后），税收每年以GDP增幅2倍的速度增长，国富民穷；政府投资和采购就像药品集中招标一样，将80%的成本耗散在腐败的中间食利阶层；巨额政府投资带来的天量债务倒逼货币超发，引发越来越厉害的通胀。

因此，行政垄断加上通货膨胀，将是未来社会动荡的主因。而动荡主体，可能就是因行政垄断导致的就业机会减少而又最现实地面临大城市高房价压力的年轻知识分子。

十年砍柴在微博中写道："我大学毕业后第一个东家是现在被称为A股不死鸟的'京东方'。上市10年募集资金总额超278.85亿元，其间还获得政府补贴11.59亿元，但总共亏损75.32亿元。当时在总裁办，觉得这样的企业怎么可能上市？财富和公正由谁创造和维护？只能在民间。"

什么是财富，什么是公正？的确是当代中国的基本命题。

同归于尽还是绝地求生？

中国的房地产问题可以说聚焦了最多的社会思潮，观点纷呈，貌似公说公有理婆说婆有理。解构观点背后各色人等的思维方式，就是一件极其趣味的事情。

一直有两种理论，一种认为应该是涨工资来适应高房价；另一种则认为应该通过打压高房价来等工资涨。如果不考虑现实约束条件，这两种理论都对，反正效果是一样的。但是一旦考虑现实约束条件和路径依赖，就一定会有对错之分。

我们知道，相对于大多数普通老百姓的收入而言，中国内地哪一样东西是便宜的？从垄断行业的石油价、电价、水价、燃气价、电信资费价、教育价格、医疗价格，到非垄断行业的车价，乃至百姓日常生活需要的粮油食品、蔬菜肉类等价格，哪一样不是比发达国家高出几倍甚至几十倍（按货币收入的相对购买力而言）？高物价高房价只是原因，不是结果。不从根子上解决物价高的原因，单单打压房价怎能解决问题？

至于政府能不能决定涨工资，能不能决定跌房价，我是这样看的：政府还真能决定涨工资！只要立即停止投资型政府、打破行政垄断、推行自由公正的市场经济，则物价不变而民众工资涨4倍没问题。但政府真不能决定降房价，因为十几万亿元甚至更高额的地方债和上下游几十个实业全依赖于它。今天中国就剩房地产这一个产能没有过剩的行业了！因为过去半个多世纪被人为阻止的城市化和只筑坡不筑窝的做法得到了井喷式的补课，因为中国房地产的市场化之路从1998年起到今天也不过14年历史，要补的课太多了。

当然，政府也可以不管不顾失业问题，像一些论者所说的经过"必要的阵痛"，坚决阻止房屋市场，让人家买不了也卖不了，逼迫房价下降；但姑且不论政府在缺乏失业保障的情况下根本不能无视就业民生，就是能够对中小企业倒闭和大量失业视而不见，还有政府自己高额的地方债在那儿摆着！当然，鉴于大部分国有银行是政府所有，政府自然也可以宣布一笔勾销银行的地方债。但如何勾销？想来想去，除了打劫，也只有印钞票一途。那样一来，还不得使房价物价更高，而且是在大量民众失业的情况下让房价物价变得更高。

可以说，不努力从根源上解决问题而只试图逞一时之快打压房地产，走的是一条同归于尽的死亡之路；相反，从源头做起，虽然异常艰难，但却是绝地求生之路。这些普通老百姓只需动动脑子、运用一下小学数学就能算明白想清楚的问题，我们大量的所谓经济学博士，居然想不清楚看不明白，不知道是真傻还是装傻？

那又是什么原因使得物价楼价奇高却仍然大有市场、老百姓叫苦连天而物价却依旧我行我素、丝毫不怕老百姓不买账或买不了账呢？答案是腐败、通胀、两极分化已经成为中国头顶的"新三座大山"。

2011年12月上旬，最高检官员对记者表示：部分项目三分之一工程款被用于行贿。为了揽到一个报价120万元的工程，包工头竟采取跟踪、守候等手段行贿20万；另一起案件中，官员从一个100万元的工程中索贿38万。"1/6甚至1/3的工程款都拿去行贿了，这些工程的建设质量可想而知。"

笔者以为，最高检官员披露的数据，是已经查处的数据，包括貌似合法的层层转包部分，还有大量在招投标过程中以高科技、新技术等名义大幅度抬高造价，从而导致无法查处的部分，估计政府在采购和投资过程中，80%的费用都耗在了腐败的中间环节。

一个好的竞争者好于十个监督者。管制和垄断倾向于腐败和高价，市场竞争使社会更道德更廉价。行政垄断、行政管制如此，国企、公共投资、公共招标和采购、投资型政府又何尝不如此？

最高检官员也承认，除了权钱交易现象突出、涉案金额越来越大，当前的工程建设领域职务犯罪还具有这样几个鲜明的特点：化整为零规避招标，曲线牟利。招标人为照顾关系或捞到好处，将依法必须招标的项目分解成一个个不需要招标的小工程，或者将本应一次批报的大工程分阶段批报。还有一些人，借劳务分包之名行工程分包之实从中捞钱，几乎没有被查处。

这就是投资型政府、国企和管制过多必然导致腐败盛行、通货膨胀、贫富分化的根本原因。经济学家弗里德曼有一句名言："花自己的钱办自己的事，既讲节约，又讲效果；花自己的钱，办人家的事，只讲节约，不讲效果；花人家的钱，办自己的事，只讲效果，不讲节约；花人家的钱办人家的事，既不讲效果，又不讲节约。"准确生动地描述了委托代理过程中碰到的各种问题。

官员腐败、贫富分化、通货膨胀，这些都是管制、行政垄断和投资型政府的必然副产品，如果不紧紧抓住根源问题，要治理腐败、缩小两极分化、抑制通胀，都是不可能的任务。现在的贪官，不查则已，一查叫人不敢相信，动辄都是几亿、十几亿、上百亿元的贪腐，大量的关联交易更是无法查处。

比如在高铁大跃进之后，铁道部到今天为止负债高达2万亿元。2010年应该还本付息超1500亿元，税后利润仅1500万元，只占应付款的万分之一。而其营业额却高达6857亿元，相当于每1000万元的大买卖，只赚218元。消息说，"高铁第一人"张曙光月薪才8000元，却在美国和瑞士银行坐拥28亿美元。可以说，所有铁道部抓的贪官，哪个都比整个铁道部赚得多。而铁道部还不了的钱，谁来买单？还不是全民买单，要么多收税，要么多印钞票。

今天，中国收入分配差距的矛盾比30年前更尖锐。中国绝大部分产能早已过剩，为什么这么多年还能维持呢？就是因为产能出口和投资型政府，保证了中国经济发展的速度。这种发展由于是花别人的钱办别人的事，既不必讲效果也不必讲节约。每个地方的一把手甚至部门和单位的一把手都可能成为"总经理"——只要他愿意，而且是"我走后哪管洪水滔天"的"总经理"。但这种发展使财富越来越向少数人集中，扩大内需说了多少年，事实上内需却不断萎缩。根源何在？越发展财富越向少数人集中，老百姓越穷。

在公共权力的约束机制得到比较妥善的解决之前，过度呼吁强化管制及政府投资型经济模式，事实上只会助长腐败、通胀和对百姓的掠夺。换一个角度说，如果发展的权利没有真正落实到老百姓和私营企业手里，而是大国企、大政府越俎代庖，也必然会堕入"花别人的钱办别人的事，既不讲效率也不讲节约"的"公地悲剧"和"权力私有化"陷阱，那时，即使形式上有民主之名，也不会有民主之实。而是使"民主"变得非常肮脏和面目可憎。"国有"、"全民所有"、"集体所有"，最后的实质都会变成少数官僚支配和所有。那些城市化迅猛发展的市郊及农村，由于土地和农房产权"集体所有"导致的种种乱象，已经在警告我们这样的现实：只要权力掌握了过于庞大的资源,想要实现把权力关进笼子的梦想,几乎是一件不可能的事。马克思在《资本论》中指出:"如果有10%的利润,资本就保证到处被使用;有20%的利润,资本就活跃起来;有50%的利润,资本就铤而走险;为了100%的利润,资本就敢践踏一切人间法律;有300%的利润,资本就敢犯任何罪行,甚至冒绞首的危险。"在这里,把"资本"两个字换成"权力",非常合适。更何况公权力掌握着合法的暴力机器。

洛克说:"权力不能私有,财产不能公有。"两者之间,其实互为表里——权力私有,财产一定会变成"公有"——少数人代表公家所有;财产公有,权力一定会成为少数人为自己谋福利的私有。

穷思维　富思维 II

当今中国最穿越的事,莫过于大量标榜民主、自由、宪政的知识分子、时评人、经济学者,对着空气声嘶力竭地高喊民主自由,但一遇具体问题又马上呼吁强化政府权力和管制。结果,政府一边享受权力寻租之快感,一边享受众人皆醉我独醒的飘飘欲仙。

他们中的一些人认为房价跌个30%～40%,没什么了不起,地方政府倒不了台,银行关不了门,不由不让人感叹"无知者无畏"。经济学研究最重要的任务之一就是研究约束条件,文学浪漫理想主义乌托邦最大的特点就是人有多大胆地有多大产。

有人说房地产已经成毒药了,不打压不行,这其实是搞错对象了。投资型政府是毒药,而不是房地产。内需经济的头把交椅,非房地产不能胜任。除了房地产,其他全是过剩经济。没有人能够一天吃五餐饭一个人睡五张床一套房子里有五台电视十台电脑一百双鞋……中国房地产和城市化欠账太多,这个账肯定先得还上。打破金融、电信、银行、石油、电力等等一切行业和形式的行政垄断,政府谨守宪法和法律,做服务型政府,不与民争利,这是改革投资型政府、由权力市场经济转向自由市场经济的必由之路。

自由市场经济,民众收入会去追房价,这个进程很缓慢但只能这样走。自由市场不搞,又想硬压房地产,结果就是房地产和整个经济同归于尽。

只拿房地产问罪,不知是勇气缺乏还是智慧缺乏,想起了经济学家许小年教授"医生成了最大的药贩子,为数千年来所未有!"的评论,心有戚戚焉,小年说:"只骂'为娼',不骂'逼良',既勇敢又智慧。阿Q专捏小尼姑的脸,数千年来未有改变。"

有智才能有勇,但有智不一定有勇。还有一种"聪明过头"的民粹,两边讨好,花枝招展随风飘,总在最醒目的墙头上。

凯恩斯说,错误的经济思想使人看不清自己的利益归属。因此,和利益相比,更危险的其实是思想。

但与其说是"危险思想",不如说是危险的思维方法。

萧瀚说:"对恶没有分辨力的人,不是因为笨,而是因为他们本身的恶,至少是不善。再复述一遍朋霍费尔那句话:'愚昧不是个智力问题,而是个道德问题。'"

2012年,83岁的中国经济学家茅于轼获得美国智库卡托研究所(Cato Institute)颁发的2012年"米尔顿·弗里德曼自由奖"。他在美国东部时间5月4日晚上发表的获奖感言是《追求自由使人们得以摆脱贫困》,但他在更早些时候的一篇文章《对中国社会的反思和展望》里则明确表示"我对前景不得不抱悲观态度":

> 市场经济并不是没有毛病的。它的特点是私有制和分散决策,所以难免有盲目性。而且平等自由的交换有时候会有不利的外部性,所以要有市场之外的力量来纠正。这时候我们常常想到政府。这是政府存在的理由之一。可是人们往往忘记一个极重要的事实,就是政府同样会犯错误,它并非永远正确,靠它也不一定能解决问题。而且一旦政府犯了错误,纠正起来更困难十倍。全世界因为政府犯错误造成的人员死亡不计其数,而因为市场盲目性造成的死亡连1%都不到。
>
> 从理性出发,我对前景不得不抱悲观态度。占中国人口一半多的

人，还处于"文革"状态，或皇权统治状态。基本上不懂得现代社会的处事原则。要么是一些缺乏理性的文革战士，要么是逆来顺受的奴隶状态。这从网上很多的发言可以看出来。现在国家提出建设和谐社会，我非常赞成。但是具体做法还是老一套，没有多大的改进，更没有分析不和谐的原因何在。所以中国的前途真是难说得很。

有什么样的民众，就会有什么样的政府，我们都是"政府"的一分子，我们在抱怨和指责政府的同时，也许更应该反求诸己，问一问我们自己到底是怎样的。

第五章　警惕保障房大跃进

保障房大跃进宣告破产

"咱们这儿"有些人很有意思，明明知道房地产是现阶段中国无可替代的国民经济支柱产业，却又很傻很天真地认为，可以通过政府的保障房取代、至少是部分取代商品房，于是乎在2010年又是限购又是限贷的"史上最严厉房地产调控"的同时，有关方面于2011年初开始了保障房大跃进。具体做法是，在既没土地又没资金的情况下，2011年3月，十二五规划提出新建保障性住房3600万套，其中2011年要新建1000万套，包括400万套棚户区改造住房、200万套经济适用房和"两限房"（限套型面积、限价位）、160多万套廉租房、220万套公共租赁住房。并且不顾城市化过程中各地人口分布正急剧变化的事实，分级分层下达指标。不但严格督查并且约谈和问责，还用地方官员的乌纱帽做赌注，强迫签订责任合同，不达目的誓不罢休。

但是，正如我在本书第三章《商品房是保障房的奶妈》一节里所言，没有了商品房的正常发展，保障房"皮之不存，毛将焉附"。土地名义上是国家和集体所有，但在使用权问题上多已"名花有主"，而征地拆迁都是需要钱的。1000万套保障房光基本建设成本就超过1.3万亿，钱从哪里来？一年过去，保障房制度在大跃进下要么高度异化，要么大幅度缩小，被迫修改计划。

任志强在《啥是中国的大跃进》一文中，详细考问了土地、资金、生产能力问题。其中，摘取资金和生产能力方面的一段话，立此存照：

资金从哪里来。住房建设部只计算了1000万套保障房的支出约1.3万亿元，每套房平均13万元，按平均75平方米计算，每平方米1733元，其中约8000亿元由社会筹集，即用卖房的方式收回投资，如经济适用房、两限房、棚户区改造的置换等；约5000亿元要地方政府支出，如廉租房、公租房和棚户区中的困难户，其中央企补贴1043亿元，地方需要支付4000亿元。而当土地无法用市场的方式获取高价时，这4000亿元要从地方政府的牙缝中挤出来就十分困难了。

要增加1000万套的保障房，有没有这个生产能力。"大跃进"时期没有高炉炼钢，于是就各村各户自造小高炉；没有铁矿石，于是就砸了各家各户吃饭的铁锅。强迫提高生产能力的结果是钢没炼出来反而吃饭的锅都没有了。

先看看自1998年号称是房地产市场大干快上的十多年中我们的生产能力吧。完全市场化的方式下，每年仅仅以几千万的住宅竣工速度在增长，最多的一年新增住宅竣工面积还不到1亿平方米。其中商品房住宅竣工总量仅为6.12亿平方米，非商品房住宅竣工仅为2.22亿平方米，2010年全国的住宅竣工量仅为8.34亿平方米。

今年（2011年）新建1000万套保障性住房，按平均75平方米/套则约7.5亿平方米的竣工建筑总量，几乎在原有年基础上增加了90%，这不是大跃进的生产方式吗？即使扣除原非商品房住宅的竣工量也要增加约65%的新增竣工面积。在高喊科学发展观的口号下，我不能不怀疑我们中央的决策官员们脑子是不是进水了。

2009年全部住宅竣工量约为700万套，2010年约为710万套，而今年（2011年）在商品住宅量不减时新增保障房1000万套，这可不是随随便便就能吹出来的。

人不能拔着自己的头发往天上飞。靠跳高和蹦极暂时离开地面的身体和双脚，最终还是要回落到地面上。

2012年3月12日《中国房地产报》报道：时隔一年，住房和城乡建设部部长姜伟新再抛"住房保障建设由实物补贴转向资金补贴"之说。"2012年3月7日，在列席十一届全国人大五次会议青海代表团审议时，姜伟新表示，住房建设'光市场和光政府都不行'，需要两条腿走路，住建部在房地产方面正考虑一个长远的、宏观的政策设计。"从保障房角度去看，十二五重点在于实物建房，十三五将转向以资金补贴为主。在2012年的政府工作报告上，温家宝总理明确指出，要在确保质量的前提下，基本建成500万套，新开工700万套以上。去年年底，住建部曾透露在2011年开工的1000万套保障房中，至少2/3未能竣工，转而延续到2012年继续建设。而十二五期间建设3600万套保障房所需的配套资金更是缺口巨大。资金不足、土地供应紧张等问题已严重牵绊住了保障房建设的步伐。因此，政府正试图通过新的方式推进保障房建设。

2012年5月23日《第一财经日报》报道，住建部令地方上报保障房计划3600万套的目标或调整：近年来政府不断加大保障房建设力度，并确定了十二五期间3600万套的计划。外界始终对此存有诸多疑虑。近期，住建部与发改委、财政部联合要求各地上报2013~2015年保障房建设计划，相关部门也着手评估3600万套的目标是否需要调整。上述通知称，为做好十二五城镇保障性安居工程规划中期评估工作，请各地按照自下而上、按需申报的原则，结合最近两年的实施情况来确定未来三年年度建设计划。上报范围包括城市棚户区改造、国有工矿棚户区改造、廉租住房建设、公共租赁住房建设、租赁补贴发放相关数据，需要建设经济适用住房、限价商品住房的也要填写。

也就是说，原本自上而下拍脑袋决策的压担子压任务，来了个180度大转变，变成了自下而上的"按需申报"。

历时一年多、昙花一现的保障房大跃进虽然没有像高铁大跃进一样造成2.4万亿元的巨额负债（并且仍在骑虎难下面临追加投资压力），但也造成了很多严重的后果，主要表现在以下多个方面：

一是利益集团谋私自肥。住建部政策研究中心主任陈淮有一条微博是这样写的："讲个故事你听。从前吧，2009年5月，我在新华社的《经济参考报》发署名文章，称公务员住房不应享受超国民待遇，因打着保障性住房名义为公务员建房有不断加剧的趋势。后来呢？过了一年半，主管部委就给公务员分了市价1/4的房。再后来呢？再后来又过了一年半，国务院领导开座谈会说要坚决查处变相福利分房。"海南大学法学院副教授王琳接龙："再后来，为稳定公务员队伍，以保障性住房之名行福利分房之实的'公务员保障房建设'又大张旗鼓起来。"其实，还有"再再后来"——保障房大跃进，愁眉不展的地方政府再度让福利分房以保障房之名卷土重来，住建部睁眼闭眼。请看《中国经营报》2012年2月11日的报道：

  2011年的保障性安居工程建设被认为是"砸锅卖铁"的结果，而今年的保障房"砸锅卖铁"也难做到。但俗话说，上有政策，下有对策。中央政府力推的保障房政策，当然会被地方的各种对策所化解。比如，趁着建设保障房，各地趁机合法化了一直不开口子的集资建房，不用说，它不叫集资建房，叫保障房，列入保障房的范畴，享受保障房的政策，为利益集团服务。

  去年《中国新闻周刊》就报道说，在陕西，把一些企事业单位的内部房纳入保障房的做法较为常见。宝鸡石油钢管厂总投资1.2亿元建设的5栋住宅楼及地下车库，被纳入当地的保障房；西安华衡实业发展有限公司占地1公顷的职工宿舍，开工时间尚未确定，也被算作当地廉租房项目。

  党政工团机关，有条件的事业单位，以及如石油、电力等财大气粗的垄断企业，都纷纷占据要津，获得批文，大建保障房。建成后按照职务、职称、工龄等打分分配，价格基本上是成本价，是市场价的一半甚至1/3、1/4。

  这样的经济适用房，显示了领导的政绩，让体制内干部职工获得实惠，可谓皆大欢喜，但对于真正要保障的对象，即那些迫切需要住房的低收入者来说，这样的保障房无异于镜花水月。他们只有去排队等候那些真正的作为点缀兴建的为数不多的经济适用房。但这样的保障房数量少、地段差、户型小、质量次,竞争激烈,经过重重审核,各项指标合格,也不知什么年月才能轮到。

这就是说,尽管大量保障房的建设使地方政府困难重重,有砸锅卖铁之忧,但是,这种压力也往往转化成巨大的利益,成为利益集团谋私自肥的契机。所以说,不管表面上保障房建设多么困难,到了年终,各地的任务一定会圆满完成,甚至超额完成。

二是弄虚作假。为了应对中央的保障房考核指标,部分地方政府八仙过海各显神通,以次充好、资格造假、骗购骗租等乱象丛生。中国拥有全世界最复杂的保障房体系,名目繁多——经适房、两限房、安置房、公租房、廉租房、棚户区改造房等,都为造假和寻租留下了巨大空间。

据媒体报道,武汉、珠海、东莞等地以"贴牌"、"挖坑"等招数玩起了保障性住房建设的数字游戏,以旧公寓贴牌充数、挖坑打桩掩人耳目糊弄民众。有网友讥讽说,旧公寓贴上安居房的标签,就成了百分之百的完成任务,武汉东湖有关部门的偷梁换柱把戏玩儿得面不改色心不跳,其水平都快赶超刘谦了。

2011年5月底,全国保障性住房开工340万套,但4个月后,全国保障房已开工986万套,完成年度计划的98%,这突然多出来的600多万套保障房从何而来?《南方周末》报道说,河北保定的例子或许可以给出解释。2011年8月底,保定市保障房开工率即达115%,其速度之快,在河北省名列前茅。但当记者历时数天调查后发现,保定市所称在建的3.4万套保障房(这个数字是过去2年里保定市总竣工保障房套数的9倍),多数为企事业单位集资建房及城市危旧房改造,甚至有商品房被贴上"保障房"的标签。从北京来到保定发展的房地产商王志强曾一度感到不适应:"我真没见过这么玩的。你看有能力做集资建房企业的职工,谁没有几套房子?"政策执行最为严厉的北京也不例外,早在2011年1月,北京市住建委新闻发言人秦海翔就表示,北京将鼓励机关及企事业单位、高校、科研院所等社会单位建公租房,鼓励产业园区建公租房,鼓励农村集体组织建公租房。

就在宣布全年保障房1000万套开工计划已经实现的同时，住建部官员在接受媒体采访时也承认，其中存在约1/3的"挖坑待建"情况。1000万套已开工房源中，约1/3年初开工较早的项目以及体量较小的项目初步完成结构封顶；1/3开工较晚的项目完成地基，开始地上部分的建设；其余1/3确实存在比较急促开工的情况。

三是偷工减料。保障房大跃进的结果，是偷工减料盛行。比如天子脚下的北京，四环以内最大的经济适用房小区丰台区三环新城保障房项目，2011年6月23日一场大雨，数十户居民家的窗户直接被刮落。有的业主反映，他们阳台的落地玻璃直接被风吹到楼下，得亏楼下没有人，要是有人就会出现人身伤害事故。有的卧室窗户也被吹坏关不上了，纱窗也被刮掉，还顺着缝隙往屋里漏水。

还有地方的业主跑到楼顶，一脚就把楼顶踏了个窟窿，开发商说忘了加水泥了！2012年5月16日《新京报》报道，全国多地保障性住房被查出使用瘦身钢筋，安全隐患较多。河南郑州等地已经拔地而起的保障房被推倒重建。深圳保障房被曝光墙体开裂、楼板漏水，当地官员称"那些都是很难克服的'通病'"。

一些地方的保障房为什么会大面积出现"质量瑕疵"？有专家归咎于保障房造价成本过低。"在很低的成本控制下，依靠制度和监督，只能让保障房质量不出问题，并不代表保障房质量能具备舒适的居住功能。"

据报道，2011年准备建设的1000万套保障房，是按每套住房60平方米面积计算的；住建部总投入需要1.3万亿元，折合每平方米的成本为2166元，包含了税费、土地成本和资金成本。

"低成本投入，让不少参与的企业仅能获得微薄利润，容易出现偷工减料的现象。"一位业内人士自曝内幕："这种偷工减料导致的最终结果，轻则影响业主的居住环境和舒适度，重则改变房体的抗震级别。"

广东省恩平县有22名低保户联名上书，拒绝住进政府提供的廉租房。记者实地调查后，发现这批廉租房是利用工厂的旧宿舍改建的，改建时的设计十分不合理。廉租房是利用隔墙将原来的一个单间或套间改建成新的一房、一厅、一卫（卫生间和厨房连在一起）。但是，因为所有的隔墙都没有砌到顶，导致如果有人上厕所，屎臭味可以通过上方自由地传送到其他任何地方。

完全把保障房质量问题的责任归到地方政府监管不到位的头上是不公平的，巧妇难为无米之炊。在泰山压顶的保障房大跃进下，地方官员疲于奔命，又要弄钱弄地又要赶工期，一些地方官员苦笑着称自己的工作是"五加二"、"白加黑"，也就是没有休息日没有白天黑夜地赶工期。

这种情况下，保障房问题轻者是虚报或者将其他非保障性住房冒充为保障性住房，更严重的后果是再次大规模重演党政机关和垄断国企的福利分房，使住房保障制度"负福利"现象加剧，社会优势群体反而多次、多套分到好房子，本该得房的弱势群体却无缘得房。另一大后果是真正给弱势群体的保障房质量低劣，商品房要钱，保障房要命。还有一种情况是以买代租，导致需要住房的群体被挡在门外。

四是公（廉）租房形如鸡肋。和上海、南京、武汉等地公租房项目纷纷"遇冷"的情形相似，北京首个公租房项目同样形如鸡肋，运营机构陷入困局。2012年4月30日《中国经营报》报道：

> 首批120套公租房配租，只有60户愿意入住。远洋沁山水公租房项目，位于石景山区玉泉路地铁站向南约600米处，是北京土地招拍挂市场首批配建公租房的地块，由远洋地产有限公司建设，因开工最早，最先竣工和移交，使得该项目成为北京最先开始配租的公租房。
>
> 来自北京市保障性住房建设投资中心分析显示，租金高、补贴政策滞后是入住率低的主要原因，由此也恶化了公租房运营成本。
>
> 该公租房项目47平方米的一居室，每月租金为1927元，68平方米的两居室为2788元，相比同小区和附近同品质的楼盘租金，便宜了不少。从该公租房项目来看，租金相当于市场水平的7~8折。
>
> "总的来说，公租房对三房轮候家庭来说，吸引力不够强。"北京市保障性住房建设投资中心相关工作人员向记者表示，虽然目前只进行了一个公租房项目的配租，但他们了解到大部分三房轮候家庭还是希望买房的，租房的意愿不是很强烈。

较低的入住率,带来的则是公租房持续运营的举步维艰。由于目前只有不到11%的房源在租住,北京市保障性住房建设投资中心现在每个月要为该公租房项目支付大笔物业费,还要偿还银行贷款的利息。据了解,远洋沁山水公租房的物业费为2.6元/平方米/月,项目总建筑面积约31790平方米,这样算来,每月仅物业费就要8万多元。"压力很大,所以我们也希望尽快配租。"该公租房项目管理处一位工作人员向记者坦言。

据记者了解,在收购该项目时,北京市保障性住房建设投资中心每平方米向银行贷款5000～6000元,每月利息为30多元,再加上维护、物业、人力等费用,每平方米成本近40元,而该公租房项目每平方米的租金也是41元。也就是说,必须入住满才能维持项目基本运行。

早在2007年年底,深圳就开始效法香港建立公租房制度,"十一五"规划中的14万套保障房里,有11.4万套为公租房。但到了2009年公租房开始进入市场时,却遭冷遇。由于房源质量、户型、装修标准等原因,深圳公租房一度出现大量空置,据官方统计,2009年深圳公共租赁房有2730套,但只租出了894户,不到1/3。

这又是一个矛盾:对于真正买不起房的低收入群体来说,每月每平方米41元的租金已经太高;而对于公租房运营机构来说,这样的标准百分百入住才能保本。导致这种矛盾的原因只有一个:政府主导的公租房,标准过高!

2012年5月13日,西南财经大学和人民银行共同发布《中国家庭金融调查报告》,中国自有住房拥有率高达89.68%,远超世界60%左右的水平。报告显示,拥有城市户籍的3996个受访家庭中,有3412.36个家庭拥有各种类型的自有住房,自有住房拥有率为85.39%;这一比率在农村显然更高一些,为94.60%。"我国的自有住房拥有率,农村高于城市,中西部地区高于东部地区"。而2011年中国城市户均拥有住房已经超过1套,为1.22套。这一数值与2010年中金公司发布的0.74套住房相比有大幅提高。此外，报告显示，在城市中，第一套住房平均收益率均值为340.31%，第二套为143.25%，第三套为96.70%（这恐怕跟银行的杠杆率有关——作者注），但这并没有改变中国人保守的风险偏好。这份报告显示，中国家庭无风险的银行存款所占比例，远高于其他金融产品类型所占比例，达到60.91%。

中国的住房需求：一是人口急剧流动中的需求，中国社会科学院发布的2009年《农村经济绿皮书》指出，农民住房空置率已经达到30%以上；二是投资需求——这是因为百姓手中无保值工具；三是改善性需求——1998年以前的半个世纪，中国基本上没有私人住宅建设。

这份调查报道的数据本身没有问题，只是忽略了城市新移民的自有房问题。这个数据同时说明一个问题：现有的保障房大跃进，为城市户籍居民建设保障房并不存在任何现实的道义基础。保障房中的公租房应该面向城市新移民。

保障房抬高了穷人的生活成本

北京八里桥农贸批发市场总经理一直强调，高房价推动高菜价。具体表现在：一是菜贩的生活租房成本增加。原来在城乡结合部租一个平房，房租也就200到300元。现在即便只租一室一厅，最低也要1500元。二是摊位费。这些房价的成本都要加到菜价上。

这个事例说明了什么？说明了单纯依靠政府提供保障房的制度，可能反而会提高低收入人群的居住成本，进而全面推高社会物价水平。正所谓世界普遍联系、环环相扣是也。为什么会这样？因为政府提供保障房，要求最起码的面积、环境等居住水平，比如独立卫生间、独立厨房等，无形中抬高了城市新移民的住房标准，对许多新移民来说，显得过于奢侈和浪费。本来只需一间10平方米甚至5平方米的住所，现在光厨房、卫生间和客厅就占去了不止10平方米。茅于轼先生曾建议不要给廉租房建独立卫生间，当时曾引起非常多的道德非议，如今看来，并非全不在理。

市场选择比政府保障更廉价公正

从保障房在中国内地诞生的那一刻起,这个名词就充满了妖雾和迷障。权势阶层开着宝马香车住着几百平方米的保障房,有权阶层不断变着名词为自己谋福利,从最早的以成本价(扣除每年折旧外加工龄补贴)购买房改房,到经适房、集资房、限价房、人才房,有的人不断更新换代获取保障房,不断升级,卖了还可再买,无止无休无穷无尽。真正的低收入群体又是资格审查、又是排队等候,望穿秋水,千难万难。

只要权力约束问题没有得到根本性解决,再多的保障房最终都不大可能成为贫民福利,而只能成为权势阶层的囊中物。《新京报》的《逝者》版曾写了一位名叫张淑贞的北京老太太,于2011年4月以89岁高龄去世。她1945年来京,丈夫在国营皮毛厂干了一辈子。终其一生,他们养活了四个孩子,可住的却是15平方米的一间半瓦房。起初是租的,后来也许因为一系列政策变化,慢慢地就成了她的房子了,2008年旧房拆迁改造,她才搬出住了一辈子的这一间半瓦房。眼看再过两个月左右就能住上新房了,她却走了。我想,张淑贞还是幸运的,中国人平均寿命只有74岁,她整整多活了15年,赶上了住房市场化后的拆迁,否则可能临终也看不到自己住新房的希望。在那个"全民福利"的时代,张淑贞一家所享受到的福利状况就是多数普通百姓所能享受到的福利状况。在过去的年代里,国有大中型企业职工自搭窝棚住上一辈子半辈子的比比皆是。1998年开始的住房市场化改革,宣告的是过去"人人分配住房"的理想与公平的破产。

但健忘或者选择性遗忘似乎是人的天性。在城市化、住房信用消费等一系列因素的共同作用下,人们似乎看到了市场的种种不公平,便又格外地怀念起政府福利分房制度下的种种"公平",人们再一次把目光和希望聚焦在保障房上面。殊不知,市场自身有着异常强大的自我保障功能,甚至可以说,市场对中低收入群体的保障功能比政府更强大、更高效,也更公平合理。

一位朋友发了个帖子,还附上房地产中介的照片:同一个小区的房子，同样是两室两厅一卫，一个83平方米，售价要114万元；一个87平方米，租金只有每月500元。这是什么概念呢？114万元可以让你租这套房子整整190年！

一般认为，租售比严重错位，说明房价严重离谱，房价应该大降。但换一个角度看，这是有余钱的买房阶层在补贴没有余钱买房的租房阶层！这个上海的小区名叫"馨苑"，位于上海市区60公里外的一个新开发区临港新城，上海市政府准备当做第二个陆家嘴来建设。据朋友说，眼前这500元的租价已经算高了，他还看过租金才300元每月的。

这一点也不奇怪，房价没有疯，买房人也没有疯。有余钱的买房人在用自己的余钱支持城市建设，通过市场行为无形中"补贴"了中低收入租房群体，等到新区逐渐成熟，房价和租金都会逐步上扬。在此过程中，租房人通过廉价租金获得了发展机会，买房人则在未来的长线投资中获得自己的那一份房价上涨收益。当然，其中也承担着风险。《中国投资参考》2011年3月份的调查显示，在位于广州新开发的中心商业区、2007年已售完的住宅楼盘嘉裕君玥，167套公寓中有57%空置。嘉裕君玥一套价值500万元人民币的公寓，年租金为4万元，即回报率为0.8%。当地房地产中介表示，房屋购买者（大部分是小老板）准备花10年时间，等待这一区域繁荣起来。怀着这种打算，中国富人们不断疯狂购买着一套又一套自己或许永远不会入住的新房。调查显示，过去5年内完工住宅的平均空置率是20%，高档住宅和郊区别墅的空置率可能达到60%～90%。

不仅在未成熟的新区，即便在城市成熟区域，高端住宅也往往面临着租金反而更低的共性。比如我太太所在公司租的房子，紧邻北京CBD，万科公园五号，140平方米，单价5万元，才租每月8500元，而且包含物业费、取暖费。在多数大城市，房价的不断飙升使得租金收入变得微不足道，人们购买多套住房，是作为一项长线投资，借此抵御通胀和其他商业风险。

类似有房阶层以低租金形式"补贴"无房阶层的，还普遍地、大量地存在于老旧城区和城乡结合部，这些区域的房屋租金都远不足以支撑房屋售价，有的是因为小而老旧，有的是因为相对偏远。但是，政府的限购行为和全面扫荡城中村的行为，无意中扼杀了市场的自我保障功能，使住房市场更加单一和垄断。

而在当前各种条件的约束下，鼓励城中村和城市郊区农民自建房屋出租，乃是最有效也最公平的保障房出路。在保障消防和建筑基本安全的前提下，鼓励而不是禁止城中村及城乡结合部农民拿出一定比例的农村建设用地，用于自建经营性用房，只能出租，不能出售，向城市新移民提供廉价租用房。既实现了农民的"自我城市化"，政府又不必找米（资金）、找锅（土地）而用市场的手段解决了大量廉租房问题。同时，这样做还有利于促进"贫富混居"，既降低城市居民的生活成本，又加快新移民和原乡村居民的向上流动。这类房屋，基本上可以完全杜绝现有保障房中权贵阶层的寻租问题，何乐而不为？

此外还有我们通常所说的小产权房，即把农村集体开发的土地拿去建商品房出售。这类房屋建设多数引进了开发商，有的完全按商品房的标准设计和建设。这类房屋没有土地出让金和税费，也没有中间的灰色成本，所以房价比正规的商品房低得多，虽然不能到银行按揭贷款，却仍然备受欢迎。在很多城市，这类房屋已占到房屋供应总量的1/4甚至更多。这类房屋也是政府一直以来严厉禁止的，但禁而不止。如果能够把这类房屋合法化，辅之以物业税等政策，岂不是另一种形式的"经适房"、"限价房"？

当前，各种自肥式保障房的死灰复燃，远不仅仅是借着限购与民争利的问题，而是既得利益集团变本加厉地谋取私利，与人民为敌。

保障房固化贫穷的坚硬逻辑

得到了房子，却有可能失去更好的就业、教育等上升机会；得到了郊区的便宜房，却有可能失去中心城区未来更大的涨幅空间；在漫长等待中，失去的是巨大的时间和机会成本，等你拿到房时，可能郊区保障房价已超过了当年城区商品房价。保障房里，深刻隐藏着固化贫穷的坚硬逻辑。

从2011年起，5年建3600万套保障房，此举被普遍认为将奠定"市场归市场、保障归保障"的住房"双轨制"新格局，最大限度地保障了弱势群体的住房发展权。然而，《瞭望》新闻周刊调查显示，一些与"双轨制"相伴的误区，正同步显现。比如，各地大规模兴建保障性住房，而与之配套的公共服务却面临严重"欠债"，交通出行、孩子教育、医疗保障等基本的城市公共服务在一些（甚至多达上百栋建筑的）保障房社区都成了"奢望"。保障房将成低端住宅的主角，而因分配、质量等一系列问题缠身的保障房或将沦为住房问题的矛盾多发区。住房"双轨制"将可能使"市场归市场，保障归保障"的政策"变形"为"富人区归富人，贫民区归贫民"。

在保障房资金严重短缺的情况下，保障房选址偏向地价低廉的偏远地区，自然是各地方政府的"理性经济人选择"，而交通、学校、医疗甚至治安方面的配套建设，很多地方政府也会"心有余而力不足"。据笔者得到的确切消息，天子脚下的北京西南三环丽泽桥附近，居然有以廉租房立项却对外销售的房子！巧妇难为无米之炊，只好滥竽充数。在现有的官员任命体制下，在"服从命令"和"对下服务"之间，官员们会选择"服从命令"先完成保障房任务再说，至于质量如何、配套如何，将会普遍地成为一个"旷日持久"、如影随形地缠绕着保障房的大问题，诸多保障房持有者有可能被迫将原本就十分有限的时间、精力和聪明才智用到为保障房权益"斗争"的不断折腾和扯皮纠纷上来，从而使被保障人原本就显得廉价的时间更为廉价甚至变成负价值，生命更为贫瘠，使保障房沦为"固化贫穷"的陷阱。

其实保障房在一定程度上一开始就是个陷阱，它不是将人最宝贵的时间和生命运用在如何创造财富上，而是运用在如何琢磨人、如何参与分配财富上。笔者不完全反对公租房、廉租房等保障性住房，但也要提醒社会保障性住房这个"固化贫穷陷阱"的真实存在。

很多人认为购买经适房、限价房等明显低于市场价格的房子是捡了大实惠，姑且不论房屋质量问题，我亲眼所见的诸多等待经适房的人，最终并没有从经适房或限价房中得到便宜，相反，等待的漫长过程使其中不少人得到的保障房不仅位置越来越偏远，而且价格反而赶上或接近若干年前城区商品房价（很多人不能深刻领会和运用"时间就是生命，时间就是金钱"的基本人生哲学，时间成本往往才是人生最大的成本）。全国人大常委会副委员长成思危曾经表示，北京高达70%的经适房被用于出租。天则经济研究所和搜狐财经2011年6月28日在京发布报告称，北京、太原、西安三地数据显示，高达48%的经济适用房被用于出租，而普通商品房用于出租的比例仅有20.55%，这项调查说明出租和闲置的经济适用房超过了半数，即半数以上购买经济适用房的家庭其实并不需要这项保障。

如果这些人不把希望寄托于保障房，而是把希望寄托于市场和自由选择本身，得到的回报将远高于保障房与同区域商品房的差价。首先是不必排队等保障房，在通胀时代，你赢得的时间会给你的财富增长带来巨大空间。其次，如前所述，保障房通常建在偏远地区，虽然它跟其周边房价相比有一个优惠幅度，但若你以同样的钱款在城市中心区域买哪怕小得多的房子，未来的涨幅也要比城市偏远地区大得多。多涨出来的部分很快就会超过买保障房获得的那点优惠。

房屋价值的永恒定律是：地段，地段，还是地段。大城市房价上涨超过二三线城市；城市中心区域超过郊区和边缘区域。据中国指数研究院中国房地产指数系统2000年到2010年11年间多个城市住宅销售价格变动的结果统计，结论是：11年间，全国平均房价上涨2.42倍，但同期多个大中城市房价上涨幅度都远超全国平均水平。上涨倍数分别是北京3.76，上海4.27，天津3.48，重庆3.75，深圳3.59，广州2.67，杭州5.22，南京3.55，武汉3.39，成都3.62。除了广州外，其余九大城市房价在11年间至少上涨了3.39倍。全国平均则只上涨了2.42倍，说明大城市的上涨幅度远高于全国平均水平。

如果是以出租为主的保障性住房，比如公租房、廉租房等，其"固化贫穷"的效应往往更加明显。它把人长期固定在教育、医疗、交通乃至治安落后的地区，形成"阶层封闭"和弱势人群之间负面情绪的共同影响。前面说了，为了维持低房价，保障房建设只能找土地与补偿价格低廉的地区，这些地区不仅交通偏远，而且教育、医疗乃至商业等主要配套不可能完善。商品房小区不少业主是居住改善型需求人群，可以用时间换空间，先行投资房产，等待配套完善、房价升值之后再居住或租售。但是，保障房的消费者却一刻也等不起。而且，保障房居住者一般的工作机会都在主城区，他们大多数不可能有相对独立的自由职业，也不可能购买汽车作为主要交通工具，出行只能依靠公交和地铁，这样一来不论是时间还是交通费用，都是不可承受的。古有孟母三迁为教子，今天为了住廉租房而牺牲上升和成长机会，岂非人真成了房子的奴隶？

张五常教授在《贫富分化与土地政策》一文中指出："每个人天生的智商不同、健康不同、际遇不同、运情不同——收入或财富也跟着不同，某种程度的贫富分化不可避免。过于极端的分化不容易被社会接受。另一方面，理论与历史的经验说，采用任何政策去推行财富或收入平均化，对经济运作的活力或多或少有不良影响，因为这些政策会削弱对社会产出有重要贡献的成员的积极行为。贫富分化过甚社会不容易接受，而这分化最难接受是源自土地或楼房的价格变动带来的那种。源自土地或楼房分配的贫富分化带来的印象，是既非天赋之能，也非勤劳所得。买下了房子，其价无端端地上升了几倍，不是不劳而获吗？其实往往要靠先用功，赚点钱，也要讲眼力，虽然幸运的因素存在。很少人会记得，20世纪80年代的香港与90年代的中国，投资于房地产输掉身家的人无数。奇怪，社会不可怜这些人。"

在文章的后面，张先生更是提出"政府不要考虑提供廉租房。香港昔日推出廉租房是因为难民涌至，不给他们提供栖身之所对治安不利。这些廉租房后来搞到一团糟，给穷人定了'穷'位，虫蛇混杂，黑社会、贩毒等行为集中起来。"可见廉租房"固化贫穷"的陷阱，不论在香港还是在内地，都是一种客观存在。

笔者还没有到完全彻底否定廉租房的地步，但也应该控制在极小范围内，而且要尽可能实现贫富混居。比如对接近淘汰的老旧房进行加固改造后再供廉租者使用，而不是大规模地在偏远地区建设廉租房。市场的自由分化是最好的"廉租房"形式。比如保留城中村，比如允许小产权房出租而不出售。这比政府提供的廉租房更能实现"贫富混居"，也更廉价、更高效率、更有质量保障。很多城中村的出租房是不成套的，"一张床"的功能被格外突出，而独立厨房和卫生间的空间就被节省出来，不仅节约了承租户的房租，也大大降低了他们的使用成本。不需要在政府那儿排长队甚至跑关系。

最后，可用一段郎咸平语录为本文作结："1. 穷人缺什么：表面缺资金，本质缺野心，脑子缺观念，机会缺了解，骨子缺勇气，改变缺行动，事业缺毅力。2. 世界上最愚蠢的人认为把自己撞得头破血流的经验才叫经验。3. 年轻是本钱，但不努力就不值钱。4. 富就富在不知足，贵就贵在能脱俗。贫就贫在少见识，贱就贱在没骨气。"

政府建保障房不妨学腾讯

庞大的政府保障房计划，时时面临"脑袋过去了，谁来擦屁股"的老问题。"债务怎么还？保障房怎么分？保障房质量怎么保障？"三个基本问题，没有一个是得到较好解决的。

保障房成为偷工减料的代名词，几乎是全国共性。事实证明以政府为业主的建筑工程豆腐渣程度远高于以开发商为业主的普通商品房。

天则经济研究所和搜狐财经2011年6月28日在京发布报告称，现有以经济适用房为主的住房保障制度不仅没有减少社会不公，反而增加了社会不公平。

非仅经适房和共有产权房如此，就连只租不售的公租房廉租房也问题成堆。2010年国家审计公报显示：从审计8个省区16个城市看，2010年公共租赁住房出租2.97万套。有4407套廉租住房被违规租售或另作他用，4247套廉租住房分给了不符合条件的家庭，有4428套保障性住房长期空置。2.97万套，就有1.31万套有问题！问题率高达44%，何等触目惊心！

事实一再证明，过度依赖政府、不相信市场的做法总是事与愿违。

而就在此期间，继2011年4月25日宣布大幅涨薪后，6月27日，腾讯公司宣布"安居计划"正式启动，该项计划将在3年内投入10亿元人民币，为首次购房员工提供免息借款。北京、上海、广州、深圳的员工可以申请最高30万元免息借款，其他城市则可以申请最高20万元免息借款。

该计划仅供工作满三年的基层员工购买首套住房时使用，中层以上的管理干部和专家均不参与。据悉，网易也即将跟进。记者计算得知，30万元的商业贷款，以20年期为例，依不同的还贷方式，其利息数额达17万至20万元。

政府保障房应该学习腾讯模式，向保障对象提供免息或低息贷款，政府还利息，福利对象还本金。既体现了政府责任，又避免寻租，还最大限度保障了福利对象的自由选择权，避免了保障房建设和分配中的浪费、腐败等现象。即使利息高达重庆市政府信托融资那样的年息12%以上，比起政府连本带息还债，地方债也要轻得多。1000万套保障房，以2010年全国平均房价4724元（数据来源：中国指数研究院中国房地产指数系统）乃至5000元每平方米计，60平方米一套，平均每套房按市场价只需30万元，如果是40平方米则只需20万元。所需全部资金为2~3万亿元，即以12%的高利息计，政府只需一年付出2400~3600亿元。

这样做，退出机制也易于完善。由于购房对象是按市场价购房，不妨碍其到市场上购第二套改善性住房，只是从购第二套房（不管在全国哪个地方）开始，即取消无息或低息贷款优惠，回到首套房的正常利率水平即可。

这样一来，就可以把廉租房和公租房控制在极小的范围内。既不浪费，又能应保尽保。

而现有保障房根本没有完善的退出机制，要么让保障房拥有者占尽便宜，特别是那些特权福利房；要么让被保障者吃尽大亏，比如所谓七成溢价归政府之类。

50岁以下想住保障房是可耻的

"安得广厦千万间，大庇天下寒士俱欢颜"，唐代诗人杜甫千年的梦想，从来没有像今天的中国那样纠结：在资产化金融化的道路上，它是大多数中国人最大的财产；在千年未有的城市化浪潮下，它又是大多数流动中的国人最大的稀缺。正因此，它集万千爱恨于一身，人们爱它，恨它，骂它,却又离不开它。如果你不理解中国房地产,你大概就不会理解中国。如果你想了解中国的思潮,只需了解中国的房地产思潮足矣,因为这里是市场派、福利派、现实派、乌托邦派、政府强制派等各种思潮集中展示的舞台。

从1989年2月20日《人民日报》报道房价高,屈指算来,人们对高房价的抱怨至少已经23年了。23年来,抱怨和打压房价的呼声从未止息,政府的调控之手也几乎从未闲着,但房价却我行我素一路冲天。因为房价高、物价高的根本原因,是高税收、低附加值外向型经济、行政垄断和投资型政府推高物价等一系列因素所致,故而头痛医头脚痛医脚,注定起不到好效果,甚至适得其反,搬起石头砸自己的脚。

2010年4月15日起,中国实行了史上最严厉的住房限购限贷政策,银行准备金率大为提高。结果事与愿违,按下葫芦浮起瓢:遭限购的一二线城市房租大涨,而未限购的三四线城市房价也大涨——我老家的小县城,房价一年涨了30%以上;辽宁丹东,一年涨了100%……

限购限贷、银根紧缩意在房地产,却殃及池鱼,大量中小制造企业资金紧张,被迫借高利贷,引发了史上空前的高利贷和中小企业危机。而高利贷的相当一部分资金来源,同样来自银行,以房屋、土地抵押、中小企业经营贷等形式流出。2011年10月10日《北京晨报》消息,北京大学国家发展研究院联合阿里巴巴(中国)10月9日发布的报告显示,中小企业主们对于未来有比2008年金融危机时更悲观的看法。72.45%的受访企业预计未来6个月没有利润或小幅亏损。另据10月12日《广州日报》报道,有业内人士指出,如果现在政府不救治,年底将有近四成企业面临停产。很多企业家对未来很悲观,大家都基本没有做实业的信心了。"我们希望政府能够给一个稳定的金融环境,而不是一会儿收一会儿放,在放的时候,大家都在上规模扩生产,摊子铺大了,需要再进行投入的时候,政府又收紧了。企业资金运转不过来只能关门。"《东方早报》报道,2011年1~9月浙江共发生228起企业主逃逸事件,为近年同比最高。早报记者独家获取的浙江官方关于企业主逃逸的调研报告显示,这些企业共拖欠14644名员工7593万元薪酬,欠薪人数和欠薪数额均为历史之最。浙江已经有多人因高利贷资金链断裂而自杀。紧随其后的便是失业潮，中国90%以上的就业依赖中小民营企业。

而限购限贷并没有限制住民间炒房资本进入房地产。2011年10月11日《新京报》报道，房地产调控之前，传统民间资本投资房地产主要在需求端，即直接购买已开发的房地产物业。随着银根收紧，民间资本转为通过"短期放贷"填补地产商的资金缺口，其投资形式逐步从需求端转向供应端，如投资开发房地产、为房地产开发商提供过桥贷款等。央行温州市中心支行2011年7月21日发布的《温州民间借贷市场报告》中称，温州民间借贷市场规模约1100亿元，其中20%被用于房产投资或集资炒房。到2010年，温州市百强企业中有50家涉足房地产。央行最新报告分析了温州民间借贷的资金来源，其中来自银行信贷资金间接流入的资金占10%，其规模超过百亿。但高和投资董事长苏鑫则表示，中国房地产中直接融资不足10%，80%以上资金来自银行，使得房地产的行业风险很容易传导到整个金融系统，一旦出现问题，就会牵扯整个社会经济。

不出所料，调控没能打压房地产投资，只不过改变了投资路径；同时，调控助长了高利贷，增加了整个中国金融甚至整个社会经济的风险。

我们总以为凭良好的愿望和意志就可以超越经济规律，总把大量复杂的社会经济问题化作简单粗暴的调控手段。殊不知，很多貌似直观有效的果断办法，事实上不是猛药而是毒药，饮鸩止渴。2008年，来一个4万亿，水漫金山，得到大量银行贷款的国企攻城略地，一批民企死了；2010年底，再来一个令人措手不及的紧缩，天下大旱，钱太多的国企参与放高利贷，借高利贷的又一批民企死了。

眼看着打压房价的努力20多年不成功，社会上又流行起保障房思潮。2011年1000万套保障房和未来5年内3600万套保障房则是这种思潮的直接体现。可是钱从哪里来？土地从哪里来？土地名义上是国有或集体所有，但都有实际的使用权人。征地时，土地使用权拥有者是根据周边最高房价地价进行要价的——这合情合理，而高达14万亿元的地方债，却几乎全部依赖政府储备土地的升值。这种逻辑之下，第一，商品房价上去了就难以降下来——商品房事实上还补贴了市政、保障房甚至工业用地及资金；第二，保障房不可能一枝独秀离开商品房的健康发展而独自发展。层层向下压任务的方式，还会导致大量保障房空置浪费。很多三四线城市，商品房都大量空置，还建那么多保障房何用？

政府自身并不创造财富，保障房的每一分钱、每一寸土，都来自商品房的补贴或者老百姓的税收，过于强调政府的保障房任务，实际上是给了政府更大的资源分配权，即使不算腐败成本，也势必增加行政成本。这些成本的增加，较之市场分配的高效、及时、公平而言，纳税人的负担势必整体上加重。

谈到保障房，人们都拿新加坡和中国香港说事。但港新是新移民相对有限的城市，而中国今天的城市，面临的是史无前例的城市化浪潮，任何一个中国内地的城市政府都不可能做到港新模样。而即使在香港，保障房也不象人们想象的天堂。战地玫瑰、凤凰卫视记者闾丘露薇曾在她的微博上图文并茂地讲述了一个香港家庭："住在用木板隔出来的单间里的一个香港家庭，二平方米，放不下冰箱，只能用胶袋包住未吃的食物。唯一的做饭工具就是电饭煲。单亲妈妈带一个孩子，心愿是申请到公屋，比同龄孩子瘦小的孩子能有机会多吃点肉。"

不要以为天上会掉馅饼，所有的财富都是创造和奉献的副产品。著名记者唐师曾在微博上透露：北大名教授张中行，"85岁才分得一套78平方米的三居室，白灰墙水泥地，没做任何时兴的房屋装饰。室内一床一桌一椅一柜，别无他物。屁股下的破藤椅是1932年在北大上学时买的，扶手、椅背磨得油亮，破损之处缠着白塑料绳。桌上床上摊着文房四宝和片片稿纸，井然、简洁而有条不紊。"在某次凤凰卫视"一虎一席谈"节目中，何祚庥院士也亲口说自己76岁才分到房，150平方米。天，2010年中国人均预期寿命才72.5岁！读者诸君可能有人会说，张中行何祚庥他们，年轻时有政府提供的"公租房"。是啊，他们当年拿政府人为压低的低工资，住公租房理所应当。今天我们拿着市场化的工资，却仍然哭着喊着要政府提供廉租房公租房甚至有产权的保障房，有道理吗？我甚至觉得，50岁以下的人想住保障房都是可耻的，那是不劳而获地想让社会上的其他人为他奉献！再想想我们的父辈，即使是农民，宅基地是自己的，不花钱，人工也是邻里亲戚互相帮忙，再请几个小工。可是在1998年以前，有多少50岁以下的农民能够自己盖得起房，尤其是像今天一样的砖混结构房？

一方面是保障房资金短缺，另一方面是保障房在助长新时代的"懒汉"。随着两限房与商品房价差越来越大，一些年轻人为了挤进"两限房"这个圈儿，放弃换工作、拒绝加薪、延缓结婚，甚至采取辞职的极端做法，以降低家庭收入。一白领透露，自己采用这一做法，"3年损失15万，而买上限价房，能省几十万。"《北京晚报》报道的这则新闻，不是天方夜谭，就是发生在我们身边的真事！要对一些特殊人群实施保障房制度的根本原因，是高房价有可能对最富创造精神却又缺乏经济基础的年轻人形成"挤出效应"，从而妨碍城市的活力，同时也是要保障城市极少数低收入群体的住房权利，尤其是保障家庭贫困儿童获得起码的尊严。而这种保障，是以留住年轻人、激励他们的奋斗精神为前提的，想不到如今它反而形成了奖懒罚勤机制。

这位年轻人只看到眼前的几十万元，没有看到自己损失的是诚信、进取心和机会成本。在这里，真正的朋友是商品房，保障房却是真正的敌人。你的假想敌，常常是你最好的朋友；你貌似肝胆相照的朋友（保障），却可能是你最大的敌人，包括磨灭了你的进取之心。

世界经济现象远比我们想象得复杂，各种简单直接的诉求，给人类带来的往往不是福利而是灾祸。近年来，诺贝尔经济学奖获得者越来越多的是探索"复杂世界"的学者。2011年度诺贝尔经济学奖授予了美国纽约大学的托马斯·萨金特（Thomas J. Sargent）和普林斯顿大学的克里斯托弗·西姆斯（Christopher A. Sims）。两人曾经一起供职于美国明尼苏达大学，因此也造就了这个学派与哈佛大学等强调政府干预的学派的不同。虽然这个学派内部的意见也不统一，但总的看法是政府的决策往往难以收到实效，因此需要考虑更多现实中的复杂因素。把经济学原理过度简单化是政府决策的最大障碍。凯恩斯说：政府应该尽量不干预经济，即使在不得不使用政策去干预经济活动时，也要注意政策的信誉，即政策的连贯性。

中国式保障房只会推高商品房价

很多人鼓动政府大建保障房，其实他们自己未必愿意住公租房和廉租房，还是想买房以抵御通胀。他们鼓动、赞成政府大建保障房，有两个原因：一是希望自己能够从可出售的保障房中分一杯羹，占点便宜；二是想当然地认为，政府大建保障房会拉低商品房价。

但是我想说两句话：一是对大多数普通老百姓来说，保障房可能会像计划经济时代福利分房一样遥远；二是保障房可能拉低平均房价，但只会使商品房价格更高。也就是说，别指望保障房会拉低商品房价格。

为什么保障房很遥远，就像计划经济时代许多人等了一辈子也没等来福利分房，只能住在自己乱搭建的贫民窟里（哪怕是富裕企业的一些普通职工）？首先，保障房迄今为止基本上只保障户籍人口，而住房需求量最大的恰恰是新进入城市的非户籍人口；其次，即使同是户籍人口，谁能享受到保障房也存在巨大的信息不透明。我有一位人在西安的朋友，2006年就交了20万元单位集资房款，可是到2009年分房时却没有份。单位年轻人基本都没有份。4年的等待不仅让他们付出了昂贵的机会成本，而且，20万元只退钱，连利息都不给。这正应了中国一句老话：靠山山倒，靠树树倒，凡事靠自己最好！在一个单位里，众目睽睽尚且如此，就更别说在政府分配、信息不对称的情况下如何做到公平公正了；最后，地方政府积极性和能量都有限。

为什么保障房反而使商品房价格更高？因为我国限制城市人口的传统思路没有发生根本性改变。限制北京人口的思路，还非常明确地体现在2011年2月1日起正式实施的建设部《商品房屋租赁管理办法》里。该办法规定：出租住房应当以原设计的房间为最小出租单位，也就是不能打隔断，同时还规定地下储藏室不允许出租。消灭城中村，禁止地下室出租，禁止房屋分割出租，目的都是为了"以房管人"，把"低端人群"赶出城市。但这样做除了抬高新移民的城市生活成本之外，并不能真正把人赶出去。因为中国的城乡差距、地域差距已是如此之大，人们即使多付点租金，也仍然比在原乡要好。

在同样的限制人口的思路下，城市土地的供应量是不足的。不足的土地供应，要匀出更大的比例给保障房用地，商品房的供应只会更加趋于紧张，进而抬高商品房价格。商品房价格抬高后，又会抬高拆迁和征地成本，拆迁和征地成本提高了，又反过来推高包括保障房、商品房在内的一切房价。

未来商品房价格，还受到身不由己的货币增发影响。人民币的未来，只有升值和贬值两条道路，没有第三种选择。如果是升值，那么热钱涌入，资产价格上升，房价不涨不行。如果是贬值，那么货币供应量增加，房价一样上涨。总体上看，主动贬值比升值更好，如果升值，我们既要阻止防不胜防的热钱涌入，更担心投机性的热钱一旦撤出，就像潮水退去一样，内地经济怕会一片狼藉。

第六章 稀里糊涂房产税

房产税不是压垮房价的救命稻草

很多人把房产税或物业税当成压垮房价的最后一根稻草,千呼万唤让它出台。实际上这是一个极大的误解。开征物业税或者为了简便程序绕道房产税,根本目的不是为了抑制房价,也不可能抑制房价,不然,在房价并不高的 2003 年,政府为什么要试点物业税?

征还是不征,一直是各方争议的焦点。有人总结说,仅 2010 年某个月份短短半个月时间,就有五种典型观点纷纷登场。一是国税总局新闻处处长:税收立法权在中央,地方政府没有权力出台新税种;二是财政部科学研究所副所长:房产税实施细则的制定权在省级政府,地方可以通过实施细则将个人第二套或者第三套住房定义为经营性房产来操作保有环节的房产税,只需报财政部备案即可;三是国家发改委产业研究所所长助理:房产税至少三年内不会出台;四是财政部财政科学研究所所长:开征物业税势在必行,在方案设计上注重渐进;五是全国工商联房地产商会会长:年内国家可能出台房产税试点。

如果对民用住宅征物业税或房产税,目前条件并不具备,如果强行开征,会造成许多新的不公平。

第一个问题是要不要刨除土地价值?根据我国现行的房产税暂行条例,房产税以房屋为征税对象,按房屋余值或租金收入为计税依据。

但在确定税基时,以目前的市场化定价原则对房屋价值进行评估,必然包含土地的价值，而土地升值才是房价上涨的主要原因。在我国城市土地国有制度下，物业持有者掌握的仅仅是土地使用权，法定"住宅70年产权"所需要缴纳的"类租约费用"已包含在土地出让金之内。如果征税时没有刨除土地的价值，物业税或按评估值而不是按租金征收的房产税则有重复征税的嫌疑。

如果刨除土地的价值，那么房屋的初始价值就只有最高不超过2000元每平方米的房屋建造成本加上税费和房地产商利润。这部分价值是每年都有折损的。显然，这不是物业税或房产税的初衷。

第二个问题是如何有效甄别征税对象。现在房地产问题的主要矛盾不是人们没有住房或没有房住，而是在城市或大城市没有属于自己产权的住房。不少人在小城镇或农村有房然后在大城市买房，那是征大城市房产的税呢还是征农村或小城镇的？有的人在不同的大城市各有一套房，那么又是哪座城市对他征税？稍有差池，就会造成巨大社会不公。

第三个问题是如何评估。根据《中国证券报》查阅上海住房保障和房屋管理局网站发现，目前上海注册房产估价师有1351名。根据数据，截至2009年，上海存量房面积为4.98亿平方米。评估一套住宅大约需要3个工作日，按每套100平方米计算，上海1351名评估师大约需要28年才能完成，还不包括期间新增房屋面积。除此之外，全国房产交易信息并未联网，因此，在全国范围内同时起步，公平是个大问题。

妥协的办法可能是只对增量房屋征收，且以每户家庭名下一定房产面积为"起征点"，如传闻中的上海对超出200平方米部分才征收，建议征收税率为0.6%。但这样不可能逼迫手中持有物业的人在短期内大幅抛盘，起不到平衡房价的作用。

而如果不顾公平评估且征收太狠，那会导致租金上涨消除房产税威力。一方面是业主大量抛盘引发出租房源减少，另一方面则是买涨不买跌心理导致一些人持币待购，变买房为租房。这样又使房产税和租金之间达成新的市场平衡。

开征房产税绝不可能立竿见影地打压高房价。韩国政府曾经企图通过房产税控制房价。2006年，韩国房价飞涨，政府推出一系列控制购房需求的政策，对持有多套房的家庭，提高其交易税，税率由原来买卖差价的 9%～36%一律提高到 50%；对价格在 9 亿韩元以上的公寓征收房屋拥有税、财产税、综合地产税。但是韩国的房价却在每次新政策出台时观望一段时间，然后又继续上行。

就连力主征税的财政部财政科学研究所所长贾康自己也承认：从美国等市场发达国家推行房产税的情况来看，房价并没有明显的下降。这是因为在城市化发展过程中，各个国家都不能避免房价长期上涨的趋势，中国更是如此。"在这个城市化的过程中，我没有看到有任何可能，会在长期趋势上改变房价的上升。"在贾康看来，今后将有 5 亿多人口从农村转移到城市，房价的上涨趋势恐怕没有任何力量能改变。

我的判断是，短期内，房地产税也好，物业税也罢，基本可以肯定不会全面开征，但是那根棍子会时不时杯弓蛇影出来舞几下，吓唬一下那些"不明真相的群众"，同时表明有关部门还有调控房价的"杀手锏"。真要征的话，还牵涉到立法程序、技术手段、中央与地方财政分权分利等，这些问题没谈妥，就不会贸然开征。

但不管是短期还是长期，房产税或物业税注定与房价无关，那些指望通过物业税或房产税来打压房价的人一定会失望。

征收房产税南辕北辙

在经过 9 个多月的房产税试点后，重庆市地税局发布个人住房房产税申报缴纳通告，2011 年 10 月 1 日起将对主城区域内符合要求的存量独栋商品住宅征收个人住房房产税，外地购房者将不享免税优惠。个人住房房产税税率分为 0.5%、1%、1.2% 三档，征收期为每年的 10 月 1 日～31日。重庆因此成为国内首个对存量住房开征个人住房房产税的城市。

重庆房产税推出之初，就留下了调整政策的伏笔，"未列入征税范围的个人高档住房、多套普通住房，将适时纳入征税范围"。本次重庆房产税试点由交易环节局部扩大到存量环节，引人注目。从财政学和公共经济学基本原理方面讲，一些直接税（比如个人所得税、房地产交易和持有环节征税）会直接减少居民家庭和企业的收入，从而对社会的总需求和通货膨胀有一定的抑制作用。从交易环节征税，不同的征收对象，导致对房地产价格的影响也不同。在短期内，对购买者征税会带动房地产价格的下降，对供给者征税则会使得房地产价格上升，当同时对购买者和供给者征税时，房地产价格的升降则取决于两者的征收力度。从长期来看，对购买者征税对房地产价格并无影响，而对供给者征税则只能带来房地产价格的上涨。从保有环节来看，税费变动与房地产价格变动呈现负相关关系，保有环节的税负增加会在一定程度上抑制房价的过快上涨，尤其是当存在房地产投机的情况下，保有环节的税负增加有利于抑制投机。

然而，在当前和未来相当长的时期内，中国城市的房地产市场都是卖方市场，不论在交易环节征税，还是在保有环节征税，也不论在交易环节对购买者征税还是对供给者征税，本质上都会将税费转嫁到买方或承租方头上。当然，对一些持有但空置的房屋征税，有可能减少人们对房屋的持有意愿和需求，但是在通胀时代，资金富余阶层没有更好的财富保值增值渠道的话，仍然会把房地产作为财富仓库的首选，不一定会导致大量抛售并带来房价下降。除了少数资金链短缺带来的短期抛售，不能指望它们对市场带来全局性的影响。

而从征税的实际影响来看，据相关数据显示，预计新的存量房房产税办法出台后，首批应税的存量房为 3400 套，加上此前的近万套应税房产，初步测算这些房产总数约 13000 余套，应缴纳房产税逾亿元人民币。从房产总量、纳税额度和限于高端住宅上来看，此次征税，对市场的影响可谓微乎其微。

中国的物价问题并不只是房价高，房价高不是因，而是果。不针对房价高的原因对症下药，只对房价高这一结果去左拧右调，最后一定是南辕北辙。而导致中国物价全面过高的根本原因有三：

一是低附加值外向型经济使国人碌碌无为穷困终生。"亚洲四小龙"和印度在 IT、制药、输出 CEO 等方面的外向型经济的成功，都应归功于它们输出的是高智力、高附加值产品，人的价值已经在出口产品中得到充分体现。而包括中国内地在内的多数发展中国家和地区，输出的却是依靠

"廉价劳动力优势"、廉价资源和廉价环境取得"竞争优势"的低附加值高能耗商品，是以牺牲人权和环境为代价的"卖血经济"。"卖血经济"换回的大量外币，只能国家持有，于是，用以兑换的人民币如滔滔江河，源源不断流入国内市场，使人民币流动性越来越泛滥。自从1998年城市住房私有化以来，总共吸收社会流动性23万亿元以上，对稳定物价功不可没。但是紧接着老百姓又对房价过高怨声载道，引发各种各样的限购限贷政策。结果，房价未降，食品药品等其他各领域的物价上涨则接踵而至、此起彼伏。

二是投资型政府极大地推高了物价，助长腐败和贫富两极分化。花别人的钱办自己的事一点也不心疼。原本只需修一条高铁的，可能修上十条八条；原本造价只需1元的，可能报出5元的实际成交价。而不论资金来源是税收还是负债，最终都得靠全体纳税人买单，或增加税收，或超发货币。

三是行政垄断和高税收提高了物价。自1994年实行分税制改革以来，中国政府的财政收入增速几乎每年都是GDP增速的两倍。在2009年，即使受世界经济衰退和中国外贸出口急剧下滑的影响，中国政府财政收入仍有11.9%的增长。2010年，中国政府财政收入增速攀升到21.1%，为全年GDP增速的204.85%。2011年，中国政府的财政收入显然又进入了超高速增长的轨道，1~4月份，同比增幅竟高达33.2%。在中国，由于石油、电力能源等资源性行业和电信等基础服务行业行政垄断导致产品和服务长期质次价高、职工工资又长期处于世界低水平行列，因此，不管需求有无弹性的商品，税收的增加都不可能使企业"内部消化"，即使其中极少数企业有"内部消化"的能力，对绝大多数行业来说也没有"内部消化"的能力。而不能"内部消化"不断增加的税负成本，就只能"外部转嫁"不断增加的税负成本。这"外部转嫁"的唯一途径，就是提高价格。

当下中国陷入"国家富、百姓苦"的"中等收入陷阱"，陷入百姓收入低而房价高物价高的怪圈，不是税费太少，恰是税费太多太高。中国只有全面调整和改革政府职能，变投资型政府为服务型政府；全面调整经济结构，变外向型经济为内需型经济；全面改革税制，大幅度减税以让民生和企业休养生息，才能实现真正的民富国强和可持续发展。

如果对有关税费的效果不加区分，忽视房地产市场的总体供求状况和市场需求的结构情况，一味盲目增税，只会使社会经济发展的状况越来越糟。在中国现有税制不修改、政府职能不转变、经济结构不调整的情况下加征房产税，不管采取哪一种形式，无疑都是一种苛政猛于虎的苛捐杂税，是掠夺民财的一种做法，不会对遏制房价上涨产生任何益处。诚如任志强所言："如果仅仅是为了政府征税，不要打着降低房价的旗号、不要打着杀富济贫的旗号、也不要打着其他任何利国利民的旗号去骗取民众的信任。"

今天中国一切问题的症结，不在于富人，而在于政府。富人是受益者同时也是受害者。对于富人，最糟糕的办法是征税，而最好的办法是让他们把钱花出去，转化成穷人的工作机会。然而，当下中国制度性的供给不足恰恰堵塞了这条路，户籍学籍制度限制了富人的自由迁徙；垄断经营让富人无法购买到更昂贵的医疗教育服务。土地、矿产等的高度国家垄断切断了古今中外、千百年来富人财富保值增值的通道，也使社会失去稳定物价的资金蓄水池。结果，富人的钱只能去推动危如累卵的资产价格高涨，反过来又进一步激怒穷人。

匆忙上阵的房产税全身是病

鉴于房产税在法理基础、法律程序、目标和有效性、基本公平等问题上都没有得到解决，明智的、追求法治的政府理应极其谨慎、有所敬畏。贸然推行只能饮鸩止渴竭泽而渔。

首先，法治的基本原则就是税收法定。为什么要征税，如何征税，税率多少，具体如何使用、如何接受监督，这些都是必须讨论的前提。而且最终要通过人大辩论和表决。即使人大已经授权相关行政机构对某些特定税法行使修改等权力，那也应该通过相应的法定程序来完成。虽然《房产税的暂行条例》1986年就通过了，但是非经营的、自住的住房是不征税的。那么，即使依照《房产税暂行条例》，对于自住的、空置的（空置就不是经营）房屋征房产税，就是不合法的，不管其面积多大。因此，不论是重庆拟对存量"超标房"征税，还是上海拟对增量"超标房"征税，都存在法理基础缺乏和法定程序不正义之嫌。

其次，征房产税的目标是什么？如果是为了降房价，在通胀预期和快速城市化双重背景下，过低比率的征税对象和较低的税率根本达不到这个目的，反而会把相应的成本转嫁到房租和房价头上。如果房产税目的在此，那么要是降不了房价，是否意味着此税必须马上终止并且退回纳税人？如果是为了建保障房，那就是政府的责任，怎么可以随便转嫁责任于老百姓头上，尤其是只转嫁到其中一小部分公民头上？如果是为了增加政府收入，那更不行。2010 年全国税收已高达 83080 亿元，此外还有 2.7 万亿元土地收入、将近 2 万亿元国企利润，还有数不清的费大于税的各种收费、罚款等，而全年 GDP 还不到 40 万亿元。政府拿的不是太少，而是太多。不论从公民与政府的关系，还是从藏富于民培养税基、让民众休养生息的角度，各级政府唯一要做的是大幅度减税，而不是增税。

事实上，世界上凡是征房产税（物业税）的国家和地区，秉承的多是"取之于社区用之于社区"的原则。在美国，社区一级的政府，征收房产税之后，税款必须受监督并透明地花在社区的公共品项目（如治安、基础教育、图书馆、文化娱乐设施、养老院、医疗卫生服务等）上。社区的全面改善会让更多的人愿意移居到这个社区，从而让房产增值，推高房价。房价上涨，社区政府征收的房产税收入也会水涨船高，进一步推高社区品质，良性循环。我们这里的大量税收、费收、土地收入，却是取之于此、用之于彼；取之于民、用之于官，恶性循环。

房产税的公平性问题，同样千疮百孔不堪一击。如今的城市房屋，品类繁多身份复杂。有政府免费或者极其廉价划拨土地建的各类福利房，有拆迁安置房，有历史上民众"征了国家的地"在上面盖并且几代人慢慢更新换代的棚户房，有大量新时期以来在农村集体土地上盖的小产权房，还有一部分是土地招拍挂以后通过有偿出让 70 年或四五十年土地使用权盖的商品房。在这各种"身份"的住房里面，最应该征收房产税的，是那些没有缴纳土地出让金、甚至没有缴纳一分钱税费的房屋。但现实的制度设计，恰恰是那些已经缴纳过巨额土地出让金和巨额税费的商品房，其中的那部分"豪宅"要重新再缴房产税！已经缴地租和各种高额税费的，还要继续"万税万税万万税"，没交地租或少交地租、少交税或不交税的，反而是永远无税！这不是滑天下之大稽吗？

但如果说商品房不缴房产税，而让经适房、限价房、单位集资房、回迁房、棚户房、小产权房来缴房产税，那又会让世人笑掉大牙，全世界都会觉得这个国家的制度在欺负穷人。对小产权房更棘手，对它征税嘛，等于承认了它的合法性；不征嘛，它既不缴任何税费也不缴土地出让金。那岂不是让守法的备受欺压，不守法的活得更加滋润？

市场经济的基础是财产权利的平等。当中国的各种财产权利并未解决最基础的平等问题时，又如何对财产权利征税呢？

房产税除了增加政府收入、增加公职人员岗位、增加行政成本、告诉世人政府可以不依法办事之外，我看不到任何好处。

房产税，听说你要来，房价又涨了

2011年1月12日下午碰到一老兄，感叹手中一点余钱放着心慌。我很诧异：你还没买房啊？这位老兄很早就说要买房，一直没有出手。他说，再看看房产税能不能降点房价。我说，别指望了，房产税只能助涨房价！

事实上，房产税还没正式开征，只对增量房征收的"末班车心态"已经在助涨上海房价。《东方早报》的消息说，受房产税出台传言的影响，买卖双方的交易周期较往常缩短了不少。据21世纪不动产上海锐丰锦绣满堂分行经理介绍，该分行近期成交行情明显偏向单价在4.5万元/平方米左右的高档房源，以及面积在150~300平方米的大面积房源，这类购房者占据了近期分行上门客户的八成以上。21世纪不动产上海区域中心最新统计显示，2011年1月1日至9日期间，上海全市新建商品住宅成交均价达2.12万元/平方米，较2010年12月同期提高了5.8%。

即使像重庆那样宣布对存量房也征房产税，它也不可能"逼退"房价上涨的势头。根据任志强的估算，七折八扣，当前城市真正的纯商品住房的总存量大约只占全部城市住房存量的25%左右。其中144平方米以上的住房或者价格达到平均价格3倍以上的住房，又是一个小得多的比例。这么小的征税比例，1%左右的税率，不可能引发住房持有者潮水般抛售房屋进而引发房价下跌。而我们要面对的是中国每年平均1%以上、大城市高达3%以上的城市化人口增速。更何况，今天的房地产投资者要面对的是每年10%甚至更高的实际通货膨胀率（年均货币增量达到17%以上），人们甚至全款买房，也要用它来抵御通胀。1%的房产税和10%以上的通胀，根本不是一个重量级的较量！最终结果是：与历史上几乎所有增加房屋持有和交易环节税费的结果一样，增加的持有税费最终又以房租、房价的形式转嫁给买方或承租方。房产税只会推高房价。

另外，房产税是直接税种，它对政府征税和用税的公平性、透明度都提出了直接的、很高的挑战。即使税率不高，税额也相当可观，不像个税那样被代收且税额相对较低。如果征税与用税的公平和透明度都没有得到很好解决，贸然征收房产税，政府与纳税人尤其是与作为社会中坚力量的房屋持有人的矛盾有可能会被大大激化。

目前，如何对存量房进行统计与评估，就是一个难题，更别说如今的城市房屋，品类繁多身份复杂。有政府免费或极其廉价划拨土地建的各类福利房，有拆迁安置房，有历史上民众"征了国家的地"在上面盖并且几代人慢慢更新换代的棚户房，有大量新时期以来在农村集体土地上盖的小产权房，还有一部分是土地招拍挂以后通过有偿出让70年或四五十年土地使用权盖的商品房。在这各种身份的住房里面，最应该征收房产税的，是那些没有缴纳土地出让金、甚至没有缴纳一分钱税费的房屋。但现实的制度设计，恰恰是那些已经缴纳巨额土地出让金和巨额税费的商品房，其中的那部分"豪宅"要重新再缴房产税！

鉴于征税的基本理论及公平问题没有解决，明智的政府对它极其谨慎。据悉，之前上海上报的方案，就因"太软"被中央退回，后来上海同时上报三个方案，供中央决策部门选择。但重庆显然要严苛、坚决得多。更富裕的上海更宽，更穷的重庆更严，后者显然是只顾政府税收不顾百姓休养生息，能坚持多久令人怀疑。五岳散人放了句狠话：普遍征收房产税，这个税就是断头税。饮鸩止渴只能喝死自己。

于个人，别指望房产税降房价；于政府，房产税要慎之又慎。

物业税或可以"小产权房"做试点

深圳市 2010 年 4 月通过《关于农村城市化历史遗留违法建筑的处理决定》，其中规定，违法建筑除未申报的外，符合确认条件的，在区分违法建筑和当事人不同情况的基础上予以处罚和补收地价款后，按规定办理初始登记，依法核发房产证。

媒体把深圳此举冠名以"深圳小产权房合法化"，其实，它主要针对"城中村"历史遗留问题，也就是违法建筑问题，而并非指我们过去常说的城市郊区的"小产权房"问题。但深圳这种将违法建筑纳入合法轨道的思路，无疑给解决更广义的小产权房问题带来了启示。

无论怎么说，小产权房问题不可能永远搁置。中国社科院发布的 2009 年《农村经济绿皮书》分析，十七届三中全会前，地方官员积极推进村庄兼并，扩充建设用地资源的做法早已存在，土地开发商低价获得土地后建造房屋，将一部分房屋低价出售给农户，另一部分作为商品房按照市场价出让给市民。同样，农村宅基地在一些地方也事实上进入了建设用地市场，有的地方鼓励城市资本与农户合作建造房屋搞旅游用房开发，典型做法为：农户投入宅基地，城市商人投入资金，房屋工程完毕后城市商人获得一部分房屋的一定期限的使用权，这意味着农户的宅基地使用权已经部分流转到城市商人手中。对此，绿皮书认为，"小产权"与"大产权"的区分意义已经不大，"相关政策应作出调整，以适应现实变化"，而农民的宅基地事实上已进入市场，现行法规应适应形势作出修订。

应该看到，各地方政府各行其是地解决小产权房问题，也孕育着危机。一方面，小产权房转为地方政府的土地财政有可能形成较为尖锐的冲突，因此，转正的口子大小取决于地方政府的短期财政利益多少，有可能形成事实上的不公平，或者是先建者先得利，而后来跟进者则有可能面临着不被承认甚至建筑物被拆除的风险。其次,这种由地方政府权力主宰分别认证的模式,有可能催生大量的权力寻租和腐败现象。或者是权贵资本得利,而其他没有权力背景的人永远不被承认。再或者,是这个闸门的开关随时掌握在地方政府手里,随关随启,社会公众无法对此形成明确的行为预期。

一项好的政策或法律制度,基本要求是普适性、恒定性、公开性,既能公平地实施于一切群体,也具有相当程度的政策稳定性。因此,解决小产权房问题,需要从法律的源头上加以确认和实施,即便允许各地先行探索,国家有关部门也应该密切关注其公平性和持续性,并及时予以纠偏,且为将来的立法或修法积累经验。

在具体的路径选择上,窃以为也不宜采取补收地价款和罚款模式,因为小产权房建设过程中主要的违法行为,充其量是没有得到国家批准的规划,至于在自己的宅基地和建设用地上建房,多余部分转让给开发商或以相当于"永佃"的方式卖给城里人,从法律上说,称不上多么严重的违法行为。

所以,小产权房问题的解决,一是采取补交房地产交易环节的税收的形式,从交易环节确认其合法性;二是通过物业税形式,与城市国有土地一次性拍卖70年使用权的形式区别开来,通过几年一交物业税的形式确认业主持有环节的合法性,并形成政府稳定的税收。小产权房合法化正好可以成为物业税探索的突破口。

税收是公民与国家的契约,不是任何政策的工具

人们把房产税当成万能宝剑,对它抱有太多的幻想、赋予它太多的功能,又希望它降房价,又希望它替代不合市场逻辑的限购,又希望它能够替代地方政府的土地财政,以为税收万能,却不知那不过是一柄危险的达摩克利斯之剑!

首先,房产税涉嫌重复征税,是一种恶政。这一点就连力主征收房产税的财政部财政科学研究所所长贾康也承认。2012年3月30日,贾康在

接受和讯网专访时表示，房产税与土地出让金的重复征税不可避免，关键得看重复得是否合理。贾康说，房产税与土地出让金的重复征税严格来讲是无法避免的，作为地租性质的土地出让金和作为税收所谈的房产税是同时存在的，就是这个税在不同概念之下不同的税必然要同时存在，因为它是一个复合税制，有了流转税之后还有所得税，缴了企业所得税之后还有个人所得税，它就是一个重复。但是这里面的区别就是重复的合理不合理，这是问题的关键。所以，以经济权利为依据的土地出让金作为地租，和以政治权利为依据的税收，应该处理成合理的、并行不悖的关系。

依我看，这是一个强盗逻辑。因为世界上几乎所有国家和地区的土地以及土地下面的文物和矿产都是私有的，作为地租性质的土地出让金或者转让金本质上归民间所有，藏富于民。而我们却是一个法律就宣布国有或集体所有，实质上都是由官僚支配、官僚所有。房屋所有者实际上只能算是租用者（住宅70年，商住30~50年），如果要征所有权税，按理应该向土地所有者征税，而不是向租用者征税。再小而化之打个比方，征税要向房东征而不能向房客征，就是这个道理。

其次，房地产税会造成更大腐败。前面已经说过，即使是征第二套以上房子的税收，一家人在不同地方拥有两套以上房子，到底该征哪里的，如何评估等，都存在征收对象的不确定性以及征收额度的巨大弹性。所有这一切，只能给政府制造巨大的腐败弹性空间，给社会制造更大的不公平。

第三，房产税会直接激化社会矛盾。由于房屋产权性质及房屋来源的多样性（集体土地上的农房、小产权房、福利房、商品房、保障房诸如此类"品类繁盛"），房产税征收对象和额度的巨大弹性等，在其天生存在的巨大不公平性之下，如果贸然全面征收房产税，会激发社会极大的不公平，以及因为不公平导致的社会情绪反弹。

第四，房产税替代土地财政是异想天开。全美平均房产税0.98%。如果我们的房产税也定在1%左右，或者最高达到2%，那又怎么样呢？2012年4月5日《新民周刊》封面文章《房价何时是"到位"》写到了地价与房价的构成，按照2007年之后从公开市场拍卖获得的土地，土地出让金平均可以占据一套房产总价的20%~40%；政府向开发商收取税费大约为15%。也就是说，购房者缴纳给政府的地价和税费已经超过房价的40%，高的可达55%。此外，购房者还要额外缴纳1%~3%的契税。以平均地价占房价30%的中位数和平均房产税1.5%的中位数计，20年房产税才能抵得了一次性土地出让金！

而事实上，在今天的"土地财政"之下，政府从土地出让金中所得盈余并不多。据房地产资深评论人陈宝存介绍，自2006年土地出让净收益占全部土地出让收入的60%，到2009年只占土地出让收入的13%，土地财政已经不可持续了。

造成这种状况的根本原因，是政府冲到微观经济建设第一线的招商引资方式，亦即投资型政府模式使大量房地产用地补贴了本已产能严重过剩的大量工业用地。只要投资型政府不改，土地财政无解，高房价无解，地方政府为了卖地而强制征地、强制拆迁也无解。

第五，房产税打压房价是痴人说梦。每当房价出现高涨时，都有许多"专家"和百姓高呼抑制房价上涨的唯一方法是实行物业税（房产税），理由是现行房地产税制在生产、流通环节的税很重（包括土地出让金），但持有环节的税很轻，因此造成一个人购多套房，因为投资性购房让房价暴涨。只要加大持有环节的税收，则拥有多套房的投资者会减少，房价就会跌下来。

这种一叶障目不见森林的直线思维方式，就像古代寓言中拿着一根长竹篙只懂得横着进城门却怎么也进不去的人。全中国的房价都有不合理的虚高成分，但却不是头痛医头脚痛医脚可以解决的。面对平均每年17.5%左右的通货膨胀率（过去是如此，但只要投资型政府不改，未来也未必不是如此），面对不到5%的银行定期存款利率，面对把散户当提款机的股市，面对假冒伪劣层出不穷的珠宝、文物、艺术品市场，有钱人不入楼市又去哪里？1%左右的房产税与17.5%的通胀率，谁轻谁重？何况只要是卖方市场，这一切成本都可以转嫁给买方和租户。

第六，国际上的房产税只会推高房价。郎咸平说：中国房地产税的这个概念是从美国来的，但是美国搞房地产税的本意是要抬高楼价。政府明确规定征收的房地产税56%要用于当地的教育，40%多用于当地的治安、绿化、卫生等，只有不到2%的钱用于政府监管的行政开支。所以，美国的房地产税征收后，当地的教育好了，治安等各方面条件好了，房价就上去了。中国现在很多人、包括很多学者，根本就没搞清楚房地产税在美国起了什么作用，就盲目鼓吹支持开征这个税，这是非常危险的。

美国富饶房产总裁、美中商业促进会主席陈航介绍，全美平均房产税0.98%。房产税的绝大部分给学区，如果你交房产税，就能上中关村一小，而不要到处为儿子装孙子求爷爷告奶奶托人介绍一个赞助学校的机会，你愿意交这个房产税吗，你说房价是否会涨？

旅美学者薛涌用自己的亲身经历介绍：我个人的经验是，买栋50万的房子，一年缴纳7000多的税，大约1.6%的房地产税，主要用于当地学校。这里人均教育经费1.7万。我一个女儿，实际赚了1万。如果你有两个孩子，一年从镇里等于获得了2万美元左右的教育补助。

当然，孩子的读书只有几年时间，但是房产税却是子子孙孙都要收下去的，但也正是这样，房产税才能真正支撑起美国的好学校。也正是这样，不论是中国还是美国，到处都有学区房，学区房价比同类房价高许多，但人们还是趋之若鹜。

第七，税收是契约，不应成为任何政策和经济目标的工具。从现代政治理论看，税收是公民与国家代理人——政府之间的契约，通过宪法与法律形成的契约关系，公民牺牲部分财产和自由，换取政府保障自由、平等与安全的公共服务，政府征税等行为严格受到法律限制，税收拒绝成为任何政策和经济目标的工具。一旦税收成为短期政策的工具，国家离横征暴敛就不远了，公民离奴役之路也不远了！

第七章 告别楼市乌托邦强制

楼市当告别乌托邦强制

在经济发达、人口密集的大中城市，房价往往都高不可攀，这是一道世界性的景观，不论是发展中国家，还是发达国家，也不论土地所有制形式如何，都无一例外。中国只是这个"世界潮流"中的一员。

中国的房价飙升，还因为过去半个世纪里计划经济人为阻止了城市化、住房建设和住房改善、收入增长等一系列"补课效应"，因此它的落差来得特别大。很多原本起点相同的人，因为买房和不买房的差别，几年后在财富上就发生了巨大的落差，许多人觉得自己分明受到了房地产市场的伤害。因此，人们热切地期待房地产领域成为一个理想化的公平的化身，成为"安得广厦千万间，大庇天下寒士俱欢颜"的场域，期待人人都买得起（尤其是在大都市买得起房），或者人民政府能够为多数人提供保障性住房。

在中国，房地产领域似乎正成为当代乌托邦的最集中领域。英国思想家罗素写道："人类由于对自身一直生活于其中的充满破坏和残酷的混乱世界的不满而梦想一个具有良好秩序的人类社会。"俄罗斯宗教哲学家别尔嘉耶夫说："被周围世界的恶所伤害的人，有着想象、倡导社会生活一种完善的和谐制度的需要。"

正是在这样的理想支配下，我们看到了政府一系列的限购、限贷、限价政策。然而市场似乎总是不买账，房地产调控时间超过了历史上的"八年抗战","抗战"取得了全胜,但房价却在调控声里"听取涨声一片",直至今天。于是,人们又期待政府祭出另一只手——给社会提供更多更好的保障房。但是,中外历史上千百年来"各取所需"的乌托邦,从没有人能够回答:拿完了不够怎么办?供给过多浪费了怎么办?从现实的情形来看,基于"公地悲剧"和人类共同的"贪得无厌"心理,以及保障房制度层层下压的指标分配方式,保障房供应已经呈现"供给不足"和"供应过剩"的矛盾格局!

无论是保障房过剩和不足同时同地出现的奇异组合,还是保障房和商品房价的节节攀升,楼市的图景已经再清晰不过地告诉我们:行政力量不可能将房价压到人人满意的程度,各级政府也没有能力承担起哪怕只占住房总量20%的保障房任务。解决住房需求,最根本的力量只能来自于市场。而市场的本义则是经济民主,个人和资本自由选择。在1998年住房市场化改革之前,中国的城镇居民,绝大多数住的就是公租房。因为公租房远远满足不了人民群众的居住需求,所以才有了市场化的房改。我们岂能那么快就忘本了呢?

作为人性中的美好精神追求和平等愿望,乌托邦本身没有错,错的是基于乌托邦理想的强制。而"乌托邦"的希腊语本义,则是"没有这个地方"。秦晖教授认为:"问题显然不在于'空想','空想'无非是不能实现,但未必意味着造成灾难。乌托邦不可怕,可怕的是强制,过去的灾难并不是因为乌托邦太多了,而是因为强制。……因此改革的目的也不是告别乌托邦,而是告别强制。"不论是强制限购,还是强制供应保障房,本质上都是强制,都违背了市场的自由契约精神。所谓"契约即正义",契约乃是自由意志的产物,是人类社会赖以生存发展的基础,也是个人幸福的基础。哈耶克曾痛斥"强制是一种恶",说:"强制之所以是一种恶,是因为它否定个人选择与实现自己目标的能力与权利,将其降低为别人的工具。"

长思之,醒思之。

就这样走向奴役之路

随着限购的靴子一只一只落下来，落满全国70多座大中城市，随着购房的户籍等身份性、行政性门槛越来越高，人们终于在短时间内集体发现，问题已经发生了根本转向，原来踮一踮脚尖也许可以买得起房的，现在是自己有没有资格买房的问题了；原来如果买不起还可以住得起，能暂时把买房的事情往后放一放的，现在是房租上涨得已经迫在眉睫地危及立足和发展；原来想着如何努力挣钱买房或者如何让房价降下来，现在则要想着如何千方百计和政府捉迷藏躲猫猫绕过无数的关卡和数不清的税费。我们的聪明才智、我们的时间精力、我们的行政成本就这样被浪费和自我浪费。而这所有的中间成本，无一例外地都要转嫁到房价上。

一切都不能怨政府，是我们自己一步一步地喊着欢呼着急不可耐地要求政府给自己套上枷锁的。多少年来，我们甚至形成了这样一种思维定势，形成了两个新的"凡是"：凡是合乎我意呼吁降低房价的，不管采取什么手段，不管它是否合乎经济和社会发展规律，不管它是否在不断地给政府强化管制权力，我们都要赞成，并且在人格上道德上赞美他；相反，凡是不合乎我意认为客观上房价要上涨的，呼吁政府尊重规律和市场不要横加管制的，都会在人格上道德上被贬低、被排斥、被当做敌人打翻在地，还要踏上一万只脚。

北大教授周其仁说："为什么政府的能力是有限的？原因是我们在探索未知，政府绝对没有这个能力知道未来会向什么方向发展。所以政府要去指定一个产业发展方向，指定一个技术路线，失败的概率几乎是百分之百。唯一的办法就是放手让千家万户的企业，让千百万人去探索。探索中失败的概率是很大的，但是总有一部分人成功，它的成功就能够带动我们整个产业、整个国家走向一个成功的道路。"

在保障房建设、分配和楼市调控问题上，各级政府同样要面对无数的"无知之幕"，它们既非全知全能，亦非"毫不利己专门利人"的至真至善的存在。可是我们仍然把它当成几乎唯一的道德存在，认为市场是万恶之源,而把一切希望寄托于政府之手,掌控一切调配一切。

而且,我们今天的政治远远还没有走到"责任伦理"这一步。"责任伦理"的概念最初由德国著名哲学社会学家马克斯·韦伯于20世纪初提出,是指从政者必须具备务实的态度,为自己的言论和行为的后果承担责任。当代世界政治文明早已进化到责任伦理这个阶段,而我们还停留在意图伦理阶段。所谓意图伦理,就是只要出发点是好的,不论造成多么严重的后果和灾难,决策者和政治家们都没有责任。

一个只问意图伦理、不问责任伦理,为了一个所谓"高尚"的目的就可以不择手段、不顾一切的国度,奴役和贫穷就是唯一归宿。

我们正在一步步坚定地走向奴役之路。有什么样的民众,就有什么样的政府。手拿绳索的,不是别人而是我们自己!我们不断地呼吁要有个异常强大、神力无边的政府,把不断加强管制的权力交给它,把不断地无节制地增加税费的权力交给它,到最后,我们都只能成为这个权力的奴仆,而再也不能成为权力的主人。那时候我们才发现,原来权力也不是万能的啊!可是一切已经为时已晚,无法回头。

规律是什么?市场是什么?规律是不可抗拒的社会历史的必然发展逻辑。市场是遵从规律前提下对公民自主选择权利的尊重,也就是公民对市场自由选择的民主权利,属于经济民主的范畴。计划和管制都是强制,而强制是对自由的否定。

市场规律是不可抗拒的。规律是山间小溪水,貌似柔弱无骨,却百折不挠,千山万壑拦不住;规律是长江黄河,再高的大坝不能抵挡,任凭你山石泥土或血肉之躯,想挡住它,它就只会让你粉身碎骨;规律是生老病死,世俗权力无上的天王老子也无法抗拒。

不尊重市场,不尊重规律,不愿意做市场和规律这双无形之手谦卑的"仆人",而是寄希望于一只有形的大手,能够法力无边,到头来就只能成为这只大手的奴仆,同时又逃不出规律那只无形的手,我们的奴役就只能加重,我们的命运就更悲催。

人们一直把高房价归结于行政控制资源、土地财政、土地垄断,归结于炒房团,归结于开发商等种种似是而非的原因,其实最根本的只有一条：人聚财聚，人散财散。日本东京、英国伦敦、美国大城市圈乃至印度孟买、越南河内及胡志明市等大都市，不论什么样的行政、财政、土地和经济、社会制度，这些地方的房价一律高不可攀，高到年轻人根本不去想。完全够不着了，反而不抱怨了。等到人到中年，个人通过奋斗成长，世界自然是他们的！

小城市房价低，你为什么不愿意去？甘肃玉门最好的房子不到 100 元一平方米，你为什么不愿意买？很多人，既要享受大城市带来的平等、自由、机会和诱惑，又不愿承受大城市带来的压力，于是呼吁救世主。历史上一切呼吁救世主的人，最终都必将迎来奴隶主。

自由比福利重要十倍

在一个贫富差距惊若天壤的国度，呼唤福利主义，天生具有一种政治正确和道德优越感，仿佛那就代表了劳苦大众的利益。保障房亦然。

但天下没有免费的午餐。例如，你从保障房中获得的看得见的"好处"，加上分配过程中的寻租和各种行政成本，最后肯定是在另一些你未必看得见的地方由你自己买了单。

2012 年 3 月 27 日，《人民日报》发文称："探讨医疗模式的核心不在于是否免费，而是如何兼顾公平和效率"。文章认为，全民免费医疗只能是一种理想状态，看病用药必然产生费用，这笔费用不是个人承担，就是财政买单。即使是财政买单的"免费医疗"，财政的钱也是来自针对国民的税收。这个报道很快成为各界关注的热点。

应该说，这是一个常识的回归。但这样的常识似乎远离我们已经太久太久了。在很长时间的语境里，在某种"主义"的旗号下，很多人似乎形成了这样的一种集体无意识，认为国家提供免费医疗、免费住房、免费教育都是理所当然的。但很多人似乎不知道，天下没有免费的午餐，国家及其代理人——政府本身并不创造财富，国家提供给公民的一切免费用品，其代价和费用都极其高昂——所有的费用来自税收，税收需要巨额成本，税收过程中也会产生寻租和腐败。"免费分配"时也需要巨额行政成本，分配过程中也会产生寻租和腐败。"免费"的东西越多，政府及其公务员的权力越大，寻租和腐败的空间也越大，反腐败的成本也越高。最后结果可能是：免费提供民众1元钱的福利，可能耗去社会10元钱的成本！

有人说：免费医疗是可以实现的，只要能防止资源浪费太多，保证服务效果，减少三公浪费，提高财政效率效益。但是持此论者恰恰忘了，他的所谓"只要"如何如何，是实实在在的乌托邦理想设计，只在天上有，却在人间无。现实中你无从监督制约贪污和浪费，权力的支配权含金量越大，越无从监督与制约。不能把政府和官员当神，他们是必要的恶，而不是必然的善。

某种意义上说，从"免费医疗"入手，重新普及"天下没有免费午餐"的常识，丝毫不亚于一场思想解放运动。须知，重提这样的常识并不容易。

口号向来比实干和逻辑更有吸引力。这就是为什么乌托邦在20世纪造成的死亡人数可以远超战争。天下没有免费的午餐，一切乌托邦思想都需要反思。当下中国，自由比福利更重要。就以医疗领域为例，药品采购的垄断、封闭运行，医疗垄断地位的强化，是造成百姓看病难、看病贵的主因。如果有足够的市场自由，医药成本的降低就是百姓福利的提升。其他领域同样如此，行政垄断导致市场效率和公平性双双降低，百姓就业的机会和收入也双双降低。

又比如说中国农民的问题，实际上就是自由和权利缺乏的问题。温总理2012年5月19日在中国地质大学（武汉）即席演讲的时候，慷慨激昂地说：一个领导人不懂得农民，不懂得占全国大多数的穷人，就不懂得政治，不懂得经济。可是，懂得农民和穷人，为什么不把农民的三大权利还给他们：土地、农房的财产权，迁徙自由权，社会保障权。这是他们最基本的自由和权利。我们国家把他们的这些基本自由和权利都剥夺了，可以不经他们的同意征他们的地，一亩地补贴到农民手里的不到地价的10%，进城农民的孩子上学要交这个赞助那个借读费。然后，又用蜻蜓点水的福利政策，免除了学生一年几百元的学杂费，农村六十岁以上老人一个月才拿55元的养老金，就宣称实现了全民社会保障。事实呢？农民得到的那点福利，不到他失去的自由和权利的百分之一、千分之一甚至万分之一！

今天，我们还停留在极低水平的自由层次，甚至在某些领域，自由成了有还是无的问题。我们的市场自由缺乏打破垄断和法治的保障，农民连最基础的土地和房屋的财产自由尚不具备。自由是一手货，是刚刚上市的鲜香美果，是一切权利和幸福的保障；而福利是二手货，是经过权力之手挑来选去的残次品。自由从来都比保障更能增进百姓和社会整体福利。所以，当你准备牺牲自由换取保障和福利时，请三思而行！

在这方面，财经专栏作家苏小和说得比我更透彻，他在《福利就是特权》一文中写道：

> 如果政府施行福利主义政策，民众必然要拿自由和权利来交换。无论是英国的福利政策，还是希特勒时代德国的福利政策，斯大林时代的福利政策，甚至包括金正日统治下的福利政策，事实上都或多或少要牺牲民众的权利。这种必然的交换，如果出现在当下的中国，民众的权利本来就少之又少，关于权利的维护之声此起彼伏，如果还用所谓福利来稀释权利，那真是雪上加霜。
>
> 最重要的现象是，在权利没有平等化的语境下，在这个国家的民众明显分为体制内和体制外的背景下，所谓的福利，一定是一种特权，一定不具有普适性。当我的与生俱来的权利还没有着落的时候，当他们可以随意拆迁我的房子，随意剥夺我买房买车的权利，随意拿走我自由迁徙权利的时候，我找政府要福利，要么说明我是一个白痴，要么我就是这个糟糕的体制中予取予夺的腐败人。
>
> 所以，我的立场很简单，先给我权利吧，我自己努力好了，你们，我是说这个看上去很美的政府，你们别歧视我，就够了。

如果你认为他说得不对，就请你全面检视一下我们的福利政策：我们的医保多数人在缴费，80%的费用却花在了党政机关人员身上；我们的社会养老保险党政机关工作人员一分钱不用缴，退休后拿的养老金却比缴了费的企业员工高出数倍。同样，保障房的负福利现象一再重演。是不是有必要再强调一下《国际歌》里的常识:"从来都没有什么救世主,也不靠神仙皇帝,要创造人类的幸福,全靠我们自己。"

回到基本的政治和经济常识

之所以很多人,一遇到具体问题和困难,不是求助于自己,求助于市场,而是首先妄想求助于一个全知全能而又道德至高无上的政府,一个很重要的甚至根本性的原因,是长期以来,我们的一些基本的政治和经济常识被颠倒,搞得是非不分黑白不明。

比如人们不假思索地就说没有共产党就没有新中国,只有社会主义能救中国,而社会主义的本质标志就是公有制,党和政府是人民的大救星大恩人。这是1949年新中国成立以来,宣传部门一直不曾改变的主旋律。这主旋律虽说陈旧,但重复千遍万遍,已经深入人心,影响深远。

但是,已经有党内正在任职的高官开始向这些"不假思索"的大道理开炮,开始回到常识本身。

2012年5月9日,广东省委书记汪洋在中国共产党广东省第十一次代表大会上作报告时指出:"人民群众是创造历史的主体,追求幸福,是人民的权利;造福人民,是党和政府的责任。我们必须破除人民幸福是党和政府恩赐的错误认识,切实维护并发挥好人民群众建设幸福广东的主动性和创造性,尊重人民首创,让人民群众大胆探索自己的幸福道路。"

这话虽说是常识,但从党的政治局委员兼在任省委书记口中说出来,可能是开天辟地头一回,石破天惊。我个人认为汪洋这是在反腐败,反语言腐败。半个多世纪以来,我们最大的腐败就是颠倒常识和是非黑白的"语言腐败",以及假话废话套话连篇、无端浪费别人时间和生命的"时间腐败"。有了这两个腐败,其他一切腐败做起来都脸不变色心不跳。这两个腐败,还培养了一大批一遇问题就爹亲娘亲不如政府亲的欲做奴隶而不得的弱智民众和懒汉(包括思想偷懒)。

我们应该回到"我是纳税人"这一最基本的政治和经济常识中来!很多人没有自己就是纳税人的意识。其实,一个孩子还在娘胎里就已经是纳税人了，你给孕妇买的营养品里就包含了很多税收，你购买每一样东西，里面都一分不少地扣着税。只不过在我们这里，即使开发票，商品的真实价格和税收也是混合在一起的，你没有清晰地看到税而已。

离开了这些税，政府一天也没有办法运转。人们应该知道一个最基本的常识：任何权力机构都不是创造财富的主体，是人民纳税养活了公务员，维系了政府的运转。照理说，党和政府应该感谢人民才对，而不是相反。但是汪洋一句回到政治和经济常识的大白话居然一石激起千层浪，足见以往的是非关系颠倒到了何等地步。

因为"我是纳税人"，所以我的幸福不是任何党派和政府的恩赐，相反，像世界上多数国家和地区一样，纳税人有权要求政府保护公民的生命和财产安全，保障公平的市场竞争秩序，保障公民的自由、尊严、人权不受任何非法侵害。公民批评政府是天经地义，也是基本自由和人权。政府做得好，是政府的职责和本分，民众无须感恩戴德谢主隆恩；做不好，民众有权利批评政府，有权利要求政府道歉、赔偿甚至要求官员下台重组政府。

第二个基本的政治和经济常识是党和政府也是由人组成的，并不天生地比任何人高明。

有人会说，国家这么大，人口这么多，13亿人口13亿张嘴，谁管都不容易，换上你来管你还不如他（她）呢！

我不相信中国人都是受虐狂。一个好社会绝对不是一个天才政府管出来的，世界上没有这样的天才政府。事实已经证明而且仍将证明，管得越少的政府才是好政府。政府管得越多，特权和腐败就越厉害，权力的私有化特征就越明显。著名经济学家张维迎有一篇文章《中国任何事情都讲特权》：

> 要把中国的市场潜力发挥出来，实现增长方式的转变，靠什么？我们现在是靠政府，靠产业政策，这是有问题的。我觉得，要靠企业家，不能靠政府。要靠私营企业，不能靠国有企业。
>
> 中国的任何事情，都要讲特权。你能不能办学校是特权，不是人

权。你想办一个杂志不可能,这都是垄断,都是特权。商业银行法规定注册10亿元资本可以做商业银行,但你拿出10亿元去注册一个试试,不可能的事。

看看产业政策,看看中国这几十年,从计划经济开始有哪个成功的?没有一个成功的。这是一位退下来的计委官员说的。现在的政府投资,100亿里面只有30亿最后做项目,另外70亿都被中间人拿走了。所以修高速公路,修任何东西,都比别人成本高,为什么?腐败。

产业政策有一个假设。政府官员比企业家更能看明白未来。企业家投资,脑袋挂在裤腰带上,冒着风险。

我们不相信,少男少女坐在办公室,反倒有权力说这个不能投资那个能投资。发改委官员老说产能过剩。你怎么知道过剩?

1990年,中国有200多家电视机生产定点企业,新企业要进都进不去,结果有一些地方偷偷进去,现在电视机企业有哪一家是那200家定点企业里的?包括我们上海的金星电视,还有吗?没有了,还得市场说了算。

一些所谓高科技企业就是靠政府补贴赚钱。所有这些政策,创造了一个腐败产业。

国务院刚出台150亿元支持微型企业的贷款政策,就有人找上门来说帮你搞贷款,20%的回扣。国家的财政增长太快,政府这钱花得实在是没有效率。

政府所有的干预都抑制了真正的企业家精神。尤其是,高科技这个东西更不能靠政府做。什么叫高科技?就是大部分人弄不明白,只有少数人在猜,企业家就是猜。政府坐在那里审批,找一些专家,专家能懂那个东西?

有人会说,要感谢党和政府改革开放以来的好政策。但我们更应该知道的基本政治和经济常识是:改革开放以来国人在财产权利、人身权利和择业自由等方面获得的相对自由,本来就应该是天赋人权,是把原本被拿走的权利还给公民和市场而已!

2012年5月,茅于轼先生获弗里德曼自由奖的时候,发表了他的获奖感言《追求自由使人们得以摆脱贫困》,其中说道:

> 人的本性是自由的。只不过随着社会的发展,人的自由被剥夺。其原因很简单,某些人的自由比别人的自由更重要,一般人的自由要让位于那些特权者的自由。于是历史上追求自由的运动就开始了。
>
> 现有的制度安排使一部分人有权干涉别人的自由而不受制裁。这是问题的所在。
>
> 可是谁最可能干涉别人的自由?恰好就是当官的,具有特权的管理者。一个社会需要有效的管理,必定赋予管理者一些特权。可是管理者利用被赋予的,或者凭武力抢来的特权为自己谋私,侵犯别人的自由以扩大自己的自由。他们甚至于侵犯别人的生命和财产。于是,历史上自由与特权的冲突开始了。这种冲突已经有几千年了,至今形势有了特别快的进展,自由的浪潮席卷全球,成为不可抵抗的力量。人类绝不会再花几百年来完成这个过程。再有两三代人,这个几千年的斗争就会结束了。它一定是普遍的,人人平等的享受自由的状态。如今还负隅顽抗的特权者应该认清形势,及早适应世界大潮。
>
> 中国在过去三十年中是如何做到大幅度提高收入的?简单说就是开放了市场,赋予每个人参与市场活动的自由,让每一个愿意参与市场交换的人都有机会参与。在市场上每个人都有机会发挥自己的长处,和别人交换。这时候财富就创造出来了。过去中国的农民不能进城打工,更不能选择职业,唯一的工作就是种地。现在他们能自由进城打工,能自己创业做小老板,能开公司赚钱。
>
> 自由的扩大导致财富的迅速增加。全世界进入自由交换的市场经济二百年来,人口从10亿增加到70亿,平均年龄从26岁增加到68岁。二百多年的进步超过了人类有文字记载的几千年进步的近10倍。这样空前伟大的进步主要是平等自由造成的。虽然科学技术在提高人们的生活质量方面起到了重要作用,但科学技术也只有在市场经济环

境下，通过商业化才能为人类造福。所以关键还是要有市场。

是自由，而不是管制使我们变得更富裕、更幸福、更加平等、更有尊严。更多的管理和管制，只会导致更多的特权，只会使社会的创造力窒息，这是一再被历史和现实所证明的真理。

时至今日，我们所拥有的也还只是小部分的自由，还有很多的自由没有被要回来，在追求自由的道路上还有很长的路要走。例如，农民至今连最基本的土地和农房的财产自由、迁徙自由和公平获得社会保障的自由都还没有。由于国有企业在国民经济资源性和基础性领域具有垄断地位，质次价高，市场还缺乏自由公平的竞争环境，离真正的市场经济还相当遥远，如金融业、石油业、电力业、通讯业等。这些行业利润非常高，创造的就业机会却很少，而民营企业尚缺少进入的自由。

告别语言腐败

不了解房地产就不了解中国。这几年，围绕着高房价问题，关于如何调控房地产的思潮真的是多如过江之鲫。有主张征收暴利税的；有主张一切房地产开发权利归政府、定价权归政府的；有主张一户只能一套房的；有主张像农民一样户均一块宅基地的；一些有相当经济学素养，如自称"房地产三剑客"之一的时寒冰，甚至直称要取消开发商，居然获得无数拥趸。足见国人对市场经济仇恨之深、对传统的语言腐败中毒之深。

许多人陷入对市场的恐惧以及对政府和计划的依赖与迷信当中，认为市场只追逐利益，充满了剥削和压迫，是万恶之源。事实上，只要是市场就一定会有竞争，有竞争才会有道德。而政府因为没有竞争，往往更不道德，更没有效率，更缺乏公平。

但是天才般的"计划"二字和充满诗意与公平幻象的"公有"二字，极大地迷惑了人们的视线，妨碍了人们的正常思维。但"大公无私"、"计划经济"真的那么美妙吗？想想中华人民共和国成立后的最初30年，计划经济和"文化大革命"，似乎人人都"大公无私"、"狠斗私字一闪念"，结果怎样呢？别说想住上好房子，老百姓连饭都吃不饱，衣都穿不暖。衣服、粮油全部凭票供应，一个月吃不上一顿肉。浙江财经学院经济与国际贸易学院院长谢作诗在《公有制是一切罪恶根源》一文中写道：

> 小的时候，我家是要养鸡的，可是我没有吃过鸡蛋。鸡蛋是要拿去换钱买盐、火柴等日用品的。我吃的是鸟蛋。想吃蛋了，就上房去、上树上抓鸟蛋吃。不搞私有制，'大公无私'、'天下为公'的后果何止是民不聊生，连鸟儿都要跟着遭殃。
>
> 我们常常被名义迷惑了。其实名义的东西没有那样重要。你说我的老婆是你的老婆，这不重要，重要的是她陪我睡觉，跟我生孩子，她事实上就是我的老婆。不要被国有企业的名义所迷惑，关键要看她在陪谁睡觉，跟谁生孩子；或者，陪谁睡得多，为谁生的孩子多。中石化的茅台酒，你我喝到了吗？中石化的利润，你我分享了吗？没有吧。所以，亏损的时候，没酒可喝需要补贴的时候，它才是我们的；盈利的时候，有酒可喝的时候，就是他们的了。
>
> 马克思要消灭私有制，消灭剥削。说来不容易相信，在私有制下其实是不可能有剥削的。
>
> 一个人应该得到多少收入，是由可能的替代性选择来决定的。老板之所以给你开3000块而不是2000块，是因为你在别处也能挣到3000块。你之所以要花10%的利率而不是8%的利率去借钱，是因为别人按照10%的利率照样可以把钱贷出去。你说这里收入低，那得别处收入高才成。但既然别处高，你为何选此处呢？因此，只要人身自由没有被限制，那么，任何人得到的就总是他能得到的最高收益。只要人身自由没有被限制，马克思所说的剥削就不可能发生。
>
> 没有自由，才有剥削的可能性。那是说，剥削不可能存在于私有制、市场经济体制下，因为在市场经济体制下人们拥有择业的自由。剥削倒可能存在于公有制、计划经济体制下，因为在计划经济体制下人们不仅没有择业的自由，而且好些其他方面的自由也被剥夺。剥削不可能发生在资本家那里，倒可能出现在政府那里，因为面对政府，

你没有替代选择。一般认为，奴隶制下奴隶受着奴隶主的盘剥，过着凄苦的人生。但是诺贝尔经济学奖得主福格尔教授的研究表明：美国奴隶并非人们想象的那样生活凄惨；奴隶制在当时是一种有效率的制度安排，奴隶当时生活并不差，奴隶们并不支持废除奴隶制。奴隶虽然没有自由，可奴隶是私有财产呀，你见过主人在自己的桌子板凳上划道子的没有？奴隶难道不比桌子板凳值钱吗？

我们常说，不自由，毋宁死。但是很多人宁愿放弃自由选择的权利，去呼吁政府该出手时就出手替自己打抱不平争取权利，就是因为中了语言腐败的毒。先要清除毒素，健康的思维方式才能在体内生长。

很有意思的是，对于语言腐败这个问题，首先进行系统阐述的却是经济学家。例如，著名经济学家张维迎在《语言腐败在中国已到无以复加地步》一文中向我们这样描述了语言腐败：

所谓语言腐败，是指人们出于经济的、政治的、意识形态的目的，随意改变词汇的含义，甚至赋予它们与原来的意思完全不同的含义，忽悠民众，操纵人心。语言腐败的典型形式是冠恶行以美名，或冠善行以恶名。

语言腐败这个词并非我的杜撰，它最初是在英国作家乔治·奥维尔于1946年的一篇文章中提出来的，现在已成为政治哲学理论中的经典术语。语言腐败的现象自古有之，但应该说，只是在20世纪之后，特别是希特勒和斯大林之后，才变成社会公害。奥维尔本人的作品《一九八四》为我们提供了许多经典的例子：专门制造假新闻的部门被冠名为"真理部"；监督、逮捕和迫害异己人士的秘密警察被冠名为"友爱部"；发动战争的部门被冠名为"和平部"……

语言腐败有什么严重后果？至少有三个：

首先，语言腐败严重破坏了语言的交流功能，导致人类智力的退化。语言腐败使得我们越来越缺乏理性和逻辑思考能力。

第二，人类道德的底线是诚实，语言腐败本质上是不诚实，导致道德堕落。美国独立战争期间的思想家托马斯·潘恩在《理性时代》一书中讲道:"当一个人已经腐化而侮辱了他的思想的纯洁,从而宣扬他自己所不相信的东西,他就已经准备犯其他任何的罪行了。"

第三,语言腐败导致社会走向高度不确定和不可预测性。语言的一个重要功能是传递社会运行状态的信号,在语言严重腐败的情况下,信号就会严重失真。

反语言腐败就是要正名,恢复语言词汇本来的含义。比如既然称为"人民代表",应该真正由人民选举产生,选举必须公开透明,必须是竞争性的,必须真正反映选民的意志,而不是被有关部门操纵。如果确实做不到这一点,就应该使用新的词汇,如用"政府官员席位"、"名人席位"、"社团席位"等取代"人民代表"。

请注意,在这里,一些人们耳熟能详习以为常却又名不符实的词汇,不仅导致了整个社会的虚伪和道德堕落,而且导致人类智力的退化,使人们丧失了是非对错的分辨能力。

现实主义在朝,理想主义在野

1999年,自由知识分子的重要代表人物之一朱学勤先生在其出版的《思想史上的失踪者》一书中,在"两种反思、两种路径和两种知识分子"的对谈中,提出"最好是左派在野,右派在朝;浪漫主义在野,现实主义在朝;社会抗议在野,技术操作在朝"的政见。

2003年7月,朱学勤在接受李永乐所做的访谈《轨道外的思考者:朱学勤》时对此作了进一步阐述,他说:

在20世纪90年代改革以前,中国政治操作层面的人大部分是学文科出身的,文人进入政治层面,把诗意的浪漫的要求带进政治操作,做得最辉煌的,可能就是毛泽东。

毛泽东在位时的政治格局,可以从各方面去反省,一是当文人化的政治家权重一时的时候,这种文学性的政治思维到底是弊大于利还是利大于弊,我的看法是弊大于利。二是文人型的政治思维不能一口抹杀,包括今天讲到法国的时候,我处处留神,尽管批判法国,但是文人型的政治思维天然有理想主义的趋向,那么它的位置应该在哪里呢?我思前想后,无论是总结法国革命的教训,还是总结中国"文化大革命"的教训,我觉得最好是文人在野,技术官僚在朝,或者是现实主义在朝,理想主义在野。这个态势可能是比较健康的。这一次转折真是天翻地覆。

中国几千年都是诗人当县官,当州牧,当宰相,没有技术官僚去当县长,当州牧,当刺史。黄仁宇讲中国历史大问题之一,就是始终不能在数目字上管理。他没有点出为什么不能在数目字上管理的一个官吏机构的原因,就是中国基本上是文人组成的官吏集团,是诗人管理国家。

仔细看中国的传统,有很多让我们吃惊的地方,吃惊之一,这么一个庞然大国,几千年来是诗人统治的。那些县官,偶尔小民呼冤,他才上堂理事,大量时间在底下吃酒吟诗作画,确实有很多问题,古代就有人批评,近代更难以施行一种科学性的管理,到了毛泽东那儿,几乎是大爆发。

20世纪90年代技术官僚来掌握政治操作、社会管理,是中国官吏史上一个史无前例的结构变动。退到一个对自己不习惯的立场上想,我愿意接受这个结构变动的合理性,它避免了中国政治生活当中的文学性色彩。理想之源,实际上是批判之源,应该处于在野位置,毛泽东如果是一个在野的社会批判家,是何等情形?他绝对比马尔库塞做的漂亮得多!

这话说到家了!2012年2月17日,财经专栏作家苏小和有一条搜狐微博是这样写的:"诗人就关在家里好好写诗歌,我最反感学文学的人介入政治了,最差的,像郭沫若一样,最坏的,像萨达姆、卡扎菲一样,犯下不可饶恕的反人类罪。所以,诗人,你就停留在词语的世界里好好写作吧，如果精力实在旺盛，那你就去做爱。"我也跟了一条："现实主义在朝，理想主义在野。诗人，甚至一些喜欢吟诗的人，安得广厦千万间的，千万别到庙堂去害人了，留在民间写诗、写爱、做爱。"

超英赶美，收复台湾统一祖国，高铁爱国主义，全民免费医疗，全民免费上学，保障房大跃进，等等，等等，让很多人都热血沸腾。

但实际上，任何梦想一夜进入理想世界的企图和做法，最后都只会给人类带来枷锁和奴役。

尤其是，越是两极分化和腐败、通胀严重的时代，越容易导致经济危机，理想主义者和民众的耐心越差，民粹越盛行；越民粹，野心家阴谋家越是借民粹扩张权力沽名钓誉并大捞浮财，进一步加剧腐败、通胀、两极分化和民粹。最终走向极权和社会矛盾的不可调和。

在民粹的催化下，权力是春药，也是迷魂药，会让他们自以为就是救世主，就是大力神，就是千手观音。德国法西斯的兴起，最根本的原因就是20世纪二三十年代的经济危机。

因此，越是这样的转折年代，越要警惕理想主义和民粹主义，他们是一枚硬币的正反两面。我们今天正处在这样的转折年代，保持清醒和审慎，是这个时代最为可贵的智慧和品质。

2012年5月16日，习近平在中央党校春季学期第二批入学学员开学典礼的讲话中指出，领导干部要按照实际情况决定工作方针，不提不切实际的口号，不提超越阶段的目标，不做不切实际的事情。他通篇都在讲"实事求是"和讲真话、听真话：

> 离开了实事求是，党和人民的事业就会受到损失甚至严重挫折。
> 坚持实事求是，关键在于"求是"，就是探求和掌握事物发展的规律。我们作决策、办事情、谋发展，都要认识规律、遵循规律。从这个意义上说，能否坚持实事求是，能否按客观规律办事，这是决定我们的工作特别是领导工作有无主动权和得失成败的关键所在。
> 坚持实事求是，必须始终坚持一切为了群众、一切依靠群众，从群众中来、到群众中去的群众路线。人民的伟大实践是认识的真正源

泉。只有切实尊重人民首创精神，倾听人民呼声，反映人民意愿，及时发现、总结、概括人民创造的新鲜经验，才能获得正确反映客观规律的真理性认识，才能制定出符合客观规律的科学决策。

讲真话，前提是要听真话。听真话是一种智慧。英国哲学家培根曾讲过：能够听到别人给自己讲实话，使自己少走或不走弯路，少犯错误或不犯大的错误，这实在是福气和造化。《古文辑要》上记载了这样一个故事：初唐名臣裴矩在隋朝做官时，曾经阿谀逢迎，溜须拍马，想方设法满足隋炀帝的要求；可到了唐朝，他却一反故态，敢于当面跟唐太宗争论，成了忠直敢谏的诤臣。司马光就此评论说："裴矩佞于隋而诤于唐，非其性之有变也。君恶闻其过，则诤化为佞；君乐闻其过，则佞化为诤"。这个故事告诉我们，人们只有在那些愿意听真话、能够听真话的人面前，才敢于讲真话，愿意讲真话，乐于讲真话。我们的领导干部一定要本着"言者无罪，闻者足戒"的原则，欢迎和鼓励别人讲真话。

有一位署名"和卓甜甜"的搜狐微博用户写了一段话深得我心，他（她）说："我觉得内地很多问题，还是出在知识不够。台湾当年很多改革，不少都是民间自发的，可是我现在看很多内地人士的发言，提出来的问题与解决方案，都令人匪夷所思，比如公务员上街擦皮鞋等等。这表示，内地很大程度上，并不完全具备切入问题以及提出改善方案的能力，或者说，所具备的能力，远赶不上环境需求，无论官民。这个问题真是很大啊。"

我说："和卓甜甜说到我心坎上了。只会舞动彩旗飘飘左右逢迎的大词，具体的细节构建全是一团浆糊。大家都是总设计师，却没有一个添砖加瓦。尤其是添砖加瓦的会被认为速度太慢，被一脚踹开！"点滴推进、慢工细活的往往受到上下双层的夹击，理想主义和民粹真是太厉害了。他们需要的是暴风骤雨，摧枯拉朽，可社会真正的进步，却是新陈代谢，和风细雨。

理想可以天马行空无拘无束，现实却必须脚踏实地处处受到具体条件和规律的制约。文艺家可以经天纬地，政治家却不能、也不该画饼充饥。

活在真实中的三个行为准则

任何世界，任何时代，都不会是纯洁无瑕的真空，总是真理与谬误并轨、真相与谎言同行，甚至有很多时候，谬误披着真理的外衣，谎言戴着真相的头套，阴谋戴着理想的假面。尤其是在"权力中心仍然是真理的中心"的时代，一些人基本的技术、规律都不遵从，推崇的是谎言千遍就是真理的现代"巫术"。这个时候，恐惧和表态文化盛行，许多聪明人宁可说着自己也不相信的假话，也不愿意说一句真话。

这种时候，捷克前总统、著名戏剧家哈维尔给人们开出了一个最简单的药方：活在真实中。"在真实中生活"或曰"在真理中生活"，西方文字是 LIVING IN TRUTH。哈维尔的主张实际上是"人人说真话，人人做实事"。除此之外，他还加上了捷克斯洛伐克第一任总统马萨里克的号召："从小处着手！"这是人人可以做到的，或者可以争取做到的。这就是哈维尔所说的"无权者的权力"。只有这样，我们才能像伟大的作家罗曼·罗兰所说的："这世界只有一种英雄主义，看清这个世界的本来面目，并且热爱他。"

要看清世界的本来面目，让自己活在真实中，有三个行为准则是必不可少的：

一是逻辑思考。比如，对于主张一切房地产开发权利归政府、定价权归政府的，不妨问问他，如果政府腐败低效怎么办？也许他会说，只要严惩贪污腐败的官员，就能迎刃而解。但"只要严惩贪污腐败的官员"这个前提，在政府掌握太多资源的情况下，根本就是个实现不可能的前提。只要公产盛行，或者私有产权没有保障，那么做官就有很高的租值，公务员队伍就会无限庞大，官本位就会无比盛行。那么，民主、监督、法治、廉洁，都不可能！一个社会一定会陷入腐败低效的泥潭而无以自拔。

再比如，对于主张一户只能一套房或者主张像农民一样户均一块宅基地的，我们不妨问问他，在如今城市化背景下，一户只有一套房，新移民和开公司的,是租住在宾馆酒店呢,还是直接占马路?一户一块宅基地,那么,全国人民都想要北京、上海的中心地块,怎么办?

逻辑是干什么用的,逻辑就是用来看到语言的本义、看清事物的规律和实质本身的。比如社会主义、公有制以及其中的关系,你应该把它仅仅当成一个商标来看。有人比较了中国、印度、美国、日本四个国家行政经费和教育医疗支出占财政总支出的比例:行政费用占财政支出比例,只有中国超过7%,为25%以上;教育医疗费用占财政支出比例,只有中国低于19%,为5%。你说,哪个是社会主义,哪个是公有呢?你会越看越不明白。

长期的灌输教育,使很多人思考问题只从概念出发,不肯稍微进一步去揭开概念这层面纱,用逻辑和理性,思考一下问题背后的实质到底是什么。甭管它挂羊头卖狗肉也好,挂狗头卖羊肉也罢,我们应该把贴在表面上的那层商标撕掉,看一看内容和实质到底是什么。就像你到商场上买东西,讲究的是货真价实。明明是普通山寨货,却贴了个路易威登的商标、按正品路易威登的价格卖给你,你不做冤大头谁做冤大头?

二是运用数学工具。投资大师罗杰斯忠告女儿,要"精通算术和数字,这样你会比其他人更有优势,更能注意到其他人忽视的异常之处"。前面也说了,黄仁宇讲中国历史大问题之一,就是始终不能在数目字上管理。我们要培养数学思维,遇到具体的现实生活问题,要像经济学家一样思考,不要像文艺家一样浪漫。

如果说一个逻辑可以戳穿一个谎言;一个数字也往往能立即戳穿一个谎言。人类惊心动魄的历史,不是血流成河的战争史,不是轰轰烈烈的英雄史,而是悄无声息的财政史。我们始终要问:钱从哪里来,又到哪里去?

君子耻于言利,使中国多数人文知识分子缺乏基本的利益分析能力,仅凭一腔激情和热血,不仅养活不了自己,甚至对社会的大利害格局也对错不分,结果是利害不分,是非也不分,而且培养了一群不会用脑子思考只会用屁股站队的民粹分子。中国社会200年来之每况愈下,与此息息相关。

国人应当普遍学习并习惯数学思维，不能人家随便画一个饼就把它当救星，不论保障房等的大跃进还是高铁爱国主义都如此。中国工程院院士钱清泉称，7·23 动车事故"故意炒作造成这么大的负面效应，本来我国在去年可以做到 8000 公里的轨道，结果因为这一炒作，正在开工的全部停工了，国外有十几个国家要引进中国的高速铁路技术，结果合同全部停止了。"假如我们有数字思维，一个数字就可以戳穿其谎言：2010 年，铁道部负债 1.8 万亿元，当年应付债款 1500 亿元，但全年赢利只有 1500 万元，1 万年才能还清本息；2011 年铁道部全年亏损。而铁道部的贪官张曙光一个人在海外的存款就是 200 亿元，超过铁路全系统一千多年的赢利！而张曙光的职位，原来在铁道部里还只是副总工程师。这也是中国高通胀、腐败和贫富悬殊的主因。这样的高铁爱国主义与百姓福祉有什么关系？甚至可以说，一些人的顶戴花翎、荣华富贵，乃是无数百姓血泪和白骨铸就的。

三是大处着眼，小处着手，眼界要高，手脚要低，实事求是，脚踏实地。不要指望天上掉馅饼，不要指望一夜变了天。万丈高楼平地起，罗马不是一天建成的，罗马是一砖一瓦日积月累点滴推进的。不要把希望寄托在别人身上，要把努力和希望寄托在自己身上，宁可十年不将军，不可一日不拱卒。这样，才会少一点急功冒进，少一点上当受骗。

第八章　奢侈品是人类文明第四极

财富仓库对社会稳定极其重要

先看两则彼此之间貌似无关的消息：

其一，学者王小鲁推算称，2008年全国居民隐性收入总规模为9.3万亿元。其中，隐性收入的80%集中在收入最高的那20%的家庭里面，其中最高端的10%就占隐性收入的62%。全国居民最高收入的10%家庭和最低收入10%家庭的人均收入之比是65倍，而非统计数据显示的23倍。

其二，华谊兄弟传媒董事长王中军表示，现在大量"闲散资金"进入电影圈造成成本上升，"钱太多，就是胡拍。我们原来一部电影5000万拍的，今年全部是1亿才能拍下来。""大量的闲散资金，不知道是怎么来的，挖煤的，做房地产的都进来了。"

如果王小鲁的推算有理据，说明中国的"灰色收入"是一个异常巨大的黑洞，约占到GDP总量的1/3。2009年12月25日，国家统计局第二次全国经济普查结果显示，依据国内生产总值（GDP）核算制度和第二次全国经济普查结果，修订后的2008年全国GDP总量为314045亿元。据此推算，当年全国居民隐性收入达到GDP总量的29.6%。众所周知，隐性收入的绝大多数属于不合法收入，绝大多数分配给了靠近权力的人，权力越大、越靠近权力，隐性收入往往越高。

上述消息之间的逻辑联系是：当前的政府投资体制和管制体制，制造了大量的隐性富豪。而先富阶层没有财富仓库，多余货币就成了破坏性力量。它跑到哪里，哪里就遭殃。富余资金没有蓄水池，全面泛滥成灾，已经严重危及普通百姓（不仅仅是底层百姓）的基本生存。

当今中国遭遇史无前例的"资金蓄水池溃坝"现象：土地集体所有不能自由买卖；股市遭遇全线信任危机；楼市遭遇空前调控。货币流动性在百姓日常生活用品领域横冲直撞，直接危及普通百姓日常生活，某种程度上加剧了民生艰难和基层动荡，也加剧了中产以上阶层的不安全感。向海外移民和转移资产，成为许多先富阶层的无奈选择。

无可否认，1978年以来的改革开放，使最近三十多年成为中国社会自1840年以来和平时间最长、财富增长最快的财富时代，却也是古今中外空前绝后的财富仓库全面匮乏的时代。简单说就是有钱没处去。

在中国历史上以及今天世界上的绝大多数国家和地区，先富阶层有很多投资渠道可供选择：可以自由买卖土地、房屋、山林、矿山，可以自由办钱庄票号（银行），可以盖豪宅大屋，可以享受和消费各式各类珠宝、玉器、古董、艺术等奢侈品。今天，中国人财富仓库之少，可以用"旷古绝今"四个字来形容。

1949年以后，中国人的大部分财产自由或曰财富仓库消失了。土地、矿山、地下文物基本上都归国家所有，也就是国家全面垄断。一部分土地名为集体所有，但跟国家所有性质差不多，因为不能自由交易，国家垄断了土地征收的权力，只有卖给国家以后，企业、开发商和个人才能"自由"地从国家手里买土地。1998年以前，房屋交易也是不存在的，1998年以后城市住房私有化，但城市居民还是不能到农村购买农民住房。土地垄断，银行垄断，石油、电力、电信、铁路、公路等能源和基础服务领域高度垄断，教育、医疗等高端服务业垄断，股市虽然是世界上新型的投资渠道和财富仓库，但A股市场却沦为了权贵集团的圈钱工具，高额的发行价和少分红不分红机制以及市场的各种弊案，使它不折不扣地成为了"做千的赌场"，惹得吴敬琏、许小年等一些有良心的经济学家纷纷宣布不研究股市。

1978年以前，国家没收了资本家的财产，绝大多数国民都生活在吃了上顿没下顿的半饥饿状态中，没有什么余钱，有没有财富仓库并不重要。

但是，一旦市场经济的活力发生作用，人们手中开始有了余钱，有没有财富仓库对个人财富保值增值乃至社会经济的正常运转就变得性命攸关了。

经济学家张五常教授提出了"财富累积的仓库理论"，并且把财富仓库分为资产型仓库和收藏品型仓库以及混合型仓库三大类。在这个理论中，张五常认为收藏品型仓库的财富其实还是来自资产型仓库，如果没有资产型仓库，收藏品型仓库是无法存在的。这就像他在一篇文章里提到过的，如果举国之人都投资于收藏品，这个国家是会饿死的。不过，事实上这种情况不可能发生，早在举国饿死之前收藏品仓库就会因为失去财富的来源而价格暴跌，使买家纷纷退出。这也造成收藏品仓库对国民收入增加反应极为敏感（即国民收入增加，它所储藏的财富会显著增加，而国民收入减少它也会显著减少）。因为收藏品仓库的财富来自四面八方，犹如百川归海，所以张五常的弟子认为不妨把收藏品的价值变动视为一国财富变动（边际量，不是总量）的最佳指示器，肯定比什么GDP的统计都要来得可靠。

在众多的财富仓库类型里，直接投资银行是较好的资产型财富仓库，但货币和储蓄却几乎是最差的财富仓库类型，因为货币供应量都由政府说了算，而多数时候政府会倾向于超发货币，导致同样数量的货币所代表的财富总量缩水。

一个真实的事件是：四川成都的汤玉莲婆婆1977年在银行里存了当时可以买下一套房子的400元钱，一忘就是33年。33年后，这400元存款产生了438.18元的利益，扣除中间几年需要征收的利息税2.36元，汤婆婆连本带息仅可取出835.82元。

1978年的物价情况是：面粉0.185~0.22元/斤，猪肉0.85~1元/斤，北京地铁票价0.1元，水费0.12元/吨，中华烟0.55元/盒，茅台酒8元/瓶……按照当时的物价水平，汤婆婆当年可以用这笔钱买400斤猪肉、1818斤面粉、727盒中华烟或50瓶茅台酒。

土地和房产是最好的资产型仓库，古往今来不动声色地演绎着"土地和房产是财富之母"的古训。世界上几乎没有一种生产生活能够离得开房产。房地产作为一种资产型仓库，比其他资产型仓库更受普通人青睐。因为，与一般的资产相比，房屋只要得到适当的保养，便可以长期保持状态，不像机器那样不管如何妥善地保养维持都会折旧（除了物理形态的磨损，还有技术进步导致的价值减损）至零，更不像大部分产品因时间的流逝而致价值灭失。至于土地，那更是除非地球毁灭或地壳下沉，其物理形态永不灭失。即使变成沙漠，也可以盖工厂，建住宅，或者仿效拉斯维加斯开赌场发展旅游业。战争年代房屋可能会被炸毁，但一片焦土上的土地仍然是土地！"推想一下最极端的情况吧，即使一块土地被污染至完全是生人勿近的程度，有需要它仍然可以做个垃圾填埋场（由机器人把垃圾运进来填埋，生人不许接近），收取的垃圾费就是这块土地的收入。总之，只要有地球的存在，有人类的存在，土地永远有用，永远有价！也就是说，与普通的资产相比，在物理形态上它更接近黄金，具有百炼不损的可靠性。"

所以，张五常说："在经济增长得好的中国，一般市民要通过投资来累积财富，最安全的可能是在房地产上打主意。不允许他们这样做，或在政策上有意无意间令房地产的投资者损手，不智。我可以容易地想到极端的例子，说打压楼市可以把整个经济搞垮。"

我认为特别的豪宅同时具有收藏品仓库的性质，往往成为一个国家和地区可以传诸后世的文明和文化积累。

如果一个国家局势动荡，财富增长不稳定，人们会抢着把手头上该国的货币转成美元；但如果是美元不稳，人们只好是转向黄金，从而抬升了金价。局势动荡或战争年代土地和房屋因为不便携带，同时由于社会财富增长缺乏稳定来源，因此收藏品仓库也不被青睐，黄金因便于携带和兑换，作为"硬通货"而成为首选。这便是俗话说的"盛世收藏（古玩、珠宝、艺术品），乱世黄金"。

但是现代社会，战争和社会动乱的时间往往越来越短，黄金的地位越来越尴尬。今天看来，金价似乎不可一世，但那多是人为炒作的结果。过去200年的黄金价格几乎是一条水平线。1997年亚洲金融危机前后，黄金被一些国家、炒家打压，下跌近40%。

归根结底，财富仓库还要落到土地、房屋等资产性仓库以及古董、珠宝、艺术品等收藏性仓库上来。

市场经济条件下，一定会有富余资金出现，如果利用得好，它就是社会经济发展的进步动力；运用得不好，就随时有可能成为祸害。在先富阶层和后富阶层，或者说中产以上阶层和普通民众之间，并不是你走你的阳关道、我过我的独木桥的关系，它有一个隐秘的通道，会彼此之间互相影响：如果先富阶层有足够合理的财富仓库，那么这些财富仓库生产、维护的过程中就能够制造大量就业，从而实现部分财富由先富阶层向后富阶层的转移；如果先富阶层没有足够合理的财富仓库，那么多余的财富就会以货币形式向普通生活用品等领域四处渗透，从而加重普通百姓的生存负担。

而大量的财富仓库，其实就是以虚拟经济的形式进行交易。比如土地、豪宅、古董和已故艺术家的作品，总量就这么多甚至会逐渐减少，但随着以货币形式体现的社会财富的增加，这些财富仓库的标的价值会越来越高，它们除了吸收富人的流动性之外，似乎并没有创造出更多的价值，但却在交易过程中创造了大量的就业机会，实现了财富的部分转移并且使资金和财富都变得更加温驯、更加有利于大众。

但是，这一切正如著名经济学家茅于轼先生所言，传统经济学认为只有生产劳动才能够创造财富，服务业自己不能创造财富，要靠生产劳动养活。在这个理论指导下，中国的服务业特别落后，在国民经济中所占比例只有40%，连印度都比我们高10个百分点，美国则达到了80%。在这种政策的指导之下，中国已经被培养成世界工厂，而我们的弱项正好是服务业和虚拟经济。虚拟经济在财富创造方面和实体经济并无不同。固然我们需要实体经济把"物"生产出来，更重要的是要把物用好，使得"人尽其才，物尽其用"。用好人和物，正是现代社会创造财富的主要途径。如何能做到"人尽其才，物尽其用"？答案是通过改善资源配置，或通过交换。有的交换涉及"物"或"物"的形态改变，这里有劳动的参与。也有许多交换不涉及形态的改变，更有一些交换根本与物无关。比如金融业就和"物"不发生直接的关系。金融业所处理的只是一些数目字，就是所谓的"虚拟经济"。但是金融业创造巨大的财富，因为它使得"钱尽其用"。

有了太多富余的钱，我们大量所谓经济学者，还在一味强调"实体经济"，甚至呼吁打压虚拟经济以保"实体经济"，这是多么的悲哀呢？

财富仓库缺乏加剧财富和精英外流

2011年11月1日，胡润研究院发布《2011中国私人财富管理白皮书》，其中，"中国半数千万富豪准备移民出国"的标题登上了多家外媒版面的醒目位置。有外媒称，虽然中国三十多年经济建设造就了超过95万名千万富豪，但是僵化的教育体制、恶化的社会环境以及食品安全隐患等问题使得这些"有办法"的人纷纷选择移民。美国有限电视新闻网（CNN）援引一些观察家的话认为，如果这些富豪带走的现金无法回流到中国，中国的经济将面临崩溃的危险。

环球网在线调查结果显示，两成受访网友认为自由迁徙是公民的自由，中国政府对此不应设限。而八成网友则认为，因改革及政策优惠而先富起来的人不应一获利就移民，政府应该对他们及财富的外流设限，催促他们履行带动社会共同富裕的责任。

中国正在成为世界上最大的移民输出国，目前约有3500万华人散居世界各地。在全世界都在惊呼"中国崛起"的同时，我国却陷入了"精英出逃"的陷阱。中国约60%的"高净值人士"即那些拥有1000万元人民币以上可投资资产的人士，不是在考虑投资移民，就是正在办理移民手续。这一行为在更富有的人群，如个人可投资资产在1亿元以上的群体中，表现尤其明显，约27%的人已经完成了投资移民，正在考虑投资移民的占比高达47%，中国正成为全球最大的移民输出国。

自20世纪70年代末的留学移民、90年代初的技术移民两拨移民潮以来，这是第三拨移民潮，主力由新富阶层和知识精英组成。一些过来人坦言：移民很难融入西方主流社会。从骆家辉的爷爷到骆家辉（美国驻华大使），在通往白宫的道路上，短短一公里路程，一个家族走了整整三代人。但是，今日中国的财富和人才精英，宁可到海外做人家的二等公民，也不愿意留在国内做自己的一等公民。中国耗尽自己大地的精血，培养出的时代精英却尽皆被国外"收割殆尽"。

富豪移民带走了什么？其实什么也没带走，除了一堆纸币！山河没有被带走，房屋没有被带走，甚至珠宝和文物也未必被带走。我们不是流动性过剩吗？带走大量货币岂不减少流动性和通胀压力，为什么要设限呢？"经济崩溃"云云，是否也是危言耸听？

财富仓库的普遍缺乏、无处不在的行政垄断、极不稳定的政策环境，一点一滴地在吞噬着民营企业家的实业梦想，这不仅使他们的财富安全难以保障，甚至连基本的稳定经营都无法实现。政策一会儿收，一会儿放，一些抵抗能力较弱的企业（甚至也不乏一些大企业），就在这样的收收放放中灰飞烟灭了。

白皮书中提出，过半受访者称他们想离开中国的原因是为孩子寻求更好的海外教育机会；1/4 的人进行海外投资是为了分散和规避风险。但稍加捉摸就可知，人身及资产安全才是富豪们选择财富和家庭移向海外的最大原因。仅仅为了教育，谁都知道只需孩子一个人出国即可。

由于体制性歧视和缺少对个人私权尤其是财产权明确的法律保障，很多富人选择向海外转移资产——这不妨碍他们仍在祖国内地继续其经商行为。行政手段过深过细地介入微观经济活动，令很多民营企业家被迫在政治上寻找"靠山"，无法做到"出污泥而不染"，由此给自己或多或少带来"原罪"问题。移民的队伍中也裹挟着大批贪腐分子，这表面看是跨国反腐力度亟待加强的问题，深层次却与国内体制改革滞后、社会监督乏力和法治进程受阻有直接关联。

作为掌握社会多数经济资源的富豪群体，为什么反而在人身和财产安全方面存在更多的不稳定因素？原来是权力不受法律约束，政策不稳定，一些官员像流寇，总是拿"先富者"开刀。再深入细想：中国的生产性事故尤其是矿难为何频发？中国的资源利用率和环境保护为何堪称全球最差？中国的企业家为何不热衷于慈善事业？中国企业的社会责任感为何普遍低下？马斯洛理论把需求分成生理需求、安全需求、社交需求、尊重需求和自我实现需求五类，依次由较低层次到较高层次。有恒产者才有恒心，在一个法治不立、权力过深过细地介入微观经济活动、政策极不稳定、先富阶层缺乏稳定财富仓库的国度，中国先富阶层被迫长期处于较低的满足基本生理和安全需求的层次。不管你有多少财富，都如此。企业家们被迫急功近利竭泽而渔，这不是资本和市场的错，恰恰是政府职能不清、权力过大和私有产权不稳定的错。

在这种情况下，很多疯狂追逐财富的过程，实际上成了疯狂毁灭财富的过程。外国的月亮不比中国圆，但不能不承认的是，国外的问题食品少，老百姓吃不到地沟油；环境不怎么受污染，洁净的空气让人心旷神怡……即便单纯为了自身健康考虑，也渴望移民。

此情此景，对于这个国家、社会和普通老百姓而言，富豪们移民或是不移民，又有什么两样呢？富豪们在财富积累的过程中，带走了祖国的山川河流，留下的是"国在山河破"的自然生态环境；带走了美好的道德，留下的是人与人互为陷阱的社会环境；带走了良好的法治与规则，留下的是弱肉强食的丛林法则；带走了人们对于国家和未来的信心，留下的是焦虑、迷惘以及中层坠落、底层沦陷。

最可悲的是，有关部门看不到富豪被迫移民的原因，反而把一切责任都推到富人身上，且再一次呼吁强化行政权力，并加强对富豪移民的"监管"。长此以往，只会进一步加剧权力的腐败及产权的脆弱。

豪宅是人类最大奢侈品市场

毁誉都很大、言必称斯科弟子、常有惊人之语的张五常2010年8月接受《外滩画报》采访时又说了一句语不惊人死不休的话，如果公开在露天街头发表演讲，说这话的人估计要被青年们用愤怒的鞋子砸个灰头土脸。

外滩画报：你如何看中国的房地产？赞成打压楼市吗？

张五常：打压楼市是发神经。我不明白为什么有人发誓把楼市打死，死了之后又不拍手庆祝？反而叫救命？然后又要打死？楼市迟早要像过山车。我不明白为什么从哈佛回来的博士，也要打死楼市？这就是问题。

房地产是一个仓库，放财富的地方，你不让它上升是很愚蠢的。其实，收藏品也是一个仓库，否则，你多余的财富，投资到哪里去？房地产政策处理得当的话，当然是越贵越好。

那么，工业和住宅会影响土地供应吗？不。只要增加土地容积率就可以。土地不会减少很多的，地方官员其实是很明白这一点的。最关键的是增加土地供应。不要学香港，搞高地价政策。一方面高地价，一方面打压，是相互矛盾的。

其实任何地方要让楼价下跌都是很容易的，增加容积率、多建房即可。地价便宜不代表楼价就能便宜，而增加容积率可以解决这一问题。

外滩画报：很多人说房地产绑架了中国经济，你认同这个观点吗？

张五常：这个看法不对。经济增长带来的财富只要存在剩余，就要投放出去，可以是房地产、股市，也可以是其他领域。相对股市来说，投入房地产更安全，同时房价也会涨。中国经济的弹性是足够的，现在房价还没高到值得担心的地步。

财富剩余一定要有出口，这是经济学常识，至于哪些出口更有利于国计民生，则是经济学家和政治家应该思考的问题。张五常的观点尽管有它的合理性，但在高房价煎熬下的"蚁族"们送给他的一定不是掌声而是板砖，甚至恨不得直接将其拍死。

更早时候的2009年4月，中国社会科学院农村发展研究所宏观经济研究室主任党国英教授在演讲中提了一个比张五常的观点更靠谱的建议：开放山区土地，让富人到山里盖别墅。同样不出所料，我粗略浏览了一下人民网上的网友评论，十之八九是讽刺挖苦。

党国英先生认为，把山区的土地开放，让5%的最富有的中国人到山里面盖别墅，大力发展山区的旅游业和房地产业，这个拉动内需比家电下乡、汽车下乡作用大得多，而且是长期的任务。

更具体地说，我主张在浅山区提倡三个支柱产业，第一个产业就是广义的林业要重视起来；第二个产业就是旅游业；第三个产业就是房地产。把人群排序的话，最高收入的5%的那些人口，全国大概就是7000万，涉及大约2000万家庭，这2000万家庭是最富有的人，根据我国的基尼系数做一个大概的测算，他们的收入占国民收入的35%。这些富人怎么花钱呢？一个重要的支出就是奢侈品，特别是对国外奢侈品的消费。这些消费，每年大概至少在1000亿美元以上。这种消费对我们国家的经济伤害是很大的。

现在国外奢侈品消费的市场，越来越依赖我们中国，这对我们经济伤害很大，该怎么办？就是让我们的有钱人掏钱支持我们的房地产。当然，这些富人不可能仅仅住我们城市中的高层塔楼，我们要让他们住低密度的住宅。我们在哪里发展低密度住宅呢？在浅山区。保守估计，中国的浅山区容纳2000万户是没有问题的。这两千万户低密度住宅，它的物业管理方面的就业能力非常大，一所物业住宅如果请两个工人来做服务业支撑，一点都不夸张；低密度住宅都可以个人雇佣保安、保姆。拉动几千万人的就业没问题，就业前景很大，再加上房产、装修等，拉动市场的内需非常大，虽然这是一个长期过程。通过这个渠道，我们提升了富人的生活品质，减少了他们对国外奢侈品的消费，转移他们的需求结构，具有战略性的意义。当然，不要因为这个动作造成一些鸿沟，诸如有人批评会造成生态环境的恶化等等。其实这些事情可以通过产权的改革加以克服。在这个问题上我想特别强调，我们修改法律，让富人在农村搞低密度的住宅，让他们可以买地，在地上盖房，但是一定要对他们的投资进行管制。这就是十七届三中全会讲到的，产权明晰、用途管制。管什么呢？要管水、管环境、管围墙，另外，当然要强化对物业的管理。比如管水，不能允许每一个住户都打井用水，而是要统一供水。让每一个业主管好自己的房基占地，比如说，不能超过200平方米，不能搞豪宅，一下占了500、1000平方米，就不能允许。为什么说要管围墙呢？也就是对产权的限制。对200平方米前后形成的私密区，可以不允许他人随意进入，但前院、后院以外的地区，必须向公众开放，公众可以进入，可以使用林间道路，可以在他的山林里休息。这不是天方夜谭，有的国家专门有这样的法律。这样就可以消除生态环境的担忧问题，并可以使生态环境变得更好，因为这些业主本身就成为了环境保护者。这是具有战略性意义的事情，对于房地产业，对于拉动内需、扩大就业都是具有重大意义的。我想强调，浅山区的房地产业的发展也不可一哄而起，要做好规划，修订有关法律。

我发表过支持党国英教授观点的文章，并且认为让富人衣锦还乡到山里盖别墅，非常有利于财富和文明回流。后来，党国英先生还专门在博客上作过回应，强调他的本意还是主张大城市的富人在周边山区发展利用房地产业，不一定要回家乡搞。现在看来，还是党国英先生的想法比较现实。中国这一轮史无前例的城市化必然伴随着大量乡村的衰败，靠富人衣锦还乡是支撑不起故乡的繁荣的。

但我同时又觉得，党国英先生说富人的房基占地"不能超过200平方米，不能搞豪宅"的观点，也许是过于保守了，或者是过多地考虑了"社会情绪"。如果我们想想历史上堪称伟大的苏州园林，以及国外众多城堡是怎么建成的，我们就应该知道，不论古今中外，文化的保存、财富的积累，人类文明的最大奢侈品市场，其实就是建筑，就是房地产市场。我们不能只允许政府机构大手笔，不允许私人大手笔。建筑用地方面，我们是不缺的；生态和环境保护方面更不用担心，君不见历史遗存的那些伟大建筑，哪一个不是人与自然和谐的典范？适当的、低密度的人参与到自然中来，往往是保护了生态，而不是相反。

更要紧的是，建筑与低密度豪宅市场，是最本土化、最有利于国计民生的奢侈品市场。而今日中国的奢侈品市场，却成了国外品牌攻城略地的天下。我们耗费大量资源、以廉价劳动力生产大量低附加值产品出口国外，国外则向中国出口大量高附加值的奢侈品。

曾几何时，国外才是中国奢侈品牌的天下，几百年时间，风水轮流转了个180度！中国的瓷器、茶叶、丝绸、漆器最早出现在欧洲的时候，首先成为上流社会的奢侈品。1650年前后，英国普通人一年的生活费大约5英镑，而1磅茶叶就价值10英镑，且瓷器只有在王宫和贵族的客厅里才能看到。今天的中国奢侈品市场上，遍地招摇的都是国外品牌的标志。

我认为中国社会一刀切的禁奢理念和平均主义的思潮是妨碍中国豪宅市场和其他奢侈品市场正常发育的一大主因。历览前贤国与家，"成由勤俭败由奢"是我们的主流观念。在当代中国，这甚至在某种程度上导致了社会对富人的奢侈行为很强的敌对和仇视心理。

其实，节俭是有特定对象的：一是政府应该节俭；二是普通收入阶层应该节俭，否则你可能吃了上顿没了下顿。但是对富裕阶层，是不应该提倡尤其是强制他们节俭的。仇视富人奢侈的思潮和行为，实际上是没有看清楚财富以及财富的等价物——货币的本质。货币就像江河水，应该让它永不停息地流淌。与其让大量货币存在银行，不如鼓励富人在豪华住宅等奢侈品领域多消费，这样，奢侈品就像仓库和蓄水池一样沉淀了富人的财富，而货币，则像江河水一样回到了社会，日夜不停地汩汩流淌，所到之处，滋润和灌溉沃野千里。穷人和普通平民，也因为社会上大量的货币在流动，而加快了上升和获得财富的速度。

绝对平均主义者可能会质问：凭什么（富人）那么奢侈我却要那么节俭？回答只有两个：一、不经过努力创造财富，人凭什么享受？二、即使送你一套十几万元一平方米的上海外滩"汤臣一品"，那么高昂的物业费您交得起吗？再送您一个无人居住的小岛，您有能力去开发和维护吗？

早在中国春秋时期，辅佐齐桓公成为春秋时期第一霸主的"春秋第一相"、著名政治家管仲，就明确主张穷人要节俭、富人要奢侈。

传奇故事杂志社《百家讲坛》有一篇文章《管仲依靠奢侈消费拉动齐国内需》。文章说：管仲任齐国相国时，居所富丽堂皇极尽奢华。但司马迁著《管晏列传》时却说，尽管管仲比国君都富裕，生活标准也超过了他的行政级别，齐国人民却不认为管仲奢侈。究其根本，在于管仲倡导的奢侈消费观念。管仲奢侈的生活不过是他身体力行为实践自己的理念做出表率罢了。

《管子·乘马数》有"故修宫室台榭，非丽其乐也，以平国策也"的语句，由此可见，管仲认为修筑华丽的台榭楼阁是调整经济的一项对策。《管子·事语》中"非高其台榭，美其宫室，则群材不散"的意思是指，不建筑高台亭榭，各种木材就没有销路。《管子·侈靡》篇更是将管仲的奢侈消费论推到极致，他建议"鸡蛋要在上面画上图案再煮了吃，柴火要先雕成美丽的艺术品再用以烧火"。

实际上，管仲对消费问题有不同于传统节俭观点的独到分析。他的真实主张是奢俭并重，即不一味强调节俭，也明确提出"高消费"的主体是君主、统治阶级上层和巨商富贾。以现代观点看来，管仲所倡导的奢侈消费，只是让"富者散资于民"的一种手段，根本目的还是以消费促生产。

奢侈品消费，富人是多占用了那么一点点，但为了那么一点点，他们付出了很高的费用。正如茅于轼先生所说：

> 在我看来，人们花钱所带来的享受，从效用上讲却有极为明显的收益递减现象，只不过富人为了区别于众，在消费的品牌上和穷人拉开差距。一个普通的手包，和一个LV包，在功能上并没有差别，但富人却喜欢拥有它的那么一点意义。一件名牌服装，据说比普通衣服更舒适一点、更有型一点、更耐穿一点……这"一点"差别不是内行还看不出来，却花了富人大量钱财。为了穿暖，他们只要花1%的价钱就够了，而为了这"一点"，他们花了其余99%的价钱。

当代中国，改革开放20年以后，即自从1998年城市房屋私有化以后，国人才开始快速积累财富，奢侈品也迅速抢占市场。随着奢侈品的进入，国人对奢侈品的鉴赏能力越来越高，已出现少部分收藏和鉴赏奢侈品的人群，但绝大多数还是外在的炫耀型。所谓炫耀型，是指让别人感知到，自己是有个性的，是有一定身份和地位的。但还有一部分是内在的，包括鉴赏收藏，以及犒劳自己、奖励自己。但与此同时，大部分奢侈品是舶来品，国内本土的奢侈品牌还很少。中国本土的奢侈品开发，应当从豪宅开始，这也是古今中外最大的奢侈品市场。

一些地方开始尝试拍卖无人居住小岛，我认为也是可以鼓励的。比如

《广州日报》2010年3月2日消息说,《广东省海岛保护规划》已完成初稿并上报国家海洋局,有望2010年下半年出台,届时将公开拍卖1~2个无居民海岛的使用权。

此外,我还想说说在风景如画的山区盖房的事,社会几乎是一股脑儿地反对。事实上这个问题也要一分为二地看,比如说江西庐山,如果没有那么多名人别墅,它会那么有名、那么美、那么令人神往吗?而且,随着城市化步伐的加快,越来越多的人撤离山区搬到城市,风景如画的山区将来会越来越多而不是越来越少。

奢侈品与文明政治

百度百科里面查"奢侈品含义研究的历史演变",得到的文字是:

奢侈品的含义是由不同社会、社会结构、社会文化内涵以及经济条件所决定的,奢侈品不仅具有物质的和社会的内涵,也具有政治的和道德的内涵。奢侈品及非物质的奢侈从政治上、经济上及道德上似乎都不是正当的,而对社会、文明和大多数人来说却是值得追求的,因此,由于奢侈品自身的矛盾性和多重性,很难给它下一个准确的定义。

目前,国内外学术界对奢侈品尚无十分明确的定义。亚当·斯密在《国富论》中只给出了必需品的定义,然后将所有不属于必需品的物品归为奢侈品。显然,斯密看到了奢侈品定义的困难性,所以他采用了排除法,绕过了直接下定义的障碍,避免了对奢侈品的正面定义。

如果按此定义,将所有不属于生活必需品的物品都归为奢侈品,那么今天的中国人多数都在享受或者享受过奢侈品,比如电视机、汽车、烟、酒、茶等等。只不过奢侈品的品位和档次有所不同。即使对于发展中国家来说,奢侈品也不是洪水猛兽,相反,它有可能成为社会发展的福音媒介,关键是我们如何看待。

世界上获诺贝尔奖人数最多、同时也是富豪榜上人数最多的犹太人尊崇78∶22之经商法则。在自然界,氮与氧的比例是78∶22;在人体中,水分与其他物质的比例是78∶22;正方形内切圆与其余部分的比例也是78

：22。犹太人认为，78：22是不可抗拒的宇宙法则，他们将生意建立在这个法则之上。他们认为，世界上22%的富翁占有78%的财富，犹太商人要赚的是那拥有78%财富的22%的人的钱。而永远的奢侈品——钻石，就是那22%的人消费的最佳商品之一。钻石（jewel），就是犹太人（Jew）的石头。

奢侈品在经济学上讲，指的是价值/品质关系比值最高的产品；从社会学和大众心理学意义上，在任何时代任何社会，奢侈品都是时尚、品位、地位的象征。你不去引领时尚，不去占领价值链中最高的顶级皇冠，甚至打压人们去引领时尚，那就只好拱手让别人去引领时尚、去摘取最高剩余价值，我们只能"俯首称臣"，只能做价值链中最低端的"世界工厂"，甚至由我们代工，别人贴个牌子价格就十倍百倍往上翻，把利润留给别人，把低工资、资源浪费、环境污染和破坏留给自己！

亚当·斯密聪明地绕过了对奢侈品的政治和道德界定。而李燕在《奢侈品含义的管理学界定》中，对"基于管理学角度的奢侈品定义"是这样说的：

> 从管理学的角度定义奢侈品，是以奢侈品管理为目的，方便奢侈品管理相关问题的研究。但对于奢侈品很难给出一个严格的管理学定义，我们可以借助生物学中对"生命"定义的方法，将其视作一个具有某些共同特性的集合。据此根据奢侈品的本质特征，笔者将奢侈品定义为具有如下所列性质的集合：奢侈品是经过精致加工的商品；高价格和高品质是奢侈品的根本特征；独特性和稀缺性；奢侈品是一种身份的象征，具有炫耀性；奢侈品一定产自特定的地域；反映特殊的文化和历史传承。

我更愿意从奢侈品与文明政治的角度来思考奢侈品对人类的贡献。历史上，让富人的财富能够造福于社会和穷人的方式主要有四种：

一种是通过暴力手段杀富济贫。这种方式会导致社会的创造力被野蛮破坏，是一种被文明政治和文明社会所彻底抛弃的方式。

第二种是通过对富人高额征税等方式，通过合法的途径"劫富济贫"。但一如我们后面将要提到的，这种方式往往会起到相反的作用。

第三种方式是号召富人办慈善事业。比如美国富翁比尔·盖茨夫妇和巴菲特倡议全美的超级富翁宣誓，在有生之年或死后将自己的一半家产捐给慈善机构。盖茨与巴菲特表示，命名为"赠与誓言"（Giving Pledge）的劝募善款活动，初期将以列名《福布斯》杂志的美国四百大富豪为主，未来将扩展到世界各地。

慈善符合道德与人性，但它要以完善的私有产权保护和完善的私募活动制度安排为条件。国人刚刚享受到拥有财富的感觉，满打满算不足20年，因此这方面还要慢慢来。而且，我们在慈善方面的相关制度安排也还不够健全，一些民间募集的资金到了灾区被统一安排到政府财政，由政府安排；一些自己去亲自监建希望学校的机构受到当地政府官员的处处刁难，被质问为什么不直接捐钱，等等，这些都会打击人们对于慈善事业的积极性。

在这方面，政府和民间都还需要时间，还需要继续努力。

而第四种方式是奢侈品方式，既符合人的天性，也对加速货币在社会上的流通大有帮助，同时还对人类文明、文化、艺术、哲学等的保存和发展功莫大焉。

最后，有一个流传甚广、流传甚久的观点，认为应该对奢侈品高征税，以调节社会分配不公。这其实是一个不过脑子的想当然的观点。长久以来，我们这里对于奢侈品都征收高额的关税，个别商品还征收特别消费税，弄得内地的消费者纷纷亲自到国外或中国香港等地消费，或者找朋友代购。这些地方成了消费者的天堂，我们则什么税都没有收到，更别提什么"调节收入分配"的崇高理想了。

与此如出一辙的经验教训是，中国内地的个人所得税几乎居全世界最高，其伟大的雄心抱负也是为了"调节收入分配"，但结果和对奢侈品征税一样，逼得很多跨国公司高管大部分时间待在海外或中国的香港、台湾等地，因为那些地方个税税率低得多，只要他们一年在外待足183天，就不用在内地缴纳个税。结果是个税损失了，其他各种消费的税收也损失了。

调节社会分配不公，最重要的不是事后税收，而是事前就应该保证机会公平。

"最大奢侈品市场"是中国难得的历史机遇

波士顿咨询公司（BCG）2010年初发布的最新报告显示，中国在5至7年内将成为全球最大奢侈品市场。虽然中国无法幸免于全球经济危机的冲击，但其受到的影响远低于其他国家，且中国的奢侈品市场为遭受经济衰退困扰的世界各国提供了摆脱困境的巨大机会。

这份题为《后地盘争夺战时代的中国奢侈品市场》的报告提出，虽然中国消费者对其开支愈加谨慎，但他们仍然向往奢侈品牌。在BCG于2009年对2550名中国消费者进行的调查中，26%的受访者表示他们2009年奢侈品消费计划高于2008年。随着中国财富从大型沿海城市向小型内陆城市扩展，奢侈品门店也随之加入到争夺地盘的战斗之中。中国超过半数的奢侈品销售点都是在近三年内开业的。

我注意到其中的两个网友留言，很有代表性。一曰：一个老百姓穷得叮当响的国度，要成为全球最大奢侈品市场，是幸运还是悲哀？另一个回答说：这不是悲哀，悲哀的是这些奢侈品大多出自欧美，而正是大把的钞票流进了昔日侵略者的腰包。昔日有侵略者用坚船利炮打开中国国门，掏空国人腰包。今有侵略者的子孙用奢侈品掏国人腰包，真是莫大讽刺。

读熊培云先生的《重新发现社会》，看到历史上卓越的思想家都不反对奢侈品。如孟德斯鸠在《论法的精神》中所说，"富人不奢侈，穷人将饿死"；桑巴特在《奢侈与资本主义》中也表达了"奢侈带来资本主义"这一观点。当有学者指出奢侈破坏人类天性时，主张"富足与自由乃人生两大幸事"的亚当·斯密同样在《国富论》中指出，禁奢法代表了"君王大臣们力图监管个人经济活动的无能和想当然"。

熊培云先生亦认为，真正给公众生活造成"天价伤害"的不是市场，而是垄断。事实上，真正的市场不畏惧天价，鱼龙混杂同样是一种社会生态。如果将这种选择性的"天价消费"理解为一种"奢侈",天价也会有积极意义。在市场经济条件下,天价甚至可能引领时尚,并且通过"拖拽效应"使奢侈品逐渐成为日常用品。比如说,在1900年室内盥洗室是奢侈品,如今早已进入寻常人家。在经济层面,一个社会可以通过富人的天价消费(奢侈),实现财富的转移和重新分配;而在政治与社会层面,这种"必要的奢侈"同样因为承认人的欲望和天性,可以在客观上抵御"安贫乐道法"里所承载的隐秘的统治。

在我看来,奢侈品市场的不断成长壮大,对于今后中国的经济转型都具有极其重要的意义。经过了三十多年的改革开放和市场经济转型,今天的中国已经从总体上告别了供给不足的卖方市场,物资极度匮乏的时代一去不还,相反的,我们还必须高度依赖外向型经济来保持经济的高速增长。

但这种高度依赖外向型经济的做法,却如郎咸平教授所言,国外金融资本、产业资本完全控制了定价权,控制了原材料,"两头在外",然后将制造放在中国,破坏我们的环境,浪费我们的资源,最后通过原材料和成品价格控制这两端把我们洗得干干净净。我们的政府、我们的企业家和我们的工人都格外努力,但我们制造一个玩具只赚1毛钱人民币,出口到美国,人家却可以赚3.6美元!导致我们这个全世界最勤劳的民族,拿的却是全世界最低的工资。据统计,全球薪资收入欧美最高,占GDP55%,南美洲38%,东南亚20%,中东25%,非洲20%以下,我们国家2009年薪资收入仅占GDP8%,全世界最低;工作时间全世界最长,一年2200小时。

回过头来,国外生产者又用大量生产过程没有污染且有极高附加值的奢侈品掏我们的腰包,且价格远高于其在国外的售价。阿玛尼的西服价格我们是美国的3倍;松下54寸电视是美国的3.4倍;宝马Z4型的车,美国是3万美金,我们是60万元人民币,是美国的3倍;LEVI'S牛仔裤我们是美国的7倍……

中国社会对奢侈品的偏见极大地妨碍了本土奢侈品品牌的发育和成熟。我们应该从全面改变对奢侈品的偏见开始,培育自己面向内需的奢侈品牌，深耕细作我们自己的民族工业、民族奢侈品牌。服装、汽车、珠宝、茶叶、瓷器、中式家具、白酒、黄酒乃至房地产中的奢侈品，等等，都可以是我们施展的领地，通过奢侈品牌这个品牌中的品牌、尖端中的尖端，让东方文化散发出更加恒久的魅力。

奢侈品能否引领中国转型

羞答答的玫瑰静悄悄地开

2011年6月9日，中国贸促会和世界奢侈品协会联合宣布，正式成立中国奢侈品贸易委员会。该委员会将引入全球各国顶级的奢侈品资源，挖掘中国本土奢侈品元素，诸如茶叶、玉器、丝绸等，推广本土奢侈品企业国际化。之前，国内一直没有专门的奢侈品贸易平台。世界奢侈品协会同时发布了2011最新报告，称中国内地去年的奢侈品市场消费总额已经达到107亿美元（不包括私人飞机、游艇和豪华汽车），占全球份额的1/4。预计中国将在2012年超过日本，成为全球第一大奢侈品消费国。

2010年3月，波士顿咨询公司（BCG）发布的报告显示，中国在5～7年内将成为全球最大奢侈品市场。但是，日本地震和核泄漏危机，使中国的这一进程大大提速。

中国的茶叶、瓷器、红木家具、玉器等都富含奢侈品基因，曾几何时，"中国制造"一度是欧洲上流社会的奢侈品，并且长期统治欧洲社会的主流生活。然而今非昔比，令人沮丧的是，当国外的奢侈品（甚至不少是在中国的代工产品）铺天盖地涌向中国市场的时候，占世界1/5人口、GDP总量居全球第二的偌大中国，居然找不出几个像模像样的奢侈品品牌。贵州茅台酒可以称得上最具奢侈品基因的本土品牌，然而茅台集团董事长季克良却坚称，普通酒近千元、年份酒上万元甚至十几万元的茅台，"同国外的洋酒相比，绝对不是奢侈品，茅台要进入寻常百姓家"。我想，企业绝不是不想让自己的产品进入奢侈品行列，而是迫于当下的社会舆论环境，想进却"不敢"进，即使明明已经是奢侈品，却还是遮遮掩掩躲躲藏藏不敢为其"正名"。

国人对奢侈品的态度往往非常矛盾，甚至在某种程度上持有双重人格：很多人对奢侈品既羡且恨，一方面在努力追逐它，另一方面又不无仇视和嫉恨心理。就像人们对贪污腐败的态度一样：既恨腐败，又恨自己没有腐败的机会。这一切，使得中国的奢侈品牌只能像羞答答的玫瑰一样，静悄悄地开。

在中国，奢侈品的话题，几乎从来都是"敏感"话题，每一次都会挑动贫富对立的神经。很多人以"直线思维"认定，在多数人还没有富裕起来的中国，应该对奢侈品征收高额消费税。持这种思维和论断的人没有想到，这样做其实对中国、对中国普通的老百姓并不利。当下，虽然我们没有对奢侈品直接征收所谓消费税，但由于我国奢侈品关税税率全球最高，导致中国奢侈品消费严重外移，中国人在国外消费是国内市场的4倍之多。也就是说，高税收没有阻止相对富裕的人消费奢侈品，却把庞大的市场拱手让给了国外，即把房租、税收、就业等有利于财富和社会阶层流动的机会都"送"给了外国。

奢侈品对中国经济转型和降低物价意义重大

本土奢侈品牌的严重短板，既导致中国财富的大量外流，也导致中国产业始终处在世界价值链低端，被迫长期保持对外向型经济的畸形依赖。羞羞答答而非堂堂正正地发展中国本土奢侈品牌，已经使我们失去太多太多，最典型的有两个方面：

一是使中国长期处在全球价值链低端。根据世界奢侈品协会数据，中国目前奢侈品销售价格的构成为：原材料5%＋加工成本6%＋奢侈品品牌附加值（一般是保留利润值）55%＋广告与公关活动成本5%＋旗舰店年度成本3%＋人力成本6%＋政府关税、消费税、部分增值税等综合进口税率20%。奢侈品品牌价值极高而耗用资源极低这一特性，决定了奢侈品是在消费更多富人的金钱，而不是富人在消耗更多的资源。有时甚至会倒过来：穷人消耗的大量廉价资源，反而更加浪费。比如富人一件名牌衣服，可以10年不换；但穷人一件劣质衣服，一个夏天就面目全非。投资大师罗杰斯给宝贝女儿的12封信里提到：永远买高质量的东西，它们经久耐用，更能保持价值。奢侈品往往代表着对资源的最大化利用。中国缺乏自己的奢侈品牌，导致的是高能耗、高污染、低产出、低回报、低工资效应，恶性循环。

以纺织服装为例，仅仅一个绍兴，一年织的布可供全世界一人一套服装；一个宁波，一年生产的衬衫可供全中国人一人一件。可是，我们的奢侈品牌又在哪里呢？当年王羲之诗意盎然的一池"墨水"，在纺织产业主导下早已弥漫成全绍兴的环城墨水了，地方不得不花巨资治理污水，虽成效显著，然代价昂贵。这就是纺织服装行业没有成为创意产业的代价。产业附加值低又使企业利润微薄、工人工资低，影响经济转型，被迫长期陷于外向型经济依赖陷阱中不能自拔。

二是使大量财富外流并导致国内流动性泛滥，是真正的财富外流而非简单的货币外流。比如中国不鼓励在大城市周边或回乡下建豪华住宅，结果很多富人纷纷到海外置业，抬高国外房价还遭人侧目，因为很多发达国家收物业税，房价高甚至导致一些原住民交不起税。同时本应在中华大地生根传承的精美建筑和园林，纷纷到国外"安家"。此外是没有足够的本土奢侈品承担财富积累和传承的"资金蓄水池"，大量流动性在民生领域急需的日常生活用品中投机钻营，抬高物价，左冲右突泛滥成灾。

本土奢侈品发育的四大阻碍

那么，又是什么原因阻碍了中国的奢侈品正常发育呢？

首先，新中国成立后全面消灭资本家和富人的"非私有财产时代"，使中国奢侈品全面"断代"，技艺、品牌和能工巧匠逐渐随时间流失。直到最近几年，才慢慢"重拾传统"。比如比较有实力的珠宝翡翠商行，大约在2003年以后才开始大量进驻北京。有媒体惊呼，和田玉、翡翠、古董、艺术品等比二十世纪七八十年代价格上涨万倍，实际上是价值回归而不是飙升，因为在计划经济时代，这些东西几乎全部"沦落成泥碾作尘"，面临无法市场定价的尴尬。

其次，是"历览前贤国与家，成由勤俭败由奢"的传统文化观念和生活习惯妨碍了奢侈品的发育发展。但实际上，生活中有大量的奢侈品，尤其是珠宝玉器、艺术品、文物古董等奢侈品是随着时间和文化的积淀不断增值的，没有这些就没有文化的传承与发展。

第三，是官商文化和公款消费助长了仇视奢侈品的社会心理。奢侈品牌的建立建设，往往离不开美丽动人的故事。但是，如果奢侈品消费充满了公款消费和官商文化消费，谁还敢讲这样的故事？谁还会对这样的故事充满艳羡？恐怕剩下的就只有羡慕嫉妒恨。

第四，因为过去的计划经济时代人们太贫乏了，几乎可以说人人都一无所有。而市场经济的变化又太快，在全球一体化（外向型经济）和按揭信贷等金融制度的助推下，中国只用三十多年的时间就完成了西方国家上百年才能完成的财富积累和贫富分化，这样的大起大落（其中有很多人是"相对被落下"），急剧的变化与落差，加上其中夹杂着大量转型期制度不规范及权钱勾结等因素，也容易引发人们的不平衡心理。

从上述意义上说，今天我们虽然已经基本上告别了计划经济时代，但我们仍然在为计划经济的负面遗产买单。

奢侈品是经世致用"第四极"

改革开放30多年，中国迅速从求温饱时代进入求住行和追逐奢侈品时代，衣食等日常生活用品全面过剩。

衣食足而追品位。人类对奢侈品的追逐，就像对自由、民主的追求一样符合人的天性。我们没有必要谈奢色变。事实上，奢侈品往往代表着技术的高水平、生活的高品位、品牌的高境界，其高附加值的特征，其实最有利于财富在不同阶层中流动，从而提速中下层民众的上升进程。它精美绝伦、经久耐用的品质，是对高能耗易碎品的反叛；它在不断地累积历史、文化和家族传承的丰富人类信息，可以传家传世而经久不绝。它像一个深不可测的资金蓄水池，以海纳百川之气度吸纳社会上大量的资金流入，把人们的注意力从生活的必需品中吸引到更为精细、更耗费人类精神，却又最节约自然资源的非必需品领域中来。

从社会心理上看，奢侈品消费是区别身份、地位和能力的一类消费；从经济学上看，奢侈品消费则是价格与成本严重脱离的一类消费，脱离程度越高，奢侈程度也越高。而从广义上来说，只要超出社会平均生活需求的一切消费都可以称得上奢侈消费，比如一根烟、一杯酒、一壶茶。从这个意义上，我们每个人几乎都是奢侈品的消费者或潜在消费者。对此我们不必过于敏感，不妨多想想如何让奢侈品更好地造福社会促进贫富流动，如何更多更好地培育中国本土的奢侈品牌去摘取世界产业链中的"顶端价值"，而不是始终匍匐在价值链最低端。

我个人把奢侈品看成是促进贫富融合、促进贫富流动的"第四条道路"，或者说经世致用的"第四极"，而且是最符合人性的、和平的道路。前三条道路分别是：改朝换代、税收和慈善。

如果中国本土奢侈品文化和品牌发育不良，国外奢侈品就会乘虚而入，中国失去的，不仅是品牌建立的良机，而且是贫富融合、财富稳定、社会和谐的良机。当下中国正处在贫富两极严重分化的惊涛骇浪中，和平度过这个贫富急剧分化的难关，中国的将来必会一马平川前途无量。传统的只有破坏没有建设的革命思维和行动必须完全抛弃和停止才有利于社会发展进步；而税收与慈善等二次分配、三次分配的平衡财富功能必须以公共财政等更加民主自由的制度保障为前提，否则会反过来加剧两极分化。在这样的关口，奢侈品确实是实现社会财富再分配的最佳媒介之一。它属于一次分配范畴，符合市场规则和人性，所以往往最公平也最有效率。

奢侈品这样成为社会稳定剂

2010年2月，我曾经写下《"最大奢侈品市场"是中国难得的历史机遇》一文，文章说："中国社会对奢侈品的偏见极大地妨碍了本土奢侈品牌的发育和成熟。我们应该从全面改变对奢侈品的偏见开始，培育自己面向内需的奢侈品牌，深耕细作我们自己的民族工业、民族奢侈品牌。服装、汽车、珠宝、茶叶、白酒、黄酒乃至房地产中的奢侈品，都可以是我们施展的领地，通过奢侈品牌这个品牌中的品牌、尖端中的尖端，让东方文化散发出更加恒久的魅力。"

今天，在资本价格、劳动力价格和原材料价格都层层上升，许多附加值低的企业甚至整个行业岌岌可危，尤其是一些低利润的出口加工企业在人民币升值面前艰难度日、苟延残喘、员工面临失业的时候，国内一些向奢侈品地位大踏步迈进的企业，却在外忧内困的危机面前气定神闲甚至气吞万里如虎。

在北京，尽管遭遇着史上最严厉的房地产限购和资本管制措施，一个创立于2007年将在大城市及其周边开发中高端住宅作为核心业务的房地产公司K2地产，却拿出了"以行业顶级薪酬邀您加盟"的气魄，绝大多数岗位都在二三十万元起薪，给总经理开出的年薪更是在500~1500万元。K2地产做的是地产行业的"奢侈品"。

在"中国红木家具之都"福建仙游石马镇，红木家具巨头连天红公司用"钱多，人傻，快来"的噱头，以同行工资2倍的待遇，吸引大批有生产技能的技工。连天红公司是中国红木家具的龙头企业，做的是红木家具中的"奢侈品"。在连天红，试用期的底薪都不少于3500元/月，转正后底薪不少于5000元/月，五片锯工月薪16000元，铣床、台镂月薪14000元，如果是熟练的高级工艺师，月收入甚至高达3万元。这个收入水平，连许多做到行业中坚的大城市白领都眼红。

中国不仅要成为奢侈品消费大国，更应该成为奢侈品生产大国。奢侈品的生产和消费，表面上是富人的游戏，实际上一定会通过社会普遍联系的传导效应，造福于千千万万的民众。它对社会进步的影响力，远远不局限于一家企业。就像连天红，红木行业蓝领阶层人才奇缺，企业要想扩大规模，有长足的发展，必须吸引人才，留住人才。这既是企业社会责任的体现，也是企业自身发展的需要。而连天红天价招聘人才，必然引发行业连锁效应，其他红木厂商要想留住人，必定也会采取措施，如果能由此带动行业整体薪资水准的上调，不仅能让低收入人群得利，也会促进行业的优胜劣汰。

奢侈品终端消费人群，对奢侈品的价格敏感度不是太高，他们追逐的只是品质本身。而生产企业一旦做到了行业奢侈品的地位，亦由于其拥有了较高甚至是极高的文化附加值，从而对资本、劳动力和原材料价格的关联度可以适当"脱敏"，其抗击社会经济各种风险的能力也大大提高，不仅有利于社会经济的长足稳定，也有利于通过高工资高福利，从员工起步，带动行业，进而培养更多的奢侈品消费人群。如此良性循环，奢侈品的生产和消费，将成为社会重要的稳定剂。

中国奢侈品的女权回归

如果你稍加留意，会发现中国的奢侈品其实具有非常典型的男权特征，不论是深奥的书画艺术，还是同样深奥同时又谈不上多少柔性美感、满目沧桑的古玩，抑或近年来不可一世的和田玉，基本上都是男人的天下，更不用说文人特征极其明显的寿山石了。

也许，1840年以来的中国社会，动荡的时日也太多太久，还没有来得及让中国的女性充分分享一下真正奢侈品的美感和乐趣。而中国本土奢侈品的男权特征，也是缘于男性开疆拓土的"权力需求"，而不是真正出乎温柔细腻的审美需求。虽然当年慈禧对翡翠的偏爱达到了极致，国母宋庆龄先生身上的翡翠玉饰也价值连城，但那些都太高不可攀了，寻常百姓断不可及其千分之一万分之一。

1978年以来的改革开放，带来了百年难遇的和平发展时期。近些年来，中国金融资产发展速度惊人，到2009年底，中国内地仅银行业总资产已达78.8万亿元（占全国金融总资产的90%），约占世界金融总量的5%~6%，而在12年前仅为1%左右，这是非常值得骄傲的成就。完全可以预言：中国金融资产还会继续猛增。

正是在这样的和平发展与财富增值背景下，中国奢侈品正逐渐回归"女权时代"。首先，以翡翠为代表、女性化特征明显的宝石饰品近年来正迅速回归主流。另一个情形是，一般情况下，镶嵌类珠宝远不如大块宝石那么有投资和欣赏价值，但近日拍卖会上的珠宝胸针大行其道，价格看涨，梵克雅宝1942年芭蕾舞人胸针甚至刷新了胸针的拍卖历史记录。业内人士认为，珠宝胸针实用价值高，价格"中产化"，是它受到追捧的原因之一。一年来，珠宝胸针的价格回升了1~2倍。

2009年和2010年，杨澜和席琳·迪翁联合打造的国内首家高级定制珠宝店——LAN珠宝分别在北京和上海开业，北京店就在银泰中心，卡地亚的楼上，虽然现有展品的精彩程度或许比不上店里挂的吴冠中水墨真迹，虽然开业时于丹等明星的衣着与佩饰都令人不敢恭维，但这毕竟是一个好的开端。网络上说，查尔斯王子已经收藏LAN珠宝颇具东方韵味的"珠联璧和"系列套装，而像"上善若水"这样的主题和佩饰也相当诱人。

2009年6月，卡地亚邀请一组媒体人去日内瓦和巴黎，近距离接触一下卡地亚的看家宝贝，回来又看了在故宫举办的卡地亚珍宝展，著名的洪晃女士也在被邀请之列。看完后她感叹不已："欧洲女人聪明，培养男人用珠宝表示爱情，中国女人有时候真不太实在，要名牌包和衣服——这怎么能够称为细软？要房子要车——也似乎太实在了点，而且他要是不放在你的名下，你又怎么办？所以，我觉得中国女人一定要学会要珠宝。有了珠宝，你看他不顺眼，抱着就能走。房子走不了，车会贬值。"

依我看，中国女人的聪明一点也不逊色于欧洲女人，"乱世藏金，盛世藏玉"，这是中国老祖宗早就传下的古话。不是中国女人不够聪明，而是社会没有给她们应有的和平盛世环境。就像"富不过三代"不能把主要责任归咎于富人及其家庭教育而应归咎于社会环境的动荡不安。

今天，一个安详和平的盛世年代重新开启，奢侈品也正一点一滴地回到中国女性的身上。同样，像卡地亚那样，再小的钻石也要精心切割成57面，务必让每颗钻石的光芒得到最大化的呈现，这样的"奢侈品精神"，也一定会回归我们的企业精神中来，而不是一而再、再而三地让滥竽充数的"三聚氰胺"谋财害命横行于世。

从LOGO招摇到低调华丽

凤凰卫视的美女主播曾子墨在她的《锦绣》杂志专栏《奢侈品平民化的中国基因》中这样写道：

中国就像二十多年前的日本，奢侈品不仅贵族化，而且平民化。爱马仕的一款鳄鱼皮白金镶钻Birkin皮包，售价近两百万元人民币，在爱马仕的上海专卖店，一个二十来岁的小姑娘递上一整箱现金，拎走她心爱的手袋。而办公室里的女秘书，也可以花三个月薪水买Prada皮包，因为大家都有；职场里的杜拉拉，更是经常背着Gucci挤地铁，因为人人如此。

于是，各大品牌纷纷抢占地盘，开新店。狂热从何而来？简单的一个LOGO，她的魅力到底在哪里？常有人这样问我。

当奢侈品成为生活方式，LOGO会被抛弃。但想想最初的认知，缺乏贵族传承的中国人，谁不是从LOGO开始？

是的，要我说，奢侈品是无声的炫耀，是身份、品位、精致和美好生活的象征。

除了满足蠢蠢欲动的虚荣心，奢侈品其实包含了千百年来人类对精致生活的美好向往与追求。慢慢地你还会发现，它居然跟现代最时尚的环保理念相吻合！它精美绝伦、经久耐用的品质，是对高能耗易碎品的反叛；它在不断地累积人类历史、文化和家族传承的丰富信息，可以传家传世而经久不绝。甚至，它有可能间接起到降低房价物价的作用。它像一个深不可测的资金蓄水池，以海纳百川之气度吸纳社会上大量的资金流动性，把人们的注意力从生活的必需品中吸引到更为精细、更耗费人类精神却又最节约自然资源的非必需品领域中来，为降低物价、直接间接造福百姓大众充当介质。其中的"隐秘政治"，也许值得写另一篇文章。

但最终，满大街晃荡的LOGO一定会慢慢退潮，代之以更为低调隐身的华丽与奢侈。我的前同事、现腾讯网常务副总编李方在他的博文《知识分子跟大牌logo是天敌》中这样写道：

潘石屹在博客里讲，他想进军中关村房地产市场，但不了解中关村都是些啥人，请教北大教授张颐武，张颐武说："中关村是知识分子扎堆的地方，做人要低调，穿衣服不能穿那些大家熟知的名牌，穿的衣服可以很昂贵，但牌子一定是小众的，尤其不能背着印满了LV的包在北大清华招摇过市……可是我也喜欢好东西喜欢大牌啊，我挺得意的衣服是一件 Zegna 风衣，不过我保证你里里外外都找不见半个 Zegna 字样。是不是我把商标都给撕了，我还没那么矫情。那是在 Outlets 买的，售货员跟我说，我不骗你这真是 Zegna 的，只是厂家怕打折丢脸，上架前把商标撕得干干净净。哈哈。"

这样的场景并不只出现在知识分子群体中，且看《南方周末》如是说：

> 在北京、上海这样的都市，新近富裕起来的一批中国富豪对行走于豪华高尔夫球场或是 LV 手袋兴趣减弱，他们反而觉得拥有一块绝世的玉石才是身份与高贵的象征——历史正重演着同样的情节——珍贵的玉石再次来到了新时代的显贵们手中。在很多场合，晚宴与私人聚会都最终成了玉石"展览"会。为了尊严与荣耀，这些富豪、名流、世家子弟们不惜动用几百万的家财换来一二石头，虽然他们或许并不真的懂玉，"但对他们来说，面子比什么都重要。买 LV 反而显得俗不可耐"。一位玉石商人如是说。

也许，简单的 LOGO 太容易辨认了，就像一个没穿衣服的皇帝，让人一眼洞穿。在经历了财富觉醒带来的 LOGO 遍地的短暂"西风东渐"之后，奢侈品终将逐渐回归传统，回到"很中国"的那一角。那一枚枚温润的玉石，在成功男士的手把间摩挲；那一只只晶莹剔透的手镯，在女子的手腕间叮当做响；那一个个玻璃纯粹的红翡绿翠，在女子的指缝和胸前闪烁着别样的日月光华……

茅台酒值多少钱？

年年涨价，仍是供不应求。茅台、五粮液这样的高端白酒在国内一次次地拨动着市场的神经。元旦开始，茅台全国涨价 20%，贵州茅台董事长袁仁国强调了严苛的限价令，终端价格（市场零售价）不得超 959 元，但市场上茅台酒仍旧一瓶难求，终端价格早已超出限价一半，达到1500元左右。茅台在争议声中涨价，但再多的争议，都阻止不了它昂扬向上的价格走势。

1988年之前，茅台每瓶8元，不过根本买不着，即便是托很大的关系都难以买到。但即使买得着，当时的中国居民生活必需品消费占了绝大部分，甚至鲜有盈余，哪舍得花钱买如此昂贵的奢侈品。此时，绝大多数中国民众觉得茅台距离自己的生活很远，因此，对它并不十分关心。

1988年7月，国家放开了13种名酒的价格，长期以来物价平稳的局面被打破。一瓶53度茅台酒的价格从计划经济时代的8元一举跃升至140元，成为第一梯队中的极品。一下子涨了将近20倍，但人们似乎反应平静。当时，五粮液、郎酒的开放价格为80元，剩下的剑南春、洋河大曲、全兴大曲等则齐齐进入"35元时代"。

从1988年到现在，茅台价格从140元涨到1500元市价，涨了10倍；与此同时，陈年茅台连续拍出上百万元的天价。同期北京居民平均年收入由2000元涨至2008年的44715元，上涨了22倍。居民收入涨幅是茅台涨幅的2倍，茅台涨价却引起公众舆论的口诛笔伐。何也？

"贵者生存"的20年白酒史

不管人们怎么议论和抨击白酒涨价，中国市场经验却表明，过去20多年的白酒史，分明是"贵者生存"的竞争史。那些走中低端路线的传统品牌，纷纷在人们的视野中渐渐消失，而只有走中高端路线，才"贵者生存"异军突起。

五粮液的高端化路线其实远远走在茅台之前，茅台调价前，五粮液的价格一度高于茅台。而被茅台、五粮液甩下数个身位的同行们，也纷纷打造高端产品、压缩中低端产品，开启"复兴"之路。近5年，中国白酒业正在一片兴奋中经历着价值回升的第二次"黄金时代"。

2007年下半年，位居老"八大名酒"的古井贡酒正式开启了"复兴"之路。时任古井集团董事长的曹杰高调宣称，推出淡雅香型白酒的系列新品，作为古井的高端形象进入市场。此后不久，古井贡酒又推出年份原浆系列，实现利润翻番，为开拓全国市场打下了基础。几乎是在同一个时间段，汾酒的"青花瓷"系列上市，并通过多次提价，将自己高端产品的定价拉入了第一阵营。

2010年，泸州老窖的第一款年份酒上市，定价698元，这在公司被认为是"迈出了复兴的重要一步"。此后不久，泸州老窖总经理张良在京宣布，定位奢侈品的"国窖1573中国品位"上市，单瓶售价2180元，成为除年份酒和定制酒之外，国内单价最高的白酒产品之一。张良表示，大的经济形势很好，白酒企业要敢于和国内市场的高价洋酒竞争。

当年属于第三阵营的洋河，也开始了新的雄心勃勃的复兴计划，其仅砸在2010年CCTV年度经济人物上面的赞助推广费用，就高达4000多万元。

"贵者生存"只能说明一个趋势：改革开放到了今天，社会财富极大增长，奢侈品需求越来越大且不可遏止。茅台、五粮液的未来涨幅将远超工资、GDP和货币量涨幅，几乎没有任何悬念。

茅台需要驱除"腐败"的影子

营销策划人穆峰先生的观点与笔者相同——茅台酒就应该定位为奢侈品，茅台是中国最有可能成为也是最应该成为奢侈品的品牌，它具有奢侈品所有的属性。要说茅台成为奢侈品唯一的不足就是价格低。和动辄几千甚至几万的洋酒相比，茅台在品质和文化上并不逊色于这些品牌。我们能接受价格昂贵的洋酒，为什么对国酒第一品牌涨价大惊小怪？

人们愤怒于茅台酒的涨价，除了少部分原因在于消费者对国内品牌不自信、除了它的涨价可能使一部分人再次与之失之交臂之外，更重要的原因恐怕还在于其相当情况下公款消费的属性，或者是买者不喝、喝者不买的礼品属性。据《中国经营报》报道，只有20%的真茅台酒进入大众消费市场，八成以上供给了公款消费部门。社会对"三公消费（公款吃喝、公款旅游和公款买车）"的不满，被迁怒于消费对象的身上了。

这种迁怒，远不仅限于茅台酒。几乎每一次关于奢侈品消费的信息，都会极大地刺痛整个社会的神经。

但迁怒这种事，说到底不是一个聪明的态度和方法，最终还是搬起石头砸自己的脚。想想看，你可以迁怒到茅台五粮液水井坊头上，你能迁怒到拉菲、LV、卡地亚头上吗？而我们呢？在愤怒中"打压"了自己的本土奢侈品，却为海外奢侈品牌腾出了一片大有作为的"广阔天地"！

结果，是中国产业长期处在世界产业链低端，而发达国家的国际公司处于有利地位，而且在不断地向产业链高端转移，通过研发、设计、品牌、标准制定以及营销、配售和融资，占据着有利地位。

奢侈品从经济学上讲，指的是价值/品质关系比值最高的产品；从技术和艺术角度上讲，代表了技术和艺术的最高标准，起到了提升行业标准和价值的作用；从社会学和大众心理学意义上讲，在任何时代任何社会，奢侈品都是时尚、品位、地位的象征。我们应该以冷静的态度，在奢侈品上重建国家竞争力。你不去引领时尚，不去占领价值链中最高的顶级皇冠，甚至打压人们去引领时尚，那就只能拱手让别人去引领时尚、去摘取最高剩余价值，我们只能"俯首称臣"，只能做价值链中最低端的"世界工厂"，由我们代工，别人贴个牌子价格就十倍百倍往上翻，只能把利润留给别人，把低工资、资源浪费、环境污染留给自己。

奢侈品的本质是"富人代管"

李剑芒先生认为，钱是与社会的一种契约："中国是用钱最早的国家之一。啥是钱？那一堆纸本身有啥价值？一千万点着了都做不熟一顿饭！那堆纸的全部价值就是社会契约，没有契约它一文不值。西方的贵族明白这个道理，以身作则维护社会正义。这实际上是在保护自己的契约价值。可中国的很多上层人呢？一群拎不起来的土包子！"

他说得很对，财富本质上是信用能力。既是最有效安排社会有限资源的能力，也是对社会和他人"言必信，行必果"的能力。犹太人就格外注重这种能力，认为一切身外之物都可以随时消失，但唯有这种知识和能力是一生一世伴随自己的。"可口可乐之父"伍德拉夫曾如是说："即使整个可口可乐公司在一夜之间化为灰烬，仅凭'可口可乐'这块牌子，他就能在很短的时间内东山再起。"品牌就是用对消费者的承诺换来的消费者的忠诚。人们相信你的能力和信用，这才是世界上最大的财富。至于钱、物品，都是一夜之间有可能灭失或者被剥夺的东西。

当然，李剑芒那些话，是说给富人听的。但我同时赞成韩寒的话，认为在民粹盛行的时代，既要"杀戮权贵"，也要"杀戮民众"，因为很多时候，民众的脑袋也不开窍，他们同样不知道财富的本质，不知道奢侈品的本质。所以往往一门心思想的是如何把财富从富人手里夺回来，跟野蛮和血腥时代富人从穷人手里抢夺财富一样。

事实上，奢侈品名义是富人占有，实际上是富人代管，替社会保管并发展物质文明与精神文明。不论是豪华住宅，还是艺术品、古董、珠宝等奢侈品，往往到了富人闲人手里才显现出价值和价格，而富人在消费奢侈品过程中，实际上的物质消费是很少很少的，几乎没有，更大层面上的消费是精神消费。同样的东西，放到一个衣食且忧的穷人手里，他也许根本没有心思欣赏它的妙处，甚至也没有条件来保养它，比如你送一栋豪宅或一个海岛给穷人，他没有足够的现金流，养也养不起。因为缺乏足够的"群体认同"，他也未必能够给奢侈品卖出好价钱，把好好的一件文物当猪槽甚至当柴烧，却是常有的事。

认清了财富和奢侈品的本质，我们才能以更为理性的心态对待财富和奢侈品。没有正确的心态，人类就只是财富的奴隶，而非它们的主人。

穷思维　富思维 III

稳定的财富仓库既是创造财富的源泉之一（能够直接创造产出的资产型富仓库），也是财富创造的重要动力，同时还是财富与文明的沉淀池（收藏品型财富仓库）。

奢侈品是人类物质文明和精神文明高度重合的结晶。兼具收藏品性质的奢侈品与收藏品型财富仓库有高度重合之处。即使纯消费型奢侈品，比如茅台酒，其实也在为人类文明做贡献，在生产、交易过程中实现财富的快速流动，同时为人类文明保存非物质文化遗产（茅台独特的酿造工艺）。

不论是生产型还是收藏品型仓库，富人都只是暂时保管，而且是花高昂的代价进行保管，且在保管过程中为其添加文化附加值。比如某某名人住过的房子、把玩的器具和艺术品，自然身价倍增。

当代中国闻"奢"色变，尤其是近些年，强调以税收手段抑制奢侈消费从而达到调节贫富差距目的的说法，一直没有消停过。只许政府盖豪华大楼、不给百姓豪宅批地的做法也一直通行。这基本上都属于"无产者的无知狂妄"和"民粹派的非理性迎合"。

诚如梁发芾先生所言，真正需要限制的奢侈消费行为只有两种情况：一种是让社会承担成本，比如大量消耗稀缺的不可再生资源，形成浪费，或排放污染，危害他人，对这类情况可用税收予以限制；另外一种情况是，这种消费由谁买单，目前疯狂的公款消费是公职人员奢侈，纳税人埋单，这就不只是课税的问题，而是违法犯罪，应该由法律解决。除此之外，奢侈品是一种比征收重税更加温和的调整收入分配的自生自发的秩序。富人一掷千金，真正的实惠却被并不富有的生产者、销售者得到。向奢侈品和奢侈消费行为课重税，则会使富人捂紧钱袋不消费，那穷人的工作岗位也就容易不保，这样不但不能调节收入分配，反而使收入分配更加悬殊。

体现在具体的政策上，何妨鼓励富人到城市郊区盖豪华住宅，同时可以附加一定的条件，比如房子允许占地一两亩，但必须自筹资金，不像普通民宅一样可以给予银行贷款。同时可以要求配套"认养"周边几十亩甚至一二百亩山地森林，广种名木奇花异草，像古代私家园林一样，节假日期间对公众开放。其实是有利于保护环境的，也有利于穷人和富人一起分享名宅与优美环境。像印度首富穆凯什·安巴尼2011年建成、价值10亿美元的安蒂拉（Antilla），家佣就有600多名，相当于一个中小企业。

这样做一举多得：既保护了环境，解决了一些比较贫穷的地方环境保护乏力的难题，也可以让富人就地招收家庭管理人员，解决就业问题，还能有效地解决社会资金出路问题。

著名经济学家许小年说搞市场经济最怕无产阶级，因为"无产阶级失去的只是锁链，赢得的将是整个世界。"真知也！也就是说无产阶级无知无畏，他们打碎的"锁链"，可能是一切规律和规则；而"赢得的整个世界"，必然是斯文扫地、文明"零落成泥碾作尘"的世界。其实无产阶级不可怕，最可怕的是掌握巨大权力和资源的、对无产阶级过度迎合的"民粹派"。

第九章　经济大趋势

钱往高处走

2010年12月23日，在南京举办的某创新峰会上，北京师范大学房地产研究中心主任董藩一张口，就吸引了在场的所有人，"今天我来谈一点从来没谈过的东西。"他说，"在过去几十年中，唯一可以有效抵御通货膨胀的只有购买房产。"董藩明确表示，能在一线城市买房，就不在二线买；能在二线城市买房，就不在三线买。在同等城市的选择上，商贸型城市好于综合型城市，综合型城市好于旅游型城市，旅游型城市好于交通型城市，交通型城市好于工业型城市。选定城市后，具体在哪个区域买房，董藩也做了分析：能在城市中心买，不在次中心买；能在次中心买，不在普通地区买；能在普通地区买，不在郊区买。能买高端的，不买普通的；能买大户型，不买普通户型；能买普通户型，不买小户型。"哪里堵车你就在哪里买，准没错！"

董藩的观点，跟笔者2010年8月出版的《买房的革命》中"战略上城市包围农村"的观点异曲同工，不过他说得更详细，我则对"能买高端的，不买普通的"有所保留。我还有另外一半观点：通胀经济时代不能等攒够了钱才一步到位买房，要灵活变通，不要把过多的现金留在手里或存在银行。如果钱不够，那就买不起大的买小的，买不起中心买郊区，买不起一线买二线。若干年后再"杀"回主城市（区）。后者叫做"战术上农村包围城市"。

一位电视人很纠结地问我：我老家石家庄的房价才8000元，北京四环里已经3万了，你说是8千升到16000容易呢，还是3万升到6万容易？我反问他：未来能承受6万房价且想到北京的人数多，还是能承受16000房价想到石家庄的人数多？

大家都抱怨大城市房价高交通拥堵生活不便也不易，但财富和人的流动却都有一个共同规律：总是一个劲儿地往物价高的地方挤。千百年都如此。

借贷消费不是洪水猛兽

我们既然欣然享受到信贷消费的甜美果实，也就必须承受由此带来的货币增长和物价提高这个副产品。

尽管全国多个城市都效仿北京，在房地产调控方面采取了史无前例的限购措施，但是"我口说我心"的任志强依然坚持他"谁不买房谁倒霉"、"谁不买房谁傻眼"的断然判断。"粮食不够吃时，用粮票来限量，但限量解决了供求平衡的问题却没有解决吃饱肚子的问题。那么是解决平衡问题重要还是吃饱肚子问题重要呢？"试图以牺牲居民住房条件的改善需求来解决供求关系平衡的问题，这岂不是"伤敌八百而自伤一千"的做法？即使一贯"很会说话"的潘石屹，这回也很肯定地说如果还没有第一套房，还是先买的好，如果是有了好几套房，才"综合考虑"一下物业税等因素。

现实中多数人注意到了货币发行、城市化等对于房价的深刻影响，但对借贷消费模式对房价的影响却知之不多。

在耶鲁大学金融学教授陈志武看来，借贷消费模式摊平了一辈子的消费水平，提高了整个人生的总体幸福水平。美国人靠借贷推动消费、再靠消费推动经济增长的经济模式是最好的典范。但在《金融让谁富有》一书作者、华尔街资深人士陈思进看来，华尔街提倡的信贷消费模式"用明天的钱来圆今天的梦"，是用来欺骗民众、掠夺财富的大陷阱。只要信贷消费模式继续存在，房价就不会触底，且会带来一次次金融危机，受害者永远是处于金字塔底部的普通大众。

陈思进认为，"用明天的钱来圆今天的梦"听上去非常诱人，但结果是人们用明天的钱来制造今天的泡沫。在信贷消费的推动下，银行通过贷款持续不断地创造货币，进而再推动信贷消费，如是循环，流动性过剩，最终形成通货膨胀。只有付出更高的代价（利息和涨价）才能换来奢侈的享受。他以杭州一套70平方米的公寓为例，1990年初售价12万元左右，普通家庭五六年省吃俭用不必借钱即能买下，而如今同一套房子至少价值200万元以上，普通家庭即便省吃俭用10多年也未必能买下。

我个人更倾向于陈志武的观点。陈思进认为中国应该抵制信贷消费模式，重返简朴自然的生活方式。很遗憾，在全球都信贷化的当下，中国不可能自外于世界文明而独立发展。抵制信贷消费只能是作者的一厢情愿。我认为信贷消费是人类最伟大的发明之一。一个大家"眼见为实"的事实是，改革开放前甚至1990年以前，中国没有信贷消费，农村宅基地免费供应，但那时农村盖得起房的人极其稀少、城市居民的居住状况也相当恶劣且官民不均。但是借助借贷机制，不到20年时间，中国城市居民的居住水平和生活水平远远超过过去40年（当然还有其他方面的原因，但借贷制度在住房消费方面居功至伟）。即使今天仍然无法实现住房按揭消费的广大农村，也因城市化发展带来了巨大的就业和致富机会，新房如雨后春笋般崛起，这是一个有目共睹的事实。

信贷消费只有在一种情况下弊大于利，那就是贷出了超出还贷能力的款项。但这时受害的不仅仅是债务人，债权人其实也一起受害。

陈思进谈到的无数"美国老太"在进天堂前已经搬出了大房子。我想这跟住房借贷制度无关，更多的原因是年老了住小房子更温馨、更容易收拾打理，同时可以盈出更多的现金用于即时消费。我想，只要所住的房子是易于交易、可以随时资本化的，今后中国的老年人会更倾向于住小房子。

因此，我们既然欣然接受借贷消费的甜美果实，也就必须承受由此带来的货币增长和物价提高这个副产品。事实上，在楼市不断调控的政策下，如果较之于货币发行，十年来的房价上涨还是在"可以容忍"的范围内的。2010年10月19日《证券时报》报道说，中国货币供应10年扩大

450%：9月份数据显示，目前我国广义货币M2余额达到69.64万亿元，引发了业内对于未来货币泛滥的担心。经济学家们认为，过去十年M2已增长450%，继续的话可能引发通货膨胀、人民币大幅贬值、泡沫升腾，甚至出现严重的金融危机。

一边是货币大量供应，一边是大力打压房价，岂不好比一边给气球吹气，一边压着它不让气球膨胀？弄不好气球炸得更快。还好有红木家具、冬虫夏草、艺术品、高档翡翠、文物收藏市场等等充当临时"出气口"，但那终归是权宜之计。当然，这里的货币超发可不仅仅是借贷制度的原因，还包括外向型经济导致"中国买什么什么涨价"，以及出口换回大量美元后必须以相应人民币兑现流通，再加上美元贬值、投资型政府等诸多复杂原因。据悉，目前我国的M2是GDP的1.8倍，而美国只有0.6倍，日本、韩国不过是1倍左右。这与官方每年公布的百分之三四的通胀率形成巨大反差。

人口增幅持续下跌　房价止涨别太奢望

国家统计局发布的《2010年第六次全国人口普查主要数据公报（第1号）》显示：以2010年11月1日零时为标准时点，中国内地31个省、自治区、直辖市和现役军人的人口共13.397亿。

与2000年第五次全国人口普查相比，10年增加7390万人，增长5.84%，年平均增长0.57%，比1990年到2000年的年平均增长率1.07%下降0.5个百分点，几乎下降一半。而根据美国人口普查局2011年公布的2010年人口普查结果，过去10年美国人口增长率为9.7%，远远高于中国的5.84%，而这还是自20世纪30年代美国"大萧条"以来人口增速最慢的10年。就世界范围内而言，中国的人口增长率在有统计的190余个国家中排在150名以后，人口增长率低于世界平均水平。中国此前有一个1.8的目标生育率（即一个女人一生平均生育的子女数量），这个标准已经低于2.1的正常更替水平，而目前的生育率仅为1.7。

中国已经进入未富先老的国家行列。60岁及以上人口增长约4800万，占总人口的13.26%。10年前,这个数字仅略高于10%。而14岁及以下人口占总人口不到1/6,与10年前的近1/4相比下降明显。发达国家在进入老龄社会时,人均国民生产总值基本上在5000~10000美元。目前中国人均GDP也达到4000美元左右,看似差距不大。但发达国家工资总额占GDP比重一般在50%以上,而统计中的中国工资总量只占GDP的35%左右。由于劳动报酬过低,中国人还远未到人均GDP 4000美元的富裕程度。

20世纪80年代初开展计划生育工作以来,中国的人口增长模式很快从过去的高生育率、低死亡率、高增长率,过渡到低生育率、低死亡率、低增长率。欧美日等发达国家的这一转变过程一般都经历了几十年上百年的时间,但中国发生这一转变主要来自政策的强力调控。因此对于老龄化,我们的社会显然还没有准备好。

城市化无疑将进一步降低人口增幅,使老龄化和年轻人不足的问题更加严重。虽然现有的6.6亿多城市人口中有2.3亿多农民工在户籍、社会保障等方面没有完全融入城市,但城市高昂的生活成本还是或多或少会降低他们的生育意愿。即使户籍不变,按现有政策仍然允许他们生二胎,他们的生育意愿也将持续降低。如果其中发生一个城市居民与一个农民工的通婚,照现行从严的生育政策,他们则只能生一胎。因此,是否可以考虑对今后的计生政策实施微调,只要夫妻一方为独生子女的,即允许生二胎;农民进城落户,土地权利不收回、计生政策仍享受农村居民待遇;夫妻一方婚前为农村户口的,按农村生育政策实施,孩子落户则随父随母自愿。

本次人口普查结果显示,居住在城镇的人口为66557万人,占总人口的49.68%,同2000年人口普查相比,城镇人口比重上升13.46个百分点。有人据此认为城市化过程即将收官,房地产商不会太高兴。笔者认为这个判断为时过早。第一,6.66亿城市人口中居住地与户口登记地所在的乡镇街道不一致,且离开户口登记地半年以上的人口超过2.6亿人,比2000年增加了1.1亿人,他们的住房需求仍是流动中的需求。第二,中国的房地产仍然处于一个"补课"的过程,计划经济时代"只筑坡不筑窝"导致的房地产建设滞后仍需要大量补课。第三,即使如前一段时期传得沸反盈天的中国有 6540 万套空置住房属实，那多半也是被淘汰的住房和城市化过程中人员大量撤出导致的（如农村至少已有 1/3 房屋空置），它恰恰说明新的需求在增加而不是减少。即使这 6540 万套"空置住宅"是仍然有效用的住宅，也仅相当于每 100 人 4.8 套住房，而美国的空置率达到每 100 人 5.9 套住房。第四，中国面临的国际竞争和国内发展，都还需要一个持续的货币增加供应期。以上这些原因，都将使房价长期止涨成为奢望。

粗鄙文化造就贫穷的富饶

2012 年春节期间，南方故乡阴冷的天气和空旷的房屋构造把我的"时间生命"拦腰截去了一大半。

生命的旅程也正是时间的旅程，因此，时间是有生命的，时间的生命就在于时间的利用率和利用质量。绵延不断的下雨，间或雨夹雪，最低时接近冰点的气温，使人赖在床上的时间大大延长。既不能走亲会友，也不能工作或思想，空把光阴付空账。空调是不能指望的，南方老家那种自建房，貌似占地不大，但一盖就是三五层，一个楼梯，就让室内空气全贯通了，甚至有的房屋设计楼梯先要通到室外走廊，再进另一层室内，相当于每层楼实际上都是与室外"畅通无阻"。除非你终日躲在卧室里不出门，否则你想保持一屋子的温暖是不可能的。更何况，那门，那木框玻璃窗，那缝隙恨不得都有一个小指宽！更夸张的是，晚上睡觉时被子上面加了一层毛毯，早上起来一摸毛毯，湿漉漉的，手上居然有水！开始还以为住的是顶层，楼上漏雨呢。后来才知道，是晚上睡觉时热气蒸腾上来，到毛毯这儿遇冷空气结了水。原本出发前就决定了住宾馆，但乡下是没有合适宾馆的，县城里有，但都得提前预订，而且家中老人也不希望你住宾馆，住在家里，热闹。

孩子到家第四个晚上就开始感冒肚子疼了，晚饭没吃就上床睡觉，在家的一多半时间，不是在睡觉就是在烤火，几乎足不出户。紧接着老婆嗓子也开始沙哑，回京后第三天还没完全好。我是坚持"抵抗"到最后的，刚上回京的列车，感冒就爆发。头晕、目胀、喷嚏、流涕，一齐奔涌而来。感冒虽事小,但晕乎乎哉不知天地万物之玄机。

因祸得福的是,此事让我换了一个视角,重新打量起故乡的房子。类似这样的房子,能够在任何一个季节里,温暖如家地接待远方的客人吗?答案是不能。它甚至使奔走他乡的游子都缺乏了温暖感和归宿感,仅仅是因为它没有基本的保暖措施和设备,甚至不具备基本的保暖条件。

进一步我又发现,越来越多的房子在乡下老家拔地而起,大家互相比高、比大,周边却乱七八糟。而且大部分房子空着,暴殄天物啊。然而,我要说服自己的亲人少盖一层,物尽其用,都几乎没有可能。眼前这一幕,就是前几年在县城的翻版。两种原因导致这种结果:一种是客观原因,别人的房子比自己家的高,就有可能遮挡自己的阳光和通风,于是要不断地"向上生长",以争得稀缺的阳光和空气;二是主观上的攀比心理,房屋的高矮,在人们眼里一目了然,人人都怕自己"低人一等"、"矮人一截",只有把房子建得比别人高,才显得自己比别人有本事!这个主观原因,才是家家户户"欲与邻居试比高"的主因。

时至今日,即使在史无前例的城市化背景下,即使明明知道自己的孩子一走上社会,大部分时间都是在城市尤其是大城市工作,很多人还是在传统的观念里造着自己臆想中的房子,家中有一个男孩,就要给他盖一层楼(相当于一套房),有多少个男孩就盖多少层,加上父母亲自己一层,外加半层做晒台用。其实孩子们原本每人有一间房就足够,每年也就过年回家住几天,甚至刚开始工作时很多人不一定每年都回家过年。

但是人们还是要锲而不舍地盖房,勒紧腰带省吃俭用地盖房,东挪西借求爷告奶地盖房,互相攀比你追我赶地盖房。房子的外表越来越光鲜,贴瓷砖、盖琉璃,但里面却空空如也,甚至多年都只是水泥地。甚至有些人财力不足,没有钱做外墙装修,也要建上三四层,家里什么都没有,"家徒四壁",一年到头也没有几个人住。而每盖这样的一层楼,七八十平方米毛坯,按今天的工价材料价,至少也是五六万元打底。

我总纳闷,这些钱,为什么不省下来把有限的房屋空间收拾得更温暖舒适干净整洁些?为什么不把钱积攒下来留给孩子读书创业,或者帮助孩子在他所工作的城市首付按揭买房呢?

像这样产权不能分割的房子,将会很快成为房地产市场上食之无味弃之可惜的淘汰品种,取而代之的是更为舒适、小巧,更容易交易、处置的套房。大量的现有自建房名为有天有地,实则鸡肋而已,在乡下盖完就几乎大部分成废物,除了留守乡下的父母辈自住几间,其他时间大部分空着。买卖时它必须整栋买卖,随着小家庭化趋势越来越明显,整栋买的人会越来越少。它也无法实现后代间的合理分割,后辈们不能根据需要及时处置属于自己的那部分产权。

同样的房子,城市房屋比乡下房屋还略有优势:一是可以部分出租;二是可以和银行进行抵押贷款。至于乡村,在我眼里已经是满目"繁荣的废墟"!随着农村人口的不断转移和减少,未来农村很快将衰败下去,那里的房子将不再有现今的价值,或者说,有价无市,恐怕城镇和部分县城也不例外。

更有甚者,但凡儿女稍有点出息的,家中的老人都会雄心不改,明里暗里呼唤:回来盖房,回来盖房,祖屋不能荒,某某邻居都盖房了!你得有异常坚强的神经,才能抵挡内心"不孝"的嘀咕。

近几年,随着城市化的脚步加快,越来越多的人在感叹"乡村沦陷",但是在我看来,中国的乡村,至少我看到的房屋越来越漂亮的中国南方乡村,事实上从来没有"崛起"过,它的文化和精神,与近百年前赛珍珠写的《大地三部曲》中的各色人等没有任何两样。人人都麻木无知地生活在别人的评价和世界里,没有人能够谛听自己内心真实的声音;人人都按着本能和惯性生活,没有人思考人与世界、与时代的关系;人人都以自我为中心,不知道也不思考别人会怎么样、未来会怎么样。物质再繁荣,精神和文化也是巨大的空洞。甚至,物质繁荣本身也是假象,因为没有内在的精致、精细、精美、精到。这是粗鄙文化造就的"贫穷的富饶"、"繁荣的废墟"。

听说,日本北海道的小房子,小小的,各不相同,而且整体都非常整洁,几乎没看到过死角,哪里都拾掇得干干净净。今年春节回家,最温馨的一幕是在一家咖啡厅,小小的包间,两排沙发对座,五六个人,一壶茶,几碟干鲜果盘,开着空调,朋友们来来去去,一屋子的温暖与温情。

小，是美好的。

布罗代尔在谈论历史的时候，认为文明有一个最高核准权，经济力量再强大也无法完全消灭精神生活，文明的最高核准权最终还是在精神层面。最终，是无的力量在决定有的质量。信然。

为增长而增长的时代该结束了

2012年5月最后一周传播最火的一张图片，注定会被载入史册：5月27日下午，国家发改委正式核准广东湛江钢铁基地项目动工建设，湛江市长王中丙在国家发改委门前难抑激动亲吻批复文件，人们称之为"吻增长"。

地产商潘石屹说："上周去首钢，他们说炼一吨钢亏400元。中国钢铁产能过剩的情况下，还建钢铁基地，背后是什么道理？"

其实这背后是凯恩斯主义的道理。凯恩斯主义应经济危机而生，强调政府干预经济，主张采取积极财政政策来增加政府支出，刺激投资与消费，从而实现充分就业。凯恩斯主义长期暗合了中国的政府主导的投资模式。它最致命的缺陷之一是腐败、通胀和两极分化如影随形，如张维迎在《中国任何事情都讲特权》中写道："这是一位退下来的计委官员说的。现在的政府投资，100个亿里面只有30个亿最后做项目，另外70个亿都被中间拿走了。所以修高速公路，修任何东西，都比别人成本高，为什么？腐败。"缺陷之二是为增长而增长，把消费作为增长的工具而不是目的。如财政部财政科学研究所副所长刘尚希不久前所表示的，凯恩斯主义的经典观点是说拉动经济增长有三驾马车，即投资、出口和消费，可以看出消费是作为工具被使用的。加入WTO以后，投资和出口的高速增长推动着经济快速发展，消费被扔到了一边，2008年金融危机爆发时，中国再次想到了消费这个工具。（凯恩斯主义）主流经济学是生产本位，而不是消费本位，"正是因为把消费当做偶尔使用的工具，才造成了最终消费支出对经济增长的贡献率由2000年的65.1%下降到2010年的36.8%。"

也正是因为这个原因，才导致了信力建先生所说的中国投资领域出现了一个奇怪的矛盾现象："一方面，不论是数量上还是投资率，中国都存在投资过剩的问题。而另一方面，在投资质量和有效投资率上，我们又看到，中国存在着巨大的投资空缺，在产业升级、产品结构升级、企业技术创新和技术改造升级以及公共产品供给等方面都存在着很大的投资缺口。"

原因很简单，政府主导的投资非常弱智而且充满腐败，而行政垄断又使聪明的民间投资者有劲使不上。这在经济学上称之为"挤出效应"，或者干脆就直接说是政府扩张性财政政策的挤出效应：社会财富的总量是一定的，政府这边占用的资金过多，会使私人部门可占用资金减少。这个简单的道理，经济学家都明白，但是就是没办法，现实世界中，有权力拍脑袋决策的，通常不会听从研究规律的"书呆子"，尤其是当这种现实规律无助于决策集团的利益时，"黄钟毁弃，瓦釜雷鸣"几乎是一个必然的结局。

我们几乎难以置信，在国民经济中大量需要房地产补贴的过剩工业产业（房地产用地补贴工业用地）却被不断鼓励，而百姓需求旺盛的房地产业却受到空前打压，又是限购又是限贷。我们几乎难以置信，发改委那帮一天到晚见不到风见不到雨见不到阳光的毛头小伙黄毛丫头，居然比把身家性命拴在裤腰带上的企业家更高明，居然能指点江山决定哪些项目该上哪些不该上！

这种情形，断然不合乎经济自身的逻辑，但却非常符合决策集团的逻辑，从上到下都符合。上，则如前国家审计署审计长李金华说的"跑部钱进"，只要"跑部钱进"功夫深，不信铁杵磨不成针；下，更是全面符合地方官员红道白道黑道灰道全方位的短期利益。

只要凯恩斯主义一天不退出历史舞台，政府主导的投资挤出效应就一天不会停止，一切经济活动只为消费服务的正确理念和市场制度就无法建立。事实上，不论是出口还是投资，根本目的都只是为了满足人民群众日益增长的物质和精神文化需求，其中，出口的目的，也是为了换购更多的自己所没有的商品或服务，而不是为了换回一堆花花绿绿的纸币！

告别投资依赖，才有民富国强

人们对投资拉动忧大于喜

时间进入 2012 年，欧债危机，美债危机，房地产深度调控，作为"世界工厂"的中国产能严重过剩，经济下滑背景下，保增长再次成为主旋律。

5 月 25 日，发改委官网披露共核准了广西防城港、广东湛江、首钢迁钢三大钢铁项目，仅广西防城港和广东湛江两个钢铁基地的总投资，已经超过 1300 亿元。与 2008 年投资拉动使多数人欢欣鼓舞不同，这一次，多数人对投资拉动心存疑虑和担忧。在中国乃至全球钢铁产能都已经过剩的今天，在不到 500 公里范围内上马两个巨型钢铁项目到底意味着什么？

虽然发改委表示，刚获批的广西防城港、广东湛江两个钢铁项目建设均以压缩钢铁产能为前提，其中广东累计压缩粗钢产能 1614 万吨，广西和武钢累计压缩粗钢产能 1070 万吨。也尽管来自国家发改委和地方发改部门的官方消息均表示，国家不会重复 2008 年那样大规模的投资计划，因为它不可持续。但人们还是担心，"保投资、抓投资、促投资"这样一种与官员短期政绩高度重合的增长模式有可能被"上下一心"得到重启，"在上一个派对留下的头痛仍未消失的情况下，开始又一个派对"。

铁道部再获超 2 万亿元银行意向授信，将增加铁路开工、家电补贴、汽车下乡，且项目审批加快，人们担心银行在为产能过剩行业放贷款。事实上，4 月上旬，发改委产业协调司副巡视员李忠娟在第三届中国钢铁规划论坛上就直言，目前行业布局调整面临两难，不调整，则钢铁产能与资源、环境等方面的矛盾无法改善，而调整则有可能导致产能进一步增大，加剧总量过剩。

政府的有扶有压政策真有那么高明？正如吴敬琏所说，过去政府总是把它认定的最好的企业扶着，这样不仅害了这个企业，而且对一个企业给予倾斜，其实就等于打击了其他的企业。政府或许扶起来一个企业，但是扼杀了成百上千个企业。

政府主导的经济增长，大范围失败的成本和大面积腐败的成本全部都要老百姓背，这正是两极分化和高物价高房价的主因。这种投资依赖下的经济高增长，越发展，越"官富民贫"，环境恶化也越厉害。此之谓"悲惨式增长"。

事实表明，再倚仗国企做投资拉动的排头兵，后顾之忧不少。2012年全球和国内经济形势下滑，利润下滑最快的恰恰是国企，尤其是央企，国企利润2012年连续3个月下滑，一二月份全国规模以上工业企业利率同比下滑5.2%，其中地方性国企下滑10%，央企下滑19.8%。

事实上，在出口、投资、消费三驾经济马车中，虽然出口和消费方面政府力量都极其有限，但政府手上的牌远远不止投资一项。如果一味依赖投资，就像伟哥和兴奋剂，短期可能奏效，长期一定会损害中国的经济公平、经济效率，恶化腐败、通胀、两极分化、地方政府的财务状况以及银行的金融状况。

经济危机或经济放缓，其实正好是经济改革的最好时机，打破行政垄断，还土地、金融等财产权利和市场权利于民间，经济活力和经济社会的公平性都会很快大增。各级政府恰恰是应该退出而不是加剧投资竞赛，应该调动民间资本的积极性，让民间经济发挥活力，效果虽然可能比较缓慢，但长风破浪会有时，关键是要真正开放市场，让民资直挂云帆济沧海。

早在2012年3月14日，国际货币基金组织（IMF）驻华代表处首席代表李一衡的团队就发表报告称，如果中国对国内市场进行去垄断化改革，从长期来看，中国的人均GDP将增长10倍。

打破一切形式的行政垄断，建立更自由更公平更有法治保障的市场竞争秩序，不仅市场的效率会大增，公平性也会大增，只有减少腐败和通胀，百姓收入追赶物价房价才有可能。这便是"经济结构调整"的核心。诚如香港大学经济学教授许成钢所言：对经济的可持续发展来说，结构问题的确非常重要。最近有两位经济学家谢长泰和克列诺的研究很好地从宏观角度概括了中国的经济结构问题。他们的估算表明，由于资本和其他资源的错误配置导致中国的生产率比美国低约50%。也就是说，不需要增加投资，只要纠正结构性问题，改善一下资源配置，中国的经济就能增长很多。

关键是决策层要拿出破釜沉舟的决心勇气，拿出真正的善意和诚意，开放市场，开放民间资本，通过修改法律，扫除障碍，让民间资本成为最赚钱的领域以及最独立自由的市场主体，而不是让他们成为国有企业的附庸，更不是像铁道部一样摆鸿门宴：自己强大了就把民间资本一脚踢开，自己撑不下去了就想请君入瓮让民间资本填它的烂摊子。有人说："衡量一个国家是否实行市场经济就是看这个国家最赚钱的业务是国企在做，还是民企在做。前者是计划经济，后者是市场经济。如果国家真的下决心不与民争利，如果铁道系统不是仅仅想把包袱甩给民企，就应该把最赚钱的业务拿出来向民企开放。"此为正理。

引入民资，先要让国企竞争起来

与 2008 年相比，2012 年的投资拉动策略，有关方面下了很大决心要开放市场，吸引民资。5 月 25 日，国资委下发"新 36 条"实施细则，要求国企在改制重组中积极引入民间资本，不得"单独"对民间投资设置附加条件。更早几天，铁道部出台了《关于鼓励和引导民间资本投资铁路的实施意见》，宣布投资铁路向民间资本完全敞开大门，对民间资本不单独设置附加条件。各部委都纷纷表态，落实民营经济"新 36 条"。但仔细分析，口号多而实质内容少。医院仅允许非营利的；小贷公司可转村镇银行，但至今没转一个。山西煤矿、陕北油田"国有化"过河拆桥，至今还没给个说法。

人们对于国企能不能真正引入民资表示怀疑。人们普遍担心民资进入后会不会沦为国企的提款机，最终成为"烈士"，缺钱的时候引入民资，将来不缺钱了，难保不会将民资一脚踢出。

这样的担忧并非多余。

一方面，现有的国企虽然国际竞争力和赢利能力未必很强，但是规模和话语权都很大，民企资金如果不是独立运作，"加盟"后的力量实在渺小。这种情况下，民资进入是赚钱机会多还是喂鱼机会多？令人忧虑。

就以铁道部为例，2010年，铁道部负债1.8万亿元，当年应付债款1500亿元，但全年赢利只有1500万元，一万年才能还清本息；2011年铁道部全年亏损；截至2012年3月31日，铁道部总资产为40 084.14亿元，总负债为24 298.36亿元，负债率高达60.62%。对此，《中国产经新闻报》引用专家的评论说：目前铁道部本身已经彻底失去了还债的能力。中投顾问交通行业研究员申正远在接受采访时分析：借款越多，利息就越多，铁道部实际上始终在用新债还旧债。

《深圳晚报》也指出，垄断企业主动出让市场，邀请其他资本来分享利润，这样的事情别说在中国没有过，在全世界也没有过。美国几大电子公司的分拆，都是由法院来完成的。所以，我们有理由怀疑，在铁道部已经负债累累、巨额亏损的情况下，为民间资本打开大门，其背后究竟怀着怎样的动机？

第二方面，现有国企集中度越来越强，竞争性越来越弱，企业股权的定价就成为难题。定低了，是国有资产的流失；定高了，是民资以身伺虎。5月16日《求是》杂志文章提到：国有资产正逐步向关系国家安全和国民经济命脉的重要行业和关键领域集中。目前，分布在食品制造、纺织、木材加工等一般生产加工行业的国有企业资产比重下降至11.9%，分布在基础性行业和支柱产业的国有企业资产比重上升到50.6%。在军工、电信、民航、石油及天然气开采、电力供应领域，国有经济占90%以上。

第三方面，国企与民企公平竞争的法律体系并不完备。都是国资委甚至有关部门自己在制定规则，像铁路法和铁路规则都是铁道部自己定的。这种情况下，民资贸然进入，就像一只蚂蚁和一只狮子玩。谁敢玩？

除鼓励民资参与国企转让外，国资委还旗帜鲜明地提出，要毫不动摇地发展壮大国有经济。那么，这是不是意味着，引入民资的目的是接手那些在充分竞争性领域无力支撑下去的国企烂摊子？

国务院发展研究中心企业所副所长张文魁认为，国有部门是一个低效部门，这是无可否认的，所有严肃的研究都能得出这样的结论。下一步我们必须主动削减国有部门的规模，这样才能更快地减少资源配置的扭曲和市场竞争的不平等，才能更顺利地转向内生平衡增长模式。

真正要想民资进入，前提是打破国企垄断，拆分国企，让市场真正自由公平地竞争起来，有竞争才会有效率和公平，有竞争才会有企业的合理定价，然后，在完善法律对私有财产保护的前提下，才会有民资进入。眼下，民资进入国企前途光明道路曲折，拆分国企打破垄断才是唯一出路。

公平社保是当下可选项吗？

在出口、投资、消费三驾经济马车中，出口身不由己，民间投资瞻前顾后，政府投资忧心忡忡，完善城乡平等、身份平等的全民社会保障以扩内需似乎是一个可选项。然而大家要注意了，如果经济本身不景气，投资、出口都不行，没有足够的税收维持，全民社保钱从哪里来？同样的道理，此时减税的空间也不大。巧妇难为无米之炊，就像保障房缺钱缺地一样。而且，在经济走向平衡增长、通胀时代结束之前，即使有了一定的哪怕是公平的全民社会保障，也很难改变人们存钱防病防老的"习惯"，内需还是无力刺激和释放。因此，至少在当下，全民公平社保"理想丰满，现实骨感"，不是一个可选项。这也是各级政府被迫走进投资路径依赖的一个重要原因。

综上，当下中国经济事实上进入了一个左右为难的境地，而最佳的路径选择，都指向了拆分垄断企业，打破垄断，然后再慢慢地实现民资平等地进入国民经济的所有领域的愿望。

附：2010~2012年初房地产和经济政策及其影响

2010~2011年

● 2010年1月18日至2011年6月20日，连续12次上调存款准备金率。

● 2010年10月20日至2011年7月7日，连续5次加息。

● 2010年1月，国务院办公厅出台楼市调控"国十一条"；2010年4月17日，楼市调控"新国十条"出台；2011年1月28日，上海和重庆正式实施房产税，深圳宣布成为第三个房产税试点城市，公租房建设也在各地陆续展开。

2011~2012 年

●2011 年 12 月 5 日至 2012 年 5 月 18 日，连续三次下调存款准备金率。

北京、天津、杭州、合肥、辽宁、江苏等地陆续对楼市进行了微调，与 2011 年以来广东佛山、安徽芜湖以及上海等地试图（或变相）松绑房地产政策被"勒令打回"相比，亦有许多城市的房地产新政被默认，而 2012 年 5 月 7 日的扬州用财政鼓励买房的房地产新政，住建部相关领导明确表态"应给予支持肯定"。

●2012 年 5 月，铁道部获授信超 2 万亿元；投资规模达 2 万亿元的宽带工程获得批复；今年前四个月，国家发改委批准了 868 个大型投资项目，是去年同期（363 个）的两倍有余。

2012 年 4 月以来多层面政策表态密集出台

●4 月 13 日，交通运输部出台《关于鼓励和引导民间资本投资公路水路交通运输领域的实施意见》。

●5 月 12 日，央行宣布降低存款准备金率 0.5 个百分点，大型金融机构的准备金率降至 20%，中小银行至 16.5%。此外，央行重申了信贷支持重点。

●5 月 16 日，国务院常务会议研究确定促进节能家电等产品消费的政策措施，包括安排 265 亿元财政补贴，推广符合节能标准的空调、平板电视、电冰箱、洗衣机和热水器，推广期限暂定 1 年；安排 60 亿元支持推广 1.6 升及以下排量节能汽车。

●5 月 18 日至 20 日，国务院总理温家宝在武汉调研时强调，要把稳增长放在更加重要的位置。

●5 月 18 日，铁道部发布《关于鼓励和引导民间资本投资铁路的实施意见》。

●5月21日,卫生部下发《关于社会资本举办医疗机构经营性质的通知》。

●5月23日,国务院常务会议要求推进"十二五"重大项目按期实施,启动一批事关全局、带动性强的重大项目,已经确定项目包括铁路、农村和西部地区的基础设施建设等,要求加快前期工作进度。

●5月24日,国家发改委正式核准广东湛江钢铁基地项目动工建设。同日获批的还有首钢迁钢、广西防城港钢铁基地等一批重大钢铁建设项目。

●5月25日,国资委发布《关于国有企业改制重组中积极引入民间投资的指导意见》;证监会发布《关于落实〈国务院关于鼓励和引导民间投资健康发展的若干意见〉工作要点的通知》。

●5月26日,银监会印发《关于鼓励和引导民间资本进入银行业的实施意见》。

●6月7日晚消息,中国人民银行决定,自2012年6月8日起下调金融机构人民币存贷款基准利率0.25个百分点。这是央行时隔三年半首次降息,同时还调整了金融机构存贷款利率浮动区间的上下限。

●7月5日晚消息,中国人民银行决定,自2012年7月6日起下调金融机构人民币存贷款基准利率。金融机构一年期存款基准利率下调0.25个百分点,一年期贷款基准利率下调0.31个百分点;其他各档次存贷款基准利率及个人住房公积金存贷款利率相应调整。这已是不到一个月时间内第二次降息。

●7月7日,在江苏常州调研的国务院总理温家宝强调,"绝不能让房价反弹",他表示目前房地产调控任务艰巨,要将抑制房地产投机需求作为一项长期政策。

●7月16日,据《中国经营报》"调控喊话难挡钱潮涌动 市场全面回暖"一文报道:在不到一个月的时间内,央行连续两次降息。对于资金密集型的房地产市场而言,这无疑是楼市复苏的最大支撑。但管理层连续表态,调控不会放松,让上行的楼市平添了几分变数。而所谓对"改善型住房限购"政策调整再度变成水中花。

但在资金面实质性利好的大环境下，市场再现强势反弹。中房指数系统公布的100个城市新建住宅的全样本调查显示，6月全国100个城市新建住宅价格环比上涨了0.05%，这是自2011年9月以来连续9个月环比下跌后的首次回升。而海通证券的研究数据显示，6月份全国一线城市土地成交面积环比增加了34.8%，同时一线城市土地实际成交溢价率回升至21.7%。

一线城市有着不同程度的恢复。以限购一再收紧的上海为例，金丰易居佑威联合研究中心的监控数据显示，6月份，上海商品住宅成交面积为102.07万平方米，环比增加26.59%，同比增加30.67%；成交均价为24070元/平方米，环比上涨7.22%，同比上涨11.02%。

这种忽然爆发的数据，显示的是购房心理预期的变化，一些区域甚至出现担心政策反转、恐慌性购房的现象。而政策层面的一再强化，也让楼市有所回调。从7月2日至7月8日的成交看，上海商品住宅成交面积为19.99万平方米，环比下降了43.14%，成交均价也下跌了2.4%。同样北京的网签数据显示，7月第一周成交环比也下降了18.3%。而高华证券的研究报告显示，当周已公布数据的33个城市中，有26个城市的房地产交易量下降。

但7月初楼市成交的回落与市场供应回落密切相关，上海商品住宅成交环比下跌了四成，但同样当周新增供应面积也下滑了42.76%。这创下了上海供应3个月以来的新低。而只有7.43万平方米的新房供应，也让近两周上海楼市供销比值连续处于1∶0.37的去存量状态。

库存继续削减的不仅仅是上海，在高华证券追踪的13个城市中，库存平均消化时间降至16个月，而截至7月1日当周的中值水平为16.3个月。北京、广州、南京、苏州、青岛等城市的库存一再下降，上海、深圳、东莞等城市的库存企稳，只有宁波和厦门的库存继续上升。

●7月18日，国家统计局发布6月份70个大中城市住宅销售价格变动情况，数据显示：与上月相比，70个大中城市中，新建商品住宅方面价格上涨的城市有25个，二手房上涨的城市有31个。而中新网房产频道通过对该统计数据梳理发现，2012年前5个月，70个大中城市新房价格环比上涨的城市数量均为个位数，1月份没有城市上涨，2月份有4个，3月份有8个，4月份有3个，5月份有6个，前5个月新房价格上涨的城市数量之和尚不及6月份上涨的数量。

尽管国家统计局在发布的报告中强调，房地产市场调控仍处在关键时期，但业内人士认为，下半年房价可能会缓慢回升，楼市成交量回升将给房价上涨继续提供动力。北京中原地产市场研究总监张大伟认为，5月至6月的成交比较乐观，对房价支撑作用已经体现，下半年主要城市房价再跌的可能性接近于零，且房地产市场出现量价微涨的可能性较大。

国务院总理温家宝7月初在江苏省常州市调研时表示，决不能让房价反弹。因此，有业内人士担心，若房价上涨态势延续，可能会有新的调控政策出台。鉴于经济稳增长压力也很大，未来的房地产调控将以重申和强调既有政策为主，不会增加太多、太严厉的措施。

学者声音

吴敬琏：宏观调控应该着眼长期性，把长期政策和短期政策结合起来。

郎咸平：无论是出口还是内需其实都是"浮云"，中国经济的高速增长只靠一种方式，就是近乎疯狂的固定资产投资。而新一轮经济刺激很可能让中国陷入日本式大萧条。

许小年：高铁投资再提速，家电补贴，汽车下乡，项目审批加快，银行为产能过剩行业放贷款……只为装点短期业绩。

陈志武：尽管我不希望看到政府采用老办法调控（又强化"铁公基"投资），但他们正在这样准备，也会进一步放松信贷等货币政策，估计下半年经济会回升。

茅于轼：（刺激政策）正面的影响是继续保一定的增长率，但是可能造成更大的银行坏账，导致金融危机和通货膨胀。如果没有效率的改进，用扩大规模的刺激，增长是不能持续的。如果没有减少浪费，增长是虚假的繁荣。通货膨胀恐怕是难免的。

成思危："新四万亿"千万不能搞，为什么？2009年我们搞了4万亿的刺激性计划,银行信贷增加了 9.6 万亿,所以 2009 年我们实现了"保八"的目标,达到了 9.2%。但是这样大量投资的刺激,它造成了负面的影响,现在看来是很明显的。……第一当然是产能过剩,我们 24 个产业部门里有 21 个产能过剩;第二就是库存积压;第三就是投资效益的降低,最后就是环境问题的增加。

第十章　购房经典案例

经典成功案例一：恭喜你抄到最底了！

以下是2012年5月初我和名叫"此处隐去真实姓名"的网友在MSN上的一段对话：

此处隐去真实姓名：童老师，那天那套没买，但是我昨天又看上石景山万达广场旁边的一处50平方米的小两居了，110万，房本没满5年，找的链家中介，2.7%的中介费。我找了其他的中介朋友给我去找这套房，说总共下来1.8万的中介费，房子全下来估计近120万。

童大焕：哪个总费用便宜找哪个，应该是现代化社区了吧？

此处隐去真实姓名：在八角地铁和八宝山地铁的中间，偏西。

童大焕：2.2万单价，也不算贵，四环外五环里。

此处隐去真实姓名：精装修，房主把一卧室隔成两卧室，省了些装修钱。如果今天没有意外，晚上就会去交订金了，争取让房主再给我让2万呀，因为她要住到8月份。

童大焕：税也不会多，因为评估不到那个价，按5.5%的营业税，可能约在3万左右。一般可能让不到那个价，你试试，如果不行，至少要她让出租金外加5000元左右。

此处隐去真实姓名：只要3万的税？太好啦！呵呵，我加油呀，她一分不让我也打算买啦。主要我老公和我都挺满意。

童大焕：我估算的。你要让中介明确告诉你能评估到多少，这样一切就都清楚了。这是指营业税，可能还会有 1.5% 的契税、1% 的个税，也是按银行评估价来交，不是按实际成交价。

此处隐去真实姓名：不是他的唯一住房，要交什么税呀，我让中介算算，估计不会超过 120 万。

童大焕：跟是不是他唯一住房没有关系。只跟你是第几套房有关。

此处隐去真实姓名：啊，那我怎么听说如果是他的第二套房，我还得交个啥税，中介说的。

童大焕：没有这回事吧，问清楚。

此处隐去真实姓名：刚才中介发来一个算法：契税 1%，营业税 5.6%，面积 50 平方米，按 1.6 万/平方米过户，税费共 52800 元。房价 110 万，中介费 1.8 万，共 117 万。还不错呀。

童大焕：没有个税？

此处隐去真实姓名：你指的是他里面没有给我算个税是吗？

童大焕：个税在某种情况下是没有的，你再问问。贷款可能只能贷到 1.6 万×50×0.7＝56 万，你们现金要 61 万。

此处隐去真实姓名：公积金不能贷 80 万吗，昨天那个中介怎么算出可以贷 80 万呀。1.6 万是评估价吧？

童大焕：公积金应该是按比例贷的，也要遵循评估价。以前可以做两面账，即交税时按低走，贷款时按高走，避税。现在不知行不行了。

此处隐去真实姓名：这样有风险吗？

童大焕：风险倒没有，但现在可能走不了。

此处隐去真实姓名：哇，如果首付 61 万，我肯定没有。

童大焕：现在规定银行要看税单（在房地产交易中心网上签约的数字）来批贷放贷，所以我一直劝你买一手房嘛。你先问中介，到底能贷到多少钱。

此处隐去真实姓名：恩那，如果要交 61 万，我就不买了。新房貌似现在五环内都很少了吧？价格比二手房便宜吗？

童大焕：不是价格比二手房便宜，而是不存在评估价和实际成交价的差额。现在买五环外的一手房是个好时机，因为经过调控，基本上都降到底了。五环内可能比较少。

此处隐去真实姓名：我要买估计也买西五环外。先看他怎么给我算吧，中介不会为了忽悠我，给我算的首付少，等真要交钱了就说要60万，那时就傻眼了。

童大焕：这个不会，你跟他说明只能拿得出多少现金，超出部分拿不出来。其实，只要你月供没问题，现在买一手房合适。同样50万，你只能撬动100万的二手房，却能买到166万的一手房，而且充分利用了银行贷款。按同等比例的升值计算，5年后涨1倍，那么买二手房你5年后总资产是200万，但买一手房是330万。

此处隐去真实姓名：40万，我能买多大的呀？

童大焕：40万你可以买总价133万的房子，然后去找合适的。不一定买来就是自己住。你让中介算算，能不能买成。

此处隐去真实姓名：他刚才说评估价2万，然后公积金贷款贷到八成，应该可以贷80万。但是他现在需要给我去问问评估价是否能到2万，去看房之前给我确切的消息。如果是这样的话，我还是买个二手房算了，主要是家里人很难接受这种理论（笔者一再主张买的房子不一定自己住，而是买给别人住自己再租别人的，以免攒钱赶不上房价上涨——笔者注），买了远的可能还住不了。为买房的事，我爸妈在里面参与很多，我就看了一个星期的房子，他们都嫌我这也看那也看，如果我临时又决定换一手房，估计他们非灭了我不可。

童大焕：同时还要你们买得了。这个观念真旧。

此处隐去真实姓名：呵呵，我每天和一群老古董做斗争，孤立无援。

童大焕：如果那边很难，你就以实在买不了二手房为由换一手。另外，详看我《买房的革命》里，关于用自住理念买投资房，用投资理念买自住房。你买的房子租给别人住，你租别人的房子住，房子是保值增值工具而已。谁一辈子不换房不换工作的？那些都是计划经济时代。

此处隐去真实姓名：很难改变他们的观念，一手房期房和现房哪个比较好？

童大焕：那个不一定。如果你买不了二手，那就不得不买一手。你先了解清楚，有话留在这里，我出去办点事，电脑不关。

此处隐去真实姓名：好滴哈，您先忙。

……

此处隐去真实姓名：莫有买成呀，呵呵。因为我老公的公积金现在只能贷65万，我们需要交54万左右的钱，我老公的公积金还有两个月就可以调到能贷80万的数额，但是房主不大愿意等，说过两天给我们最后的消息。刚好我们再看看一手房。

童大焕：趁此机会买一手房更上算。首先是五环外已经基本到底价。其次是能扛动更多的资产。你现在的钱二手房买100万都不行，但是一手房可以买133万，5年后，100万的变200万，133万的变266万，多出66万，平均每年可是13万，也许比你们一个人的工资还高。这个账会算吧？所以我要祝贺你没买二手房。

此处隐去真实姓名：那一手房的话我们是不是能贷的款也特别少呀？

童大焕：一手房可以贷很多啊，一共七成。可以混合贷。公积金不够的用商贷，因为你是首套房。

此处隐去真实姓名：那我们现在可以出手了吗？我老公说买一手房他想等到今年年底，我想现在就买。

童大焕：最好现在，最迟不要超过年底，但下半年有可能会涨。其实4月份已经开始涨了。

此处隐去真实姓名：他比较想买大兴理想城，我想买西五环外的房子。他说大兴理想城1.5万左右就能买。

童大焕：我去年底今年初就一再强调买房最好不要超过上半年，一切应验。那个可以买了。我去年底鼓励几个朋友入市，其中一个已经涨了十多万，而且项目已收盘。所以买房这时候合适就得下手，不要等所谓的最底，抄底是运气。

此处隐去真实姓名：我也是倾向于现在买。商贷和公积金最多能贷多少？

童大焕：公积金不够的就用商贷，商贷没有限额。北京4月楼市环比成交价涨5.12%，今天（2012年5月9日）新京报的报道。注意是环比哦，也就是比3月份，涨幅够高的。

此处隐去真实姓名：恩那，我老公说等他公积金涨到够贷80万，再去买，我说这笔账不划算。

童大焕：当然不划算，捡小便宜吃大亏，像我们这种人就是商贷提高20%利率我们也敢要，只要它肯贷。我有一个朋友，也是为了点银行定存的利息，完全错过在北京买房的机会。不仅房价上涨，而且后来根本没资格买了。你应劝他放弃那个利息及时买房，因为短期涨跌谁也不敢打包票，更因为政策是不讲逻辑和规律的。

此处隐去真实姓名：我看上了一处，在大兴区黄村镇兴业大街与北兴路交汇处，均价17000元/平方米。

童大焕：都跑大兴了，太远了吧？比理想城远而且贵。未来交通一定是地铁为大动脉，所以一定要考虑地铁。

此处隐去真实姓名：恩那，那我就锁定理想城了，貌似是五环里。呜呜，刚电话问了，理想城21400元/平方米，都剩下140平方米以上的了。貌似一手房价格涨得厉害些。

童大焕：那就再找。实在不行现在那个二手房用混合贷款。公积金不够的用商贷。你老公那种等的想法绝对是错误的。

此处隐去真实姓名：二手房也可以混合贷吗？

童大焕：二手房用混合贷应该可以，但一般卖方不一定愿意，因为那意味着到款可能比较慢而麻烦。你们若不死抱"我买即我住"的话，其实现在通州的房价非常合适，都在15000元上下。如果一直抱着"我买即我住"的观点，可能会一直买不上合适的房子，因为房价绝对涨得比收入快。

此处隐去真实姓名：呵呵,我的思想已经很开放了,但是我很难说动我老公。我努力呀。

童大焕：你现在就知道在城市买房这么难,以后,房价涨个10%,你再找,哪怕你收入涨10%都更难了。因为房价的起点值是110万而你的起点值是10万不到,两个人合起来起点值也不到20万。

此处隐去真实姓名：童老师,在通州有合适的楼盘吗?的确,现在只能找价值低洼区。

童大焕：通州新城核心区有京贸国际城,地铁沿线还有不少,你自己网上找找。希望你这次能够成功说服家人。我说的房价上涨幅度是保守的,而工资的同等上涨幅度则是夸大的。

此处隐去真实姓名：没用的,他们已经很固化了,我刚才跟我老公商量了下,他说买房就是拿来住的,而且是方便上班的,否则免谈。看来我只能妥协了。我和他商量能否买这套二手房用商贷算了,等他们单位分房再用公积金贷款。没办法,生活就是在不断妥协中前进的。或者买理想城的一手房,但是要2014年才能交房。

点评：2012年5月13日,我正在南京大学参加《南方周末》中国传媒年度致敬2011活动,我的"中国,请停下你飞奔的脚步……"获年度时评。午餐时间,接到"此处隐去真实姓名"的电话,非常兴奋地跟我说她说服了家人,在北京通州地铁沿线买了一个两居室,90多平方米,单价才12000多,8.8折,总价120多万。我说你老公不是很难说服的吗?她说我也有说服能力的啦。我说祝贺啊,你应该抄到最底了!

与此同时,自2011年10月份以来,笔者分别动员三个朋友在北京入市的三套房,至2012年6月底,每套单价都已上涨2000元上下。无意之中都抄到了最底。

现实中,很多人不理会宏观大势,一切只会跟着感觉或者政策走,房价降了,还希望再降点,一门心思想抄底。结果呢,往往是这类人抄不到底而被底反抄,等到房价下一轮疯涨时急忙恐慌入市,只怕楼价早已涨了又涨。房地产投资其实和其他投资一样,谁都别以为能摸到市场的价格底线。是不是最底，看运气，但怎么样抄底，其实是有原则的：大家都买时我不买，大家都不买时我买，也就是"股神"巴菲特一再告诫大家的"别人贪婪时我恐惧，别人恐惧时我贪婪"。关键是不要"贪得无厌"，而要综合分析项目、政策和宏观大势，见好就收。

经典成功案例二：8个月实现两倍回报

2010年春节刚过，爱人的前同事、友人W专程到家来问，他现在有20万元，打算在老家给老人买一套房，是在新城区，单价2500元，一河之隔的老城区单价5000元，是否也算得上是个投资机会？但是该地区配套还上不去，交通、供气什么的估计要两年后。

我说，给老人买房要趁早，不管它什么房价。但是给老人住的房子，要有几个条件：楼层要低，或者要有电梯；医疗、交通、商业等各种配套要齐全，而且周边要很热闹，小区最好又要闹中取静。与其你在家乡买两年后才使用方便的房子，不如"城市包围农村"，先把这笔资金放在北京投资，借着银行的按揭杠杆，20万可以撬动100万元的房子，保守估算，平均每年升值15%，两年后变现的话可得现金50多万，也许够在家乡的好地段全款买一套百平方米上下的房子了！

W听从了我的建议，开始物色房子。很快，他物色到了东二环冠城名敦道60多平方米小户型，时价2.5万元每平方米，问我可不可买。时值2010年三四月间，地王频出，房价在调控声里逆势上扬，调控声音则风声鹤唳步步紧逼。这个时候的确是很难选择。我考虑再三，建议他说：眼下正是调控日紧，未来有点看不清，但你资金有限，只能买城区小户型，二手房价格可以比这个低，但由于银行评估价和实际成交价格有差距，差价部分都要现金，而且税费和中介费达到11%左右，因此买二手房需付出的现金比一手房要高。而三环以内小户型的一手房房源越来越少，建议还是买。

他听从了我的建议，又凑了点钱（总首付30万元）买下了冠城名敦道60平方米小户型。

2010年12月19日，W君告诉我，他那套房子已经涨至3.5万元每平方米。净增值60万元，30万元投资8个月时间获得两倍回报，提前一年多实现我当初的预想。而老家当初他想买的房子，分别从单价2500元和5000元涨至今天的3000元和6000元。此时，如果他把北京这房子卖掉，光挣出来的钱就可以全款在老家买两套单价3000元的房子了！

这就是我"战略上城市包围农村"理论的现实实践。我之所以认为在购房战略上必须城市包围农村，是因为中国的城市化是沿着大城市——中等城市——小城市和乡村这样的路径进行的。我前面说过，一切财富的货币化表现皆因人而生，因人的聚集而生，人口聚集速度越快的地区，土地和房屋升值的速度也越快。在北京上海等大都市圈的中心城市站稳了脚跟，有了自己的住房，也就占据了中国的制高点，未来到中国的任何一个地方生活都随心所欲。

经典成功案例三：向前看机会永在

2009年11月，笔者准备换房，将北京近郊一套小两居房换成CBD核心区某项目一套大两居。S知道后，很肯定地说你买什么我们也买什么，叫我们帮她一起物色房源。我们看中的是140平方米的，她需要的则是八九十平方米那种。某日看好房源，分别约好房东，先谈我的，再谈她的。可她的那位房东临时变卦，声称有事，改日再谈，只好先谈我的。

后来再联系她那位房东时，房子已经全款卖了。原来是有全款客户把我们闪了。

只好继续看房，好不容易找到价位稍微合适的，虽也是我们那种户型和面积，但价格却比我的涨了一千多元，前后也就几天工夫！S还是咬咬牙买下了，非常干脆。

结果，一边办理过户交接等手续，房价就一边在涨，两个多月的交易时间内，房价涨幅超过此前两年！

这个案例之所以拿来作为经典案例之一，一个最重要原因是其中的买房心态值得学习。很多人遇到这种情况都会心理不平衡，觉得与亲戚、朋友、熟人同样的房子，为什么几天时间（或者没隔多长时间），就要涨价那么多。在这种不平衡心理的支配下，很多机会一再错失。

我们做任何事情，都只能向前看不能向后看。过去的事情就要让它过去，挥一挥衣袖不带走一片云彩，不要让过去和无谓的比较干扰我们的判断和情绪。只有这样，对于未来才能有更为清醒和理性的判断并能及时把握机会。

经典不成功案例：100万没了，80万又没了

2010年年初，我坐着CC的车沿东三环自北向南走，在国贸附近，CC说，现在的房子有点不够住了，看上了苹果社区140平方米的，2.2万元单价，问可不可以买。我说可以啊。他说已经很贵了，民众对高房价已经很愤怒了。我说你会发现它还会更贵的。

最终CC还是没买。结果，2010年三四月间北京地王频出，楼价在"两会"压力和调控声里逆势疯涨，不出几个月，苹果社区这个户型的房子一路飙涨，一平方米很快就成3万元了，此后至今，基本维持这个价格。

这一犹豫，100多万元就没了。

又过了一段时间，我向另一个朋友推荐SOHO现代城140平方米的一款户型，2.2万元每平方米。在外地一个活动中和CC谈起此事，CC有些动心，说现代城还有2.2万元的价格吗，你帮我找找，如果有，我回去就买一套。

回京后不久，我从中介处得知有一套房，谈到2.3万了，中介认为2.2万有可能成交。于是推荐给CC。不久CC又说了，他太太看了，觉得那是塔楼，不中意。此事作罢。

我就想，也许塔楼是个借口罢，潜意识里还是想着那房价会如期下跌。

现在（2012年4月），SOHO现代城140平方米的房价基本不低于2.8万元了。又一个80万元没有了。

两年时间，两次机会，失去了就永远不会再来，一如光阴一去不

复返。

很多人不知道，时间成本是人生最大的成本，理财方面亦如是，尤其在这个通胀时代。

附：大焕语录

1. 【不懂房地产就不懂中国 救世主都成了害人精】

　　房地产绝对是观察中国政治、经济、文化的"尖锋领域"，那些自以为代表了民众愿望就代表了民众利益的救世主们，如牛刀、曹建海、时寒冰这"房地产三剑客"，无疑已经将他们的拥趸打进了十八层地狱。随着房价节节攀升，购房者获得了两倍于最牛基金经理年回报的保值增值回报，"救世主"成为害人精的悲剧再次坐实。可悲的不是救世主，而是总有人期待救世主。

2. 【关于房地产的"望名生义"】

　　买房不能听牛刀、时寒冰、曹建海"三剑客"之类救世主，他们会让你上刀山下火海入冰窖。买房要听董藩、陈宝存、任志强、童大焕，他们会指导你拥有财富保值增值的屏障（藩）、守卫你的财富（宝存）、让你变得强大（志强）、变得容光焕发（大焕）。

3. 【知我者谓我心忧】

　　每次谈楼市谈房价，我都会遭痛骂。但用不了五年，三年足矣，骂我的人都要暗自后悔，虽然他们也许忘了当初骂我，信我的人也都要暗自庆幸，虽然他们也许忘了当初信我。知我者谓我心忧，不知我者谓我房地产商的托。

4.【城市化检验每个人的造化】

城市化是当代中国最大的事件之一。2000年,诺贝尔经济学奖获得者斯蒂格里茨就说过:影响21世纪人类进程的有两件大事:一是以美国为首的新技术革命,二是中国的城市化。互联网的威力很多人都看到了,但城市化的威力很多人还看不到。这其中,注定会有一大批赶不上潮流的人被抛在时代的身后。

5.【炒股储蓄都不如买房靠谱】

2012年5月26日《海峡都市报》报道,从社科院的一份研究报告看,至少在过去8年里,炒房好过炒股和存银行。报告称,过去8年,只有约2年的实际存款利率是正的,在其余约6年里实际利率都是负的。并且在这8年的时间里,大约有6年的时间,房价一直在涨,房价不涨的时间只有2年。我认为,只要通胀时代和中国城市化没有结束,这种情况仍将持续很长时间。

6.【散户不适合买任何股票】

2012年5月8日《长江日报》报道,7日,"最牛基金经理"王亚伟宣布正式退出公募行业。王亚伟指出,任何一只股票都不适合散户买,除非他对该公司非常了解。目前,中国资本市场不是很成熟,股民不应追捧王亚伟概念股,跟风会影响自己投资。

王亚伟从2006年执掌华夏大盘基金以来,连续6年业绩排名都领先于同行,累计实现了1120.07%的回报率,年收益率达到惊人的49%,远远超越了业绩比较基准。如果按照连续业绩算的话,投资者在初期投入1元钱,并且把分红进行再投资,14年后就变成了28元钱,王亚伟因此被称为"最牛基金经理"。但是你猜猜,过去十年投资房地产的回报率是多高?如果是首付两成,5年房价一翻番,年均回报率高达100%!

我在2010年8月出版的《买房的革命》一书里已经告诫大家不要炒股,因为A股市场本质上只不过是个合法的赌场而已。而早在2000年,著名经济学家吴敬琏就宣布不再谈股市。2012年初,另一个著名经济学家许小年也宣布不再谈股市。英雄所见略同。一个基本面不正常的赌场，谈它有什么意义？而散户，只不过是人家上市公司和庄家案板上的肉而已。

7.【有些人永远在后悔，有些人永远向前看】

　　2012年5月8日上海《房地产时报》报道，日前，一份1400人参与调查的"上海人后悔事排行榜"新鲜出炉，"十年前没有早点下手买一套或是几套房"，以84.82%的支持率位列榜首。很多人后悔没在房价的谷底购置几套房产；有人觉得自己很傻，"没有牛到自己买有晒台的大房子，起床就能闻到楼下青草的香气。"这个调查很有意思。因为几乎可以肯定的是，如果再来一个调查，问你敢不敢很肯定地在今天这个情境下买房，我敢打包票，还是有85%的人不敢做决断；再过10年，一定还会有85%的人为今天的决定后悔。它说明了一个极其简单的道理和社会现象：事后诸葛亮人人都会做，但后悔药总是治不了后悔病，因为只有极少数人能够把握今天让明天不后悔。这是两种视角的区别：一种视角是面向未来，一种视角是面向过去。面向过去的常常后悔，面向未来的充满希望；面向过去的常常错过今天，面向未来的勇于把握现在；面向过去的常常对今天不知所措，人云亦云，面向未来的常常认真地去分析趋势研究规律，所以能够准确而有效地把握今天。

8.【年轻人要敢于做房奴】

　　很多人常常感叹，最好的机会过去了。其实这是为自己无力判断未来找借口。人人都是事后诸葛亮，判断未来则一个个都像一头猪。如果照此逻辑，机会都被前面的人抢了先，后面的人还怎么活？永远不要以为机会已经过去，任何时候都有机会，关键是一个人要有思想力，还要有行动力。

9.【老百姓只有靠买房才能抵御通胀】

　　为什么你滥发钞票大搞投资搞得通胀如虎，贫富差距如安哥拉瀑布，老百姓多买一套房子抵抗通胀就有罪错？在中国，除了投资房产，几乎没有别的更有效的投资方式来抵御通胀。如果你对古董、艺术品和珠宝非常在行，那也可以，但别的基本没有路了。即使你的工资增长能够超过通胀，没有独立产权房等固定资产，还是会被时代和同龄人甩下。你想啊，一套房子怎么也得百万起，每年上升20%是多少？而我们工资的起点，多少人能超过年薪10万？每年上升20%又是多少？

10.【今日中国的基本矛盾】
今日中国的基本矛盾是投资型政府和自由市场的矛盾，是行政垄断和自由经济的矛盾，不是房地产和实体经济的矛盾。投资型政府必然导致通胀、腐败和两极分化。高房价只是其中的一个环节，远不是高物价的全部。

11.【不走出投资依赖 房价高涨不止】
不走出政府亲力亲为的投资依赖，腐败、通胀和两极分化就不会停止，房价高涨也不会停止。但政府投资依赖具有自我复制的癌变特征，权力又往往具有自以为是的自负特征，很难真正听得进不同意见。

12.【只有房地产才能救中国】
内需根本无法消化已经严重过剩的"实体经济"产能；地方债解套也完全依赖房地产。楼市越调控，中国经济对房地产的依赖程度就越深，国有银行也将成为政府实现某种政策目标的工具。每一轮建设高峰都是国家摁着国有银行贷款，之后便是清理一大堆理不清的烂坏账。我们将很快面临铁路2.4万亿、公路2.3万亿以及农田水利的烂账问题。在这种情况下，以各级政府储备土地做抵押的十数万亿元地方债，反倒成为最安全的银行债务。而这部分债务能确保安全的前提条件，就是房地产市场健康发展。

13.【不是房地产绑架实体经济，是实体经济绑架了房地产】
征地过程中实际上只有极少量土地用于住宅建设，大量土地用于补贴工业用地。如果没有住宅和商业用地对"实体经济"的补贴，"实体经济"

比今天更不景气。大量过剩的"实体经济"只有关门歇业。

14.【实业救国不能通过打压房地产来实现】

中国当然要进入科技和实业救国的阶段，但绝不是通过打压房地产来实现。相反，中国被人为延误的城市化和住宅建设都需要相当长的补课阶段。科技救国和实业救国的前提条件是打破一切形式的行政垄断，包括房地产领域的土地垄断，让想象力和创造力自由生长。试图通过打压房地产以实现经济结构调整、拯救实业，实为本末倒置、因果不分。

15.【阿Q只敢拿小尼姑是问】

经济学研究最重要的任务之一就是研究约束条件，理想主义乌托邦最大的特点就是人有多大胆地有多高产。

有人说房地产已经成毒药了，不打压不行。这其实是搞错对象了。是投资型政府成了毒药，不是房地产成了毒药。内需经济的头把交椅，非房地产不能胜任。除了房地产，其他全是过剩经济。没有人能够一天吃五餐饭一个人睡五张床一套房子里五台电视十台电脑一百双鞋……中国房地产和城市化欠账太多，这个账肯定先得还上。打破金融、电信、银行、石油、电力等一切行业和形式的行政垄断，政府谨守宪法和法律，不与民争利，才是改革投资型政府、由权力市场经济走向自由市场经济的必由之路。

自由市场经济，民众收入会去追房价，这个很缓慢但只能这样走。自由市场不搞，又想硬压房地产，结果就是房地产和整个经济同归于尽。

只拿房地产问罪，不知是缺乏勇气还是缺乏智慧，想起了经济学家许小年教授评论某官员"医生成了最大的药贩子，为数千年来所未有！"的话，心有戚戚焉。许教授说："只骂'为娼'，不骂'逼良'，既勇敢又智慧。阿Q专捏小尼姑的脸，数千年来未有改变。"

凯恩斯说，错误的经济思想使人看不清自己的利益归属。因此，和利益相比，更危险的其实是思想。

当今中国最穿越的事，莫过于大量标榜民主、自由、宪政派的知识分子、时评人、经济学者，对着空气声嘶力竭地高喊民主自由，一遇具体问题又马上呼吁强化政府权力和管制。结果，政府一边享受权力寻租的快感，一边享受众人皆醉我独醒的飘飘欲仙。

16.【我也来给房地产讲讲政治】

有人一再抱着侥幸和捡漏心理，认为高房价在今天已是政治问题，但我要告诉他：就业和地方债更是政治问题。经济自身的规律不是"政治"两个字可以解决的。你可以不惜一切手段打压房地产，但那个成本一定会高到决策者自己和整个社会都无法承受的地步。

17.【年轻人要彻底放弃保障房幻想】

今天，连部级官员也宁愿自己买套商品房住。即使不考虑"去政治化"，也要考虑子孙后代的财产问题。洪晃（其母是著名的章含之）的院子被活活收走就是一例。将来保障房一定以租为主。除非你准备一辈子住在公租房里，否则我劝大家打消保障房的念想。陈宝存先生说：1978年10月20日，邓小平在北京视察新建的几十栋公寓住宅楼时，曾希望能用积蓄替儿子买套房子。

18.【只问目的不择手段，贫穷和奴役将是唯一归宿】

越是两极分化，缺乏耐心的民粹越盛行；越民粹，野心家阴谋家越是借民粹扩张权力沽名钓誉大捞浮财，进一步加剧两极分化和民粹。

英国作家孟肯说："对于所有复杂的问题，都有一种简单、明显却错误的解决方法。"而民粹最希望的就是有一种简单、迅速而又有效的办法，立竿见影。而我们今天这个意图伦理时代，是一个最能迎合民粹的时代。

我们今天的政治远远还没有走到"责任伦理"这一步。"责任伦理"概念最初由德国著名哲学社会学家马克斯·韦伯于20世纪初提出，责任伦理是指从政者必须具备务实的态度，为自己的言论和行为的后果承担责任。当代世界政治文明早已进化到责任伦理这个阶段，而我们还停留在意图伦理阶段。所谓意图伦理，就是只要出发点是好的，不论造成多么严重的后果和灾难，决策者和政治家们都没有责任。

占领"民粹的道德制高点"，不代表占领真理的制高点。一个只问意图伦理、不问责任伦理，为了一个所谓"高尚"的目的就可以不择手段、不顾一切的国度，奴役和贫穷就是唯一归宿。

19.【民粹比无产阶级更可怕】

著名经济学家许小年说搞市场经济最怕无产阶级！因为"无产阶级失去的只是锁链，赢得的将是整个世界。"真知也！也就是说无产阶级无知无畏、无产无畏，他们打碎的"锁链"，可能是一切规律和规则；而"赢得的整个世界"，必然是文明"零落成泥碾作尘"的世界。其实无产阶级不可怕，最可怕的是掌握巨大权力和资源的、对无产阶级过度迎合的"民粹派"。

20.【君子耻于言利是个大癌瘤】

君子耻于言利，只论是非不论利害，甚至不分析利害关系本身，使中国历朝历代的多数人文知识分子缺乏基本的利益分析能力，仅凭一腔激情和热血，甚至仅凭"站队"吃饭，不仅不能很好地养活自己，甚至对社会的大利害格局也对错不分，最后的结果，是培养了一群不会用脑子思考只会用屁股站队的民粹。中国社会200年来之每况愈下，与此息息相关。

21.【不要被房价吓昏了头】

易宪容说：分析中国经济，千万不要自己吓自己。除了房价，中国经济其实现在没有什么大问题。对房地产的调控绝对不能放松，还要更严格。房价降下来了，购房者自然能够剩下更多的钱用于其他消费，这样内需等问题自然也就解决了。房产的这个泡沫必须要挤，美国次贷危机，欧洲现在的疲软，都是在为房地产泡沫买单。（2012年5月31日《新闻晨报》）我倒觉得，易宪容是被房价吓昏头了！他难道不知除了房子其他生活必需品都已过剩，只能向奢侈品之类进军？现在连生活必需品都还消费不起的，还指望房价降到他们买得起的地步？房价降下来购房者可以剩下更多钱用于其他消费？简直痴人说梦。

22.【未来十年，房地产依旧所向无敌】

《齐鲁晚报》2012年5月21日报道称，国务院发展研究中心金融研究所副所长巴曙松说，过去10年，房地产回报率远远跑赢股票，将来房价还会上涨，但上涨幅度会不如金融资产。"我们老百姓资产配置中，原来是超配房地产，今后应该减少一点配置，加大金融资产的配置。"巴曙松认为，房地产调控的长期化会引发资产配置结构的变化。

巴曙松这个判断全无道理。首先，还是那句话：时势终归比人强。其次，即使完全独立的民间金融完全开放，缺乏银行杠杆的金融资产（直接投资银行）也未必能跑赢房地产。至于股市等金融资产，更是杀人不见血的刀，就如股神巴菲特所言，中国股票（发行价）太贵，不适合价值投资。房地产的黄金时代过去，要等到中国城市化结束和改善性住房全面满足之时。

23.【改变一个人思想观念的难度仅次于砍掉他的脑袋】

新东方教育科技集团董事长兼总裁俞敏洪说："学工商管理的学生未必能成为大企业家，但上过西点军校的大企业家很多，原因是做生意不是靠读读报表和财务数据，而是靠一个人的胸怀、一个人的坚韧、一个人的眼光和一个人想要改变世界的决心。"很多时候你会发现，改变一个人思想观念的难度仅次于把他的脑袋砍掉，除非他有强烈求变的欲望。因此，只有一个求变的人，才会是一个不刚愎自用、海纳百川的人。

24.【数学是基本防骗工具】

全世界骗子都很多，中国尤甚，因为国人普遍还没有习惯数学思维，人家随便画一个饼他都当救星，不论保障房等的大跃进还是高铁爱国主义。比如中国工程院院士钱清泉称，7·23动车事故"故意炒作造成这么大的负面效应，本来我国在去年可以做到8000公里的轨道，结果因为这一炒作，正在开工的全部停工了，国外有十几个国家要引进中国的高速铁路技术，结果合同全部停止了"。假如我们有数字思维，一个数字就可以戳穿谎言：铁道部2010年应该还本付息超1500亿元，但税后利润仅1500万元，一万年才能还清本息。铁道部《2012年第一季度汇总财务报表审计报告》显示，铁道部2012年第一季度亏损69.79亿元。与2011年同期相比，第一季度的亏损接近当时的2倍。截至2012年3月31日，铁道部总资产为40 084.14亿元，总负债为24 298.36亿元，负债率高达60.62%，一万年都还不了的债要老百姓还，而铁道部的贪官张曙光一个人在海外的存款就有200亿元，超过铁路全系统一千年的赢利！这也是高通胀和中国贫富悬殊的主因。

25.【穷的不是口袋而是脑袋】

真正的穷人，穷的不是口袋而是脑袋。穷的是思想、观念和方法。脑袋不穷，即使一时口袋穷，也很快会富起来；脑袋穷，即使一时口袋很富，也会很快穷下去。

26.【真正的爱是让人内心有力量】

真正的爱，是让人内心充满力量，让人有正确的方法论，让人更有判断力，对自己有信心，而不是对他人有信心，不是把希望寄托在别人或政府身上。知识分子应有宗教般的爱与悲悯情怀，深刻揭示事物背后的复杂矛盾，唯独不以挑动情绪和仇恨为能事。

27.【"大焕财富定律"】

A 时间定律：生命不过是一个时间的旅程，每个人的人生都是个时间单元，因此，时间成本才是人生最大的成本。做时间的主人，你才能成为财富的主人。很多人只做无谓的等待，把希望寄托在别人身上，这是最大的愚蠢。

B 财富三足鼎：自由是财富之父，时间是财富之母，人是财富之根。传统的土地是财富之母，但在信息经济和信用经济时代，人才是根本的依据和目的。

梅德韦杰夫参选 2012 年俄罗斯总统的纲领是："过去，俄国需要自由；如今，俄国仍然需要自由……我们不能在旧思维上建立新国家。……一个国家，最好的投资是自由和法治，以及对于人类尊严的敬意。"自由重若生命，对国家如此，对个人亦如此。

中国人为什么那么贱，每每将一切寄托于"千德万能"的行政监管和无尽的福利等待，把自由看得轻于鸿毛，结果总是通往奴役和贫穷之路。殊不知，财富和幸福都是自由的副产品。

C 财富的流向定律：人和财富总是往钱价高、人价高、物价楼价高的方向跑。此之谓现代版的"人往高处走，水往低处流。"

D 借力定律：借谁的力都不如向自己的未来借力（银行按揭），一定要跟银行建立按揭关系。

E 全息定律：看任何问题，必须跳出三界，保持一定距离，才能看得清，看得全，看得透，看得远。把一个大象的脚趾头看得比天还大，就难免盲人摸象。比如房价，站在全球背景和城市化背景中看，也许它就不贵；用历史眼光看，也许现在很便宜。

F 贵贱定律：贵与便宜，都是相对而言的。有价值的东西，貌似很贵实则便宜；没有价值的东西，貌似便宜其实很贵。即以房价论，甘肃玉门关便宜，最贵 100 元一平方米，但其实很贵；北京上海贵，其实便宜。

G 潮流定律：弄潮儿首先要看到潮流和方向，顺着潮流的方向，你会顺风顺水事半功倍；逆着潮流的方向，不是葬身鱼腹，就是被大浪拍死在沙滩上。

H 数字和数学定律：投资大师罗杰思给女儿的 12 封信里写道：精通算术和数字，这样你会比其他人更具优势，更能注意到其他人忽视的异常之处。依我看，逻辑和数学、数字是击破一切不切实际的乌托邦幻想和谎言的利器。生活可以很诗意，但诗意的前提，是面对现实时习惯用数学思维计算和思考。

后记
近距离观察乌托邦

这本书,最早从2010年底开始写作,本来和谈中国宏观经济范式的《2020我们会不会变得更穷》几乎同时动笔,但2011年7月23日的温州动车追尾事故改变了我的计划。因为这个事故,我觉得认真梳理宏观经济的任务变得更迫切了,因此我就暂时停止了这本书的写作,专心主攻《2020我们会不会变得更穷》。2011年10月,完成《2020我们会不会变得更穷》并将其交付出版后,我才重新投入眼下这本书的创作。冥冥中似乎一切都有天意在安排,这本书稿要杀青的时候,也正是"史上最严房地产调控"水落石出、拨云见日的时候,许多东西因此可以看得更清楚明白。

写这本书的过程中,我的脑海中不断出现马少华先生《想得很美——乌托邦的细节设计》一书的书名。这本书是马先生历时15年、读遍人类历史上乌托邦著作后创作的,让我感觉乌托邦其实并不只在书中,它离我们并不遥远,但除了"想得很美"之外,它于现实中的收获,往往是甜蜜远少于苦涩。也许,这正是所谓的"理想丰满,现实骨感"吧?

读马先生的书,我一直瞪着一双牛眼在细细的纸缝里寻找一个惊喜,或者更准确地说是在不怀好意地想看看历史上的乌托邦设计者们如何面对美女这一稀缺资源。如果人人都能乌托邦似地拥有她们,那当然是男人的理想世界。可惜,找遍全书,就是没有!尽管有柏拉图的"公妻制"和张竞生的"情人制",但丝毫没涉及美女稀缺这个问题。看来他们都狡猾地回避了这个棘手问题。现实中,非仅美女,相当多资源都牵涉到稀缺性问题。世界上只有一样东西是既稀缺又过剩的,那就是真理。真理虽然稀少,但多数人认为那是臭狗屎,还不如一个面包的价值。

相对于看不见摸不着的正确观念和方法这些东西来说,看得见摸得着的实物显然比思想和观念更受欢迎,乃至于它们每每成为稀缺品。在史无前例的城市化过程中,中国的房地产就是这样一种稀缺品。城市房屋这个稀缺品,事实上成了近距离观察乌托邦的一个绝好的窗口,因为在面对房地产问题上,刚刚走出计划经济阴影不久的中国人,还是自觉不自觉地深深陷入了乌托邦的幻想当中。"才下眉头,又上心头。"《想得很美——乌托邦的细节设计》第196页这样写道:"一般而言,乌托邦是道德主义的。乌托邦的建立和存续,是基于人的道德约束或道德提升。由于早期乌托邦的禁欲主义色彩,道德主义的气息更浓厚一些。一些空想社会主义者的著作和乌托邦小说中,不是人被假定为道德完美、欲望淡薄,就是社会物质财富被假定为极大丰富,使人没有占有的欲望。"在楼市问题上,"人人有房住"也被当成了一种道德的存在,只要呼吁人人买得起房或者住得上房的,都会被舆论罩上一层道德的光环,甚至大有以道德取代真理之意。为了达到这个目的,政府哪怕采取极端手段,也多被认为是道德之举,很多人都为之欢呼,为之喝彩。

但是,所有的乌托邦都不得不面对资源有限这个问题。《想得很美——乌托邦的细节设计》第196页写道:"有一个问题是乌托邦作品无法回避的,那就是稀缺资源、奢侈物品如何分配的问题,因为稀缺资源、奢侈物品的'极大丰富'或充分供给是不可想象的。作为虚构作品,最简单的办法就是否定稀缺性——无论什么都是足够多,但是,《伊加利亚旅行记》是要宣传一个理想社会的可行性,而不愿意被人视作天方夜谭,所以一定要认真,要在逻辑上严丝合缝,这就难免使自己处于逻辑难局中:不能假定资源的无穷无尽,因为那不仅是廉价的虚妄,也同中国节俭的道德相矛盾。那么,作者是如何分配基本生活资料之外的稀缺性生活资源的呢?一种方案,就是为了公平,暂时取消对这种稀缺性资源的需求。……另一种方案,就是假定需求与供给刚好相等。但是,在信息不完备的基础上，需求与供给如果刚好相等，在实际上就会表现为供给不足，即短缺。"

在现实的房地产调控中，我们其实也是这两种办法并用：一种是限购和限贷，相当于暂时取消对稀缺性资源的需求；另一种是大力增加保障房供给，但结果正是表现为供给不足，即严重短缺。这不仅仅是因为信息不对称问题，而且是供给本身需要巨大成本——包括腐败成本。

《想得很美——乌托邦的细节设计》抛出了一个问题："《伊加利亚旅行记》里提到了绝对平均的社会的致命弱点——人们缺乏进取动机和竞争性，以及在分配'结果公平'中的实际不公平。'这种不平等远非有利于弱者和无能者，而且对一切人都是有害的，因为它窒息能力和奋斗意志，妨害天才的发挥和发明创造的出现。'"在现实的房地产调控过程中同样历历在目：一是北京的白领为了取得购买两限房资格，不惜以辞职为代价；二是在保障房分配过程中，实际上大量向有权机构的福利分房倾斜，真正面向低收入人群的保障房，多数成为点缀，而且质量参差不齐。

物质福利与精神自由的矛盾问题，似乎也是乌托邦的逻辑难以自洽的问题。这方面，《想得很美——乌托邦的细节设计》一书写道："由否定现实的社会制度和社会罪恶开始的制度设计，不能不较多地诉诸强制力，不能不更多地诉诸'禁止'——我原以为这是任何乌托邦作品也没法改变的逻辑。但到了19世纪末的《乌有乡消息》，则人民自治和'无政府'本身成了社会理想。"

但事实上，无政府主义只能停留在书本上纸面上，真正的乌托邦，一定会走向以强制为特征的大政府主义。在房地产领域，人们正是通过妖魔化房地产商和楼市投资者，然后诉诸政府的强制力，来寄托（而不是实现，因为根本不可能实现）自己的乌托邦幻想。尤其是，当中产阶层远未成为社会的主流阶层，多数普通民众收入在中位数以下的时候，他们自认为自己的力量不足以抗衡市场和开发商，自然呼吁更强大的政府力量替自己主张权利。至于最终能不能主张，往往不是他们思考的问题。他们普遍缺乏"再想一步"的耐心和能力。

至于平等与自由的关系，他们自然更乐于追求平等而放弃自由。《想得很美——乌托邦的细节设计》这样写道："平等与自由是两个不能互相替代的美好价值。大多数乌托邦都是平等的乌托邦，而非自由的乌托邦。其实，人们不仅对平等充满幻想，也自然永远会对自由充满幻想。自由的乌托邦在乌托邦作品史的晚期开始出现，如文学形态的《乌有乡消息》，理论形态的诺齐克'元乌托邦'。学者秦立彦这样评述诺齐克在《无政府、国家与乌托邦》一书中表达的（自由主义）乌托邦思想：'……不会有一个单一的社会满足所有人的最终梦想。虽然最后的乌托邦是不可能存在的，但是我们起码可以在尘世的现实中找到一个它的暗淡投影。这就是诺齐克所说的乌托邦结构。这是一个元乌托邦，是一个各种乌托邦梦想的最大公约数。是任何乌托邦梦想家都愿生活在其中的地方。这是种什么社会呢？在这个社会里，不只有一种共同体存在，也不只有一种生活方式，人们加入自己所最喜欢的共同体。虽然有的共同体会更吸引人，有的则不那么吸引人，人们可以按照其所认为的最好的方式生活，只要他不把自己的乌托邦观念强加给别人。这是一个有乌托邦精神的社会，人们像在自助餐厅中那样，选择最贴近他的理想的那道菜，可是从前的乌托邦梦想家却只喜欢给所有人提供一道菜。……元乌托邦其实就是最低限度的国家。'"

可是，当人们面对城市尤其是大城市房产的时候，平等的诉求又让位于自由的诉求了，甚至连所谓"元乌托邦"也不再存在。

然而，乌托邦的本义是什么？它的本义是"没有这个地方"！乌托邦可以"想得很美"，但现实却不得不讲"约束条件"。天下没有免费的午餐。乌托邦甚至有可能比战争更害人。战争有人抵抗，乌托邦则是始作俑者、送葬者和殉葬者一齐大合唱，以奔向天堂的雄心壮志，搭建通往奴役与贫穷的天梯。

里根说："政府不能解决一切问题，它本身就是问题。"马丁·路德·金说："一个国家的繁荣，不取决于他的国库之殷实，不取决于他的城堡之坚固，也不取决于他的公共设施之华丽，而在于他的公民的文明素养，即在于人们所有的教育，人们的远见卓识和品格的高下，这才是真正的厉害所在，真正的力量所在。"

民智、民德是多么重要。可是很多时候，尤其是在经济遇到危机或者贫民占多数的时候，智慧和真理再少也是供过于求，浪漫主义的乌托邦强制再多也不嫌多。

2012 年 6 月 4 日
搁笔于北京兰心斋

图书在版编目（CIP）数据

穷思维 富思维/童大焕 著.—北京：东方出版社，2012.9
ISBN 978-7-5060-5400-3

Ⅰ.①穷… Ⅱ.①童… Ⅲ.①房地产市场-中国-通俗读物 Ⅳ.①F299.233.5-49

中国版本图书馆CIP数据核字（2012）第235404号

穷思维 富思维
(QIONG SIWEI FU SIWEI)

作　　　者：	童大焕
责任编辑：	徐　玲　袁　园
出　　　版：	东方出版社
发　　　行：	人民东方出版传媒有限公司
地　　　址：	北京市东城区朝阳门内大街166号
邮政编码：	100706
印　　　刷：	北京市大兴县新魏印刷厂
版　　　次：	2012年11月第1版
印　　　次：	2012年11月第1次印刷
印　　　数：	1—8000册
开　　　本：	710毫米×1000毫米　1/16
印　　　张：	16
字　　　数：	249千字
书　　　号：	ISBN 978-7-5060-5400-3

发行电话：(010) 65210059　65210060　65210062　65210063

版权所有，违者必究　本书观点并不代表本社立场
如有印装质量问题，请拨打电话：(010) 65210012

www.ingramcontent.com/pod-product-compliance
Lightning Source LLC
Chambersburg PA
CBHW060510300426
44112CB00017B/2610